本书作者（按音序排列）

崔希亮（北京语言大学）

李　泉（中国人民大学）

孙德金（北京语言大学）

唐翠菊（北京语言大学）

杨德峰（北京大学）

袁毓林（北京大学）

张旺熹（北京语言大学）

赵金铭（北京语言大学）

郑艳群（北京语言大学）

教育部人文社会科学重点研究基地重大项目成果丛书

基于中介语语料库的汉语句法研究

赵金铭　等著

北京大学出版社
PEKING UNIVERSITY PRESS

图书在版编目(CIP)数据

基于中介语语料库的汉语句法研究/赵金铭等著.—北京:北京大学出版社,2008.12

(教育部人文社会科学重点研究基地重大项目成果丛书)

ISBN 978-7-301-14429-9

Ⅰ.基… Ⅱ.赵… Ⅲ.汉语—句法—研究 Ⅳ.H146.3

中国版本图书馆CIP数据核字(2008)第169984号

书　　名:基于中介语语料库的汉语句法研究

著作责任者:赵金铭 等著

责 任 编 辑:欧慧英

标 准 书 号:ISBN 978-7-301-14429-9/H・2107

出 版 发 行:北京大学出版社

地　　址:北京市海淀区成府路205号　100871

网　　址:http://www.pup.cn

电　　话:邮购部 62752015　发行部 62750672　编辑部 62753374

出版部 62754962

电 子 邮 箱:zpup@pup.pku.edu.cn

印　刷　者:北京大学印刷厂

730毫米×980毫米　16开本　19印张　298千字

2008年12月第1版　2008年12月第1次印刷

定　　价:40.00元

总 序

崔希亮

随着中国综合国力的日益提升，中国在国际舞台上的作用越来越大，汉语也逐渐成为地区性或者国际性语言，因此带来了学习汉语的热潮。汉语热的背后是中国热，中国文化、中国社会、中国经济、中国政治、中国历史、中国武术甚至中医都吸引了越来越多的学习者和研究者。语言是学习中国文化、了解中国社会的桥梁。语言学习是有捷径的，方法对了可谓事半功倍。对于很多国家的学习者来说，汉语是一门很难学的语言。原因有三：第一，从类型学上看，汉语属于孤立语，语法形态不发达，有声调，对于其他语言背景的人来说习得较为困难；第二，汉语的书写系统不是字母文字，汉字是学习中的瓶颈，汉字难学使得很多学习者望而却步；第三，汉语作为第二语言教学的历史比较短，很多问题没有研究清楚，我们对汉语本身、对如何教、对学生的学习心理都缺乏足够的研究。基础研究的薄弱导致我们的教材、教学法、教学手段无法满足学习者的要求。在汉语国际推广的形势下，我们应该多研究一些实际问题，从大处着眼，从细微处着手。

北京语言大学对外汉语研究中心是教育部人文社会科学百所重点研究基地之一，是汉语作为第二语言研究的核心基地，在海内外汉语教学与研究领域有广泛的影响。中心自成立以来，承担了很多重要的科研项目，这些项目有的已经结项，有的还在进行当中。这批科研项目汇聚了北京语言大学以及海内外学者的研究力量，其成果的发表必将在学术界产生重要的影响，从而推动汉语作为第二语言的教学与研究工作。北京大学出版社愿意出版这套系列丛书，作为这套丛书的作者之一，我感到十分高兴。

对外汉语教学研究，或者称作汉语作为第二语言教学研究，是应用语言学的一个分支学科。这个学科的主要学术基础是汉语语言学、普通语言学理论、教学法、教学理论以及认知科学。对外汉语研究系列丛书的主要著者都是北京语言大学对外汉语研究中心的驻所研究人员，他们的学科背景并不相同，有做语言学的，有做认知心理学的，有做计算机科学与技术的，其中做语言学的有专攻语法学的，有专攻词汇学的，有专攻第二语言习得的，有专攻语言测量学的。尽管大家的学科背景不同，但是在合作研究的过程中互相尊重，取长补短，在合作中互相学习。课题组中也包括了一些来自其他领域的合作者和本中心的研究生。对外汉语教学是个新兴学科，也是一个交叉学科，在这个领域很多问题涉及语言学、教育学、心理学、计算机科学以及一些相关的学科，因此这样的学术研究背景多样化的组合是比较合理的。当然不同的学者有自己的学术取向和研究思路，不能要求大家齐步走。

基地研究课题的选择是经过专家论证的，内容涵盖了对外汉语教学急需解决的许多基本问题。例如赵金铭教授负责的《基于中介语语料库的汉语句法研究》，主要关注对外汉语教学中一些带有普遍性的语法问题。为了避免分析过程中的主观随意性，这个课题的研究素材来自于北京语言大学开发的“汉语中介语语料库”。张旺熹教授负责的《汉语教学参考语法研究》旨在为汉语教师和学习者提供一部系统完善的辅助工具书。我负责的《日韩学生汉语学习与认知专题研究》把关注的焦点放在日本和韩国学习者身上，因为他们目前是最大的学习群体。日本和韩国都属于汉字文化圈，日本语和韩国语中都有大量的汉语借词，然而这两种语言与汉语属于不同的类型，它们都属于黏着语，因而日韩学习者有很多共性的问题。宋柔教授负责的《面向对外汉语教学的多媒体资源库及检索分析工具研究》则从理论和实践的层面上解决教学资源的问题，目的是为对外汉语教学提供先进的技术手段。张博教授负责的《基于中介语语料库的汉语词汇专题研究》从词汇学的角度分析对外汉语教学中的词汇问题，研究易混词、多义词、同义词、反义词偏误现象，为词典编写、教材编写和课堂词汇教学提供参考依据。另外，目前还在研究过程中的项目有孙德金教授负责的《欧美学生汉语语法学习与认知专题研究》、张凯教授负责的《汉语作为第二语言的能力标准研究》、王建勤教授负责的《全球文化竞争背景下的汉语国际推广策略》、高立群教授负责的《基于教学实验的对外汉语教师认知能力及培训模式研究》和张劲松教授主持的《面向外国学生的计算机辅助汉语正音系统研究》，这些都是关系到汉语教学瓶颈问题的研究题目。对外汉语研究中心每年都会组织新的重大研究课题，我相信，通过努力，对外汉语教学的基础理论研究和应用研究在广度和深度

目　录

下编 中介语视角的汉语句法研究

前　言

一

中介语是指第二语言学习者所特有的一种不断向目的语靠拢的动态的语言系统，对中介语的研究不仅有助于我们了解语言学习和语言教学规律，还可以使语言研究的视野更加开阔，可以说中介语研究是实现语言研究跟语言学习和教学研究有机结合的一个纽带。遗憾的是，与英语中介语研究相比，汉语中介语研究目前还比较薄弱，其中汉语中介语语法的研究虽然比词汇、语音方面的研究成果丰富，但这些研究多是零散的、不成系统的，且所依据的材料多是课堂上收集来的有限的语例，缺乏基于大规模语料库的数据支持。为解决目前这种状况，也为找到理论语法和教学语法有机结合的途径，本书以北京语言大学开发的“汉语中介语语料库”为依托，在对大规模语料进行统计分析的基础上对汉语中介语语法和汉语语法中的某些专题进行了系统性研究。

全书共分为上、下两编，上编为“汉语中介语句法研究”，主要通过对“汉语中介语语料库”中大规模语料的调查、统计和分析，对留学生汉语语法的习得状况进行描写和分析，议题主要集中在三个方面：1）总论汉语语法偏误句的等级问题（第一章）；2）考察汉语差比句、“得”字补语句和趋向补语句等特殊句式和句法成分的习得状况（第二章至第四章）；3）考察汉语介词、否定副词、程度副词、量词等词类在汉语中介语中的句法表现（第五章至第八章）。下编为“中介语视角的汉语句法研究”，主要是针对上编中介语句法研究中讨论的问题，对汉语差比句的语义指向和类型特征、趋向补语的认知特点、介词的衍生机制、流水句的否定辖域、数量词的位置及完句成分等进行多角度的描写和分析。

本书的撰写得到教育部人文社会科学重点研究基地重大课题“基于中介语语料库的汉语句法研究”（项目批准号：2000ZDXM740007）的资助，全书由课题组成员集体合作完成，第一章、第二章、第九章由赵金铭教授（北京语言大学）执笔，第三章由孙德金教授（北京语言大学）执笔，第四章和第十章由杨德峰教授(北京大学)执笔,第五章由崔希亮教授(北京语言大学)执笔,第六章和第十二章由袁毓林教授(北京大学)执笔,第七章由郑艳群教授(北京语言大学)执笔,第八章和第十三章由唐翠菊副教授(北京语言大学)执笔,第十一章由张旺熹教授(北京语言大学)执笔,第十四章由李泉教授(中国人民大学)执笔。

二

北京语言大学研制开发的“汉语中介语语料库”从北京语言大学、首都师范大学、中国人民大学、北京大学、北京师范大学、安徽师范大学等9所高校收集了96个国家和地区的740位外国学生的汉语作文或练习材料1731篇,共计约104万字。这个语料库为我们系统研究汉语中介语的特点提供了一个很有利的平台。

目前汉语中介语语法研究的成果主要集中在两个方面:(1)介绍、引进国外中介语理论及研究现状;(2)以有限的语例为材料对汉语中介语的某个语法现象进行描写。这些研究为汉语中介语语法研究奠定了良好的基础,但这些成果以定性分析为主,缺少大规模语料库的数据支持,并且各项成果之间缺乏系统性,因而,难以准确反映复杂的汉语中介语语法的整体面貌和真实状况。鉴于此,我们充分发挥语料库语言学的优势,采取定量研究和定性分析相结合的路线,在对“汉语中介语语料库”的语法项目进行初步摸查的基础上,列出汉语中介语语法中的几个重要专题,并以此为线索从中介语语料库中提取语料进行微观研究,这种研究方法可以发现纯粹定性研究中一些易被忽视的问题或不符合实际的地方。

比如第三章对“得”字补语句习得情况的考察,通过分析从中介语语料库中检索出的360例“得”字补语句发现该句式习得的错误率并不高,一定意义上说此类句式的习得难度并不像以前语法书中所说的那么高。对“得”字补语句的这种认识是单纯定性研究中难以发现的。再如第五章对介词结构习得状况的考察将中介语语料库和现代汉语语料库中的材料结合起来进行研究,在对介词偏误类型进行定性分析的同时,还采取定量统计的方法对汉语中介语中介词的使用频率和偏误率进行了研究,这种定性分析与定量统计相结合的方法比以前单纯的偏误描写更能反映汉语中介语的实际状况。

在汉语语法研究中，形式和意义相结合的路线已被广泛接受，但在汉语中介语语法研究中形式和意义的结合却没有得到应有的重视，一般的中介语语法研究都是单纯地从形式入手来建立描写框架，这种单一的描写框架对于形态发达的语言也未必完全合适，对于汉语这种形态不发达的语言就更显得捉襟见肘。鉴于此，我们采取形式和意义并重的中介语描写框架，在注重语言形式的同时也尝试从语义范畴入手来考察汉语中介语语法的实际状况。如本课题对汉语比较和否定等重要语义范畴的习得状况均进行了深入的研究。这种从语义范畴出发来研究汉语中介语语法的尝试，也许在具体操作过程中做得还不是十分彻底，但这种尝试本身就是一种创新。从语料收集和检索的角度来说，以语义范畴为描写框架大大增加了中介语语法研究的难度，但与单纯从形式出发的描写框架相比，这种研究路线可以使我们对留学生的汉语语法习得状况有一个更完整、更全面的认识，更能发现汉语习得背后隐藏着的汉语及汉语习得的规律。

进入21世纪的汉语语言学面临着来自对外汉语教学和语言信息处理两个领域的挑战，大量的汉语语法研究成果在对外汉语教学实践中经不起推敲和检验，因而，理论语法与教学语法的紧密结合就显得十分必要和迫切。对于汉语语法研究来说，如果能从汉语学习者的偏误分析出发反观汉语本身的规律也许能对某些语法现象有更深入的理解和认识。我们在调查大规模中介语语料库的基础上，从对外汉语教学的角度出发确立了一系列子课题，这些课题在汉语语法研究中已有相当多的研究成果，但结合中介语语料库来讨论这些问题的系统性研究还不多见，因而，我们的研究在理论语法和教学语法的有机结合上进行了初步的实验。参加本书撰写工作的既有汉语语法理论研究方面的学者，也有对外汉语教学领域的学者及第一线的对外汉语教师，这样的人员构成为实现汉语语法研究与中介语语法研究的完满结合创造了有利条件。比如，书中既有对差比句习得状况的描写和分析，也有对汉语比较范畴和差比句类型特点的研究；既有对介词习得状况的探讨，亦有对汉语介词衍生规律的考察。这种有计划的配套研究不仅开阔了汉语本体研究的视野，也为汉语中介语语法研究走上描写科学化和解释合理化的道路提供了可能。

三

目前，对外汉语教学事业正处在蓬勃发展的阶段，对高质量对外汉语教材的需求也越来越迫切，而要编写高质量的对外汉语教材有许多基础理论工作要做，语法项目的确定及语法点的编排与解释就是其中的一项重要工作，要做好这项工作就需要先搞清楚汉语语法习得过程中存在哪些问题，哪些问题是留学生习得的难点等。本书对汉语中介语语法特点的描写和分析对对外汉语教材和汉语语法参考书的编写具有极其重要的实用价值。此外，本书的内容对对外汉语课堂教学、HSK试题的拟定、汉语中介语语料库的深加工等也具有重要的参考价值。

为进一步推进汉语中介语语法研究，我们在研究方法和研究路线上均做了一些有益的尝试，这些研究方法的采用使我们在研究过程中发现了一些前人研究中易被忽略或误解的语言现象，也在一定程度上增强了本书内容的系统性和结论的可靠性。不过，反思这几年走过的研究道路，本项研究也有许多尚待进一步完善和改进的地方，如中介语材料来源过于单一，缺少口语语料的支持，缺乏纵向的对中介语语法发展过程的研究等。在今后的研究工作中，我们会在中介语语料的多样性和中介语的动态性方面加大研究的力度和广度，以期从横向和纵向两个角度建立汉语中介语语法的描写框架。

上　编

汉语中介语句法研究

第一章　语法偏误句的等级序列*

○　引言

语言理论是语言教学的理论基础，对外汉语语法教学也应有理论的指导。不过，语言理论与语言教学的关系是间接的，它是通过运用语言理论对语言进行的描写来服务于教学的。

生成语言学思想的最新发展，强调语言学的目标是使有关语言的说明尽可能简洁和概括，所有的表征式和派生过程尽可能经济，其标准是：所提出的用来解释语言现象的设置数目应尽量少。这就是“经济原则”。而且认为，句子结构的表征中不应有羡余或多余的成分，每个成分必须充当一个角色并得到解释，即所谓“完整解释原则”（戴维·克里斯特尔，2000）。这就是乔姆斯基的“最简方案”，也有人叫做“最小程序”（Minimalist Programme）。并认为，这一论点将各种语言之间的不同归结为其虚词成分（Functional Elements）和词汇方面的差异。并预言，理论语言学研究中的这一新发展，必将会对语言习得研究产生一定的影响（袁博平，1995）。

基于这种理论而形成的一种研究方法，就又是对比研究方法。这是当代语言研究中最普遍、最著名的研究方法。这一方法在语言学的各个学科、各个方面都得到广泛的应用，有着很深刻的理论意义。宁春岩（1996）在介绍对比法的使用时，概括为两个要点：第一，对比是关于句子与非句子、可能与不可能、“符合语法的”或“造得好的”与“不符合语法的”或“造得不好的”等相对概念之间的对比，是关于“是与非”、“有与无”、“成立与不成立”等绝对概念之间的对比。第二，对比要在“最小差异对”（Minimum Pair）中进行，就是说对比的对象要满足“一切相同，只差一点”的条件，而不是任何差异都有可比性。显而易见，一个事物与另一个

---

* 本文以《外国人语法偏误句的等级序列》为题发表在《语言教学与研究》2002年第2期，作者赵金铭。

事物的最小差异之间，往往显现了事物的本质属性。桂诗春、宁春岩(1997)为“最小差异对”所下的定义为：“‘只有一点不同，而其余全部相同’的两个句子或其他序列符号称作‘最小差异对’。”

这样，在对外汉语语法教学中，将目的语句子与中介语句子在语法上组成一个个“最小差异对”，识别这些最小差异对，应用这些最小差异对，无论从教学的角度，还是从习得的角度，都会取得更为本质更为深刻的认识。

本文拟从六个方面，运用“最小差异对”对外国人学习汉语语法中出现的中介语句子进行分析识别，从而为教学提供些许依据。

一 汉语中可能出现的句子与汉语中不可能出现的句子(可能与不可能)

人类语言的语法尽管在表层上差别很大，但在深层上应该存在着很多共性。人类第二语言的学习是在其母语的交际能力已达到相当水平的基础上进行的，学习者的心智已经成熟，某些方面的知识与技能也日臻完善。这时他们并非是重新习得一种语言，而只是培养新的语言习惯，扩大其言语行为手段，在已掌握的母语语言规则之外再学习一种可以替代的规则(冯志伟，1999)。在学习汉语的过程中，学习者一般会尝试将已知的语法规则类推到汉语学习中，于是他们造出一些对母语者来说不可能出现的句子，这多由如下三种情况而造成。

(1) 语法讲解的误导，或讲解得不到位，还不足以使学习者避免错误；

(2) 汉语的语法特点较为特殊，是外族学生学习的难点，普遍性错误在所难免；

(3) 学习者母语语法的特点较为特殊，以其母语为依据类推，因比附而出错。

我们比较一下：

a. 花瓶被我打了。

b. *食堂的菜被我们闹肚子了。

b 句是汉语不可能有的句子。a 句可转换为“我打了花瓶”。两句之间的“最小差异”在动词“打”和“闹肚子”，这是两类不同性质的动词。如果在讲授被动句时，注意阐明其对动词类的要求，或可避免此类错误。

又如：

＊ 张老师画了两年一幅画。

这句话包含两个表述：(1) 张老师画了一幅画。(2) 张老师画了两年。两个表述合为一句话时，汉语里应说：

张老师画了两年才画了一幅画。

二者的"最小差异"在于后者重复了动词，而重动句正是反映汉语特点的句式。又如印尼学生在使用"不"时，有普遍性的错误：

＊ 他把书不打开。

＊ 今天天气比昨天不好。

＊ 我打电话不告诉老师。

＊ 他喜欢躺着不看书。

这也许与学生的母语特点有关。其"最小差异点"在于否定词"不"的位置。

汉语使用人多，使用地域广。普通话中不可能出现的句子在汉语方言中未必就不正确。比如在西宁话中，当跟别的状语同现时，否定词紧靠谓语 V/A，如(引自邢福义，2000)：

他按时不上班他不按时上班。

你阿蒙好好不学习你怎么不好好学习。

快点不走不行不快点儿走不行。

致个小说我仔细没看过这部小说我没仔细看过。

又如外国人在学习汉语中的否定副词"不"、"没"时，有一个阶段就是"没"的泛化。如：

＊ 大家没知道他俩结婚的事。

＊ 来中国以前，我没有会说汉语。

＊ 我每天都没有锻炼身体。

但是在柳州话中，在"没 A/ V"结构中，"没"有"不"义，如(引自邢福义，2000)：

没送了，你们回去了。

没找到就没要了。

肚子没舒服。

剩下一点怕没够。

语法的共性与个性是相对存在的，当代语言学的语法理论更注重对人类语言共有的语法规则的研究。对外汉语教学是一种第二语言教学，我们更关注汉语语法独具的特点。但是只有了解了人类语言的共性，才能更深知汉语的个性。而且在现代汉语普通话中不可能出现的句子，在汉语方言中可能是正确的。因此，可能与不可能在汉语中多少带有些相对性。如果学生在其他地区听到汉语方言的不同表达方式，则又当另论。

二　符合语法的句子与不符合语法的句子(正确与错误)

外国学生的病句有相当多是违背汉语语法规则的，这大多是因为还没掌握基本语法规则，或者虽知规则，但受其母语语法规则的干扰，而造出违反汉语语法规则的句子。如，在汉语“动补/趋”式中是不能加“了”的，可是学生造出了这样的句子：

* 他走了进教室来。

* 阿里跑了回家去。

错句与正确句的“最小差异”在于是否用“了”。又如“都”与“对”/“对于”连用时，呈交错现象：

我们都对这个问题感兴趣。

* 我们都对于这个问题感兴趣。

我们对于这个问题都感兴趣。

对于这个问题我们都感兴趣。

对这个问题我们都感兴趣。

* 我们都感兴趣这个问题。

正确句与错句的“最小差异”在于副词“都”与介词不能连用，其次在于“感兴趣”不能带宾语。又如汉语中说：

今天我一支没抽。

今天我一支烟没抽。

今天我一支烟也没抽。

今天我连一支烟也没抽。

但是，不能说：

a. ＊ 今天我一支也没抽烟。

b. ＊ 今天我连没抽一支烟。

错句 a 与正确句的“最小差异”在于动词后能否再带宾语；错句 b 与正确句的“最小差异”在于“连”后应紧跟名词性结构，而不能是动词或带否定副词的动词。

像错句 b 这样的句子在汉语方言中却是存在的，如在长沙话中，“连”字句否定式为：

连不做一点事连一点事也不做。

连不能干一点儿一点儿都不能干。

在把普通话句子与方言中同一句式比较时，我们依然可以应用“最小差异对”方法，找出二者的本质差异。又如：

＊ 让玛丽连忙把书给我送来。

这一错句与正确句子的“最小差异”在于副词的使用，“连忙”不用于祈使句中，应该为“赶快”、“马上”、“立刻”。又如：

＊ 他有点儿比你差。

他比你差一点儿。

其最小差异在于“有点儿”可否用于“比”字句中。

正确与错误，是学习第二语言中要特别注意的。教师要善于引导，学习者要特别着意于目的语语法现象的特异之处。

三　符合语法的正确句子与符合语法的不正确句子(推导与类推)

语法规则是从众多语法现象中概括出来的，它仅是一种抽象的公式。吕叔湘(1983) 说，“要知道公式是抽象的，它的具体实现不是无限制的。有些组合符合这个公式，但是实际上没有这种说法”。例如(吕叔湘，1983)：

	要	谈	这个	
今天			两个	问题
	不	谈谈	这两个	

可以组成同一格式的 12 个句子，其中有 5 个是从来不说的(加 ＊ 为记)。

今天要谈这个问题。　　　　今天不谈这个问题。

今天要谈两个问题。	* 今天不谈两个问题。
今天要谈这两个问题。	今天不谈这两个问题。
今天要谈谈这两个问题。	* 今天不谈谈这两个问题。
* 今天要谈谈两个问题。	* 今天不谈谈两个问题。
今天要谈谈这两个问题。	* 今天不谈谈这两个问题。

语言现象本身的组合要受到诸多条件的限制。外国学生在学习汉语以前对汉语是一无所知的。他们在学习过程中会按照老师所教的语法规则举一反三,按教学语法规则去类推,结果是语法虽无懈可击,然而还是错了。比如:

a. 连小孩儿都懂这个道理。
b. * 他连感冒都不怕。
c. * 这姑娘连可口可乐都敢喝。

正确句与错句的"最小差异对"仅在"连"字后面的名词与后面的动词性成分搭配后的语义,也就是说搭配产生的语义与人们的常识相悖。正确句言道理之简单,错句"不怕感冒"与"敢喝可口可乐"并不能言人的敢作敢为,如果换成"她连感冒都怕"、"这姑娘连可口可乐都不敢喝",则言胆小,或谨小慎微,句子则成立。可见,仅掌握语法规则是不够的。又如:

a. 我有一点儿不舒服。
　* 我有半点儿不舒服。
　我没有半点儿不舒服。
b. 我知道一点儿。
　* 我知道半点儿。
　半点儿我也不知道。
c. 她一点儿也不胖。
　* 她半点儿也不胖。
　她半点儿也不懂。

"一点儿"和"半点儿"都极言其少。在 a 组中"最小差异对"在于"有"和"没有","半点儿"不能置于肯定句中。b 组的"最小差异对"在主、宾语的位置,"半点儿"不能做宾语,c 组的"最小差异对"在于谓语的性质,"半点儿"不能修饰形容词。可见,仅仅是语法格式正确,并不能确定生成的句子一定正确。只有找出正确句子与可能出现的错句之间的最小差异对,有针对性地传授语法规则,才能杜绝语法正确的错句的出现。因此,提倡语法规则要简明扼要,而辅以较大的词的用法的语料库,或曰淡化语法规则,注重词的用法,道理一也。

四 造得好的句子与造得不好的句子(高下之分)

造得不好的句子是一种不完全错句,只是在说母语者听起来别扭,但又往往说不出到底错在哪里。也就是说,有时一时竟找不出好句与差句之间的"最小差异点"。如:

* 妈妈每天不收拾屋子。

这句话表达的是什么意思?毛病出在哪里?如果是:

a. 妈妈每天不收拾屋子,心里就不舒服。

那么,前面的否定句,表明一种假设。当然,还可以是:

b. 妈妈不每天收拾屋子。
c. 妈妈每天都不收拾屋子。

a、b、c 三句的"最小差异对"在于否定副词"不"的位置,a 表示一种假设,b 否定的是"每天",c 否定的是动词"收拾"。对学习者的一个造得不好但似乎又说得过去的句子要持谨慎态度,一定要弄清作者的本意,找出"最小差异对",因意正句,不可随意增删修正。又如:

* 昨天我去看了一个我的朋友。

乍看,也许这不算错句,但造得不好。正句应为:

a. 昨天我去看了我的一个朋友。
b. 昨天我去看了一个老朋友。

错句与 a 句比较,"最小差异对"在于表领属的修饰语应冠于前;错句与 b 句比较,"最小差异对"在于没有了表领属的修饰语后,数量词语应在表性质的形容词之前。又如:

* 她穿了一件漂亮的外套,我也想买一件。

如果表明不相关的两件事,这是两个独立的句子,但作者想说的话应为:

她穿的那件漂亮的外衣,我也想买一件。

两句的“最小差异对”在于动态助词“了”用得是否恰当。汉语动词没有时态变化,可是用一些特殊的方式也可以准确地表达时态意义。“了”是表示动作状态完成的动态助词,学习者囿于母语或所学外语的影响,认为“那件衣服”“她”已经穿在身上,动词“穿”后自然应有动态助词“了”,于是形成了错句。

五 无标记的句子与有标记的句子(标记的有无)

结构主义语言学的主要派别之一布拉格学派以对立为基础研究音位,其代表人物雅可布逊(R. Jakobson) 提出,对立双方可分为无标记项和有标记项。“有标记”指具有某种区别意义特征。对立双方的区别主要表现在有标记项上面,于是出现不对称现象。(文炼,1990)

沈家煊(1999) 指出:“语言中的标记现象(Markedness) 是指一个范畴内部存在的某种不对称现象。”一般来说,无标记项的分布范围要比有标记项大。语法中无标记项的意义一般比有标记项的意义宽泛,或者说有标记项的意义包含在无标记项之中。从认知上讲,有标记项的理解比无标记项的理解来得复杂。(沈家煊,1999)

吕叔湘(1977) 曾指出:“就普通话语法研究普通话语法,也还是常常应用对比的方法——拿一个虚词与另一个虚词比较,拿一个格式与另一个格式比较。”比如:

a. 你会不会说日本话?(无标记,真正的询问)
b. 你会说日本话吧?(有标记“吧”,倾向于肯定)
c. 你会说日本话吗?(有标记“吗”,倾向于怀疑)

实际上如果两个句子只有标记的有无不同,其他一律相同,那么这两句话的“最小差异对”就在于标记。又比如:

我六点就来。(无标记,未然)
我六点就来了。(有标记,已然)
他刚来。(无标记,已然)
* 他刚来了。(无标记的“他刚来”已表示已然,再加表示完成的动态助词“了”,重复)

动态助词“了”、“着”都是标记,“了”表明动作、状态的完成,“着”表示动作、状态的持续。但学习者正是在这个标记的使用上出了问题,如:

* 上星期天我们去几个公园。(无标记)

* 我一定要记住了这些生词。(多标记)

* 人民的生活水平提高着。(标记用错)

张国宪(1998) 把这种有标记项与无标记项的对立,从语法上的对立和语义上的对立进行了分类,与本文相关的如:

1. 语法上有标记与无标记的对立

(1) 正负对立	无标记:我	你	他
	有标记:我们	你们	他们
(2) 顺兼容对立	无标记:看	听	
	有标记:看了	听着	

2. 语义上有标记与无标记的对立

(1) 有无对立

无标记:	高兴点儿	有标记:	* 小气点儿
	漂亮点儿		* 调皮点儿
	老实点儿		* 骄傲点儿

可见有标记的词语限制了对句式的选择。不了解一类形容词所具有的语义特征,是出现此类错误的原因。以下例子也属于这种对立:

有点儿贵	* 有点儿好
有点儿长	* 有点儿漂亮
有点儿累	* 有点儿努力

(2) 互补对立

无标记:	多远?	有标记:	* 多近?
	多高?		* 多低?
	多大?		* 多小?
	多深?		* 多浅?

吕叔湘(1984) 也是说的这个问题。如:

大海	大陆	大衣	大粪
*小海	*小陆	*小衣	*小粪

人类认识事物有"有界"与"无界"的对立。这种对立也可以构成语言

结构上的“最小差异对”。我国最早谈到这一问题的是朱德熙先生，他在讲到状态补语时说：“状态形容词可以受‘早已’‘已经’‘马上’这类表示动作有界的词语的修饰，性质形容词不行。”(朱德熙，1982) 如：

早就想得很透彻	* 早就想得透彻
已经走得很远	* 已经走得远
马上忘得干干净净	* 马上忘得干净

六 语法错误句子的等级序列

近来“标记论”又提出标记的“相对模式”问题，即：“新的标记模式是‘相对的’多分模式，可以用一个等级来表示，如：单数＞复数＞双数＞三数/少量数，它表示有标记和无标记是个程度问题。”传统的“二分模式”可以看做“相对模式”的一个特例。“‘相对标记模式’可以用多个语法项组成的等级来表示”，“等级上的各项并不是离散的，而是构成一个渐变的连续体。”(沈家煊，1999) 我们把这种语法项的等级非离散与渐变性，应用于使用“最小差异对”来分析句子与非句子。桂诗春与宁春岩曾用句子前面的符号表示句子造得好坏的程度(Degree of Well-formedness)，一个问号的要比两个问号的在讲话者的语感中要好一些，两个问号的要比带“ * ”的好一些，最不好的，也是根本不能说的是带一个星号的。

a. What did you buy?
b. ? What did who buy?
c. ?? What who bought?
d. * ? Why who bought the book?
e. * Who why bought the book?

他们认为在句子 a 和非句子 e 之间的句子 b、c、d 似句非句，有的西方语言学家称这类句子为“边缘句”(Marginal Sentences)。

由于边缘句处于句子与非句子之间，显示出句子与非句子的界限，而这种界限正是寻找普遍语法规则和原理以及语言本质属性所需要的。(桂诗春、宁春岩，1997)

袁博平(2001) 用一个横轴表示“完全可以接受”与“完全不可以接受”的一个连续统。

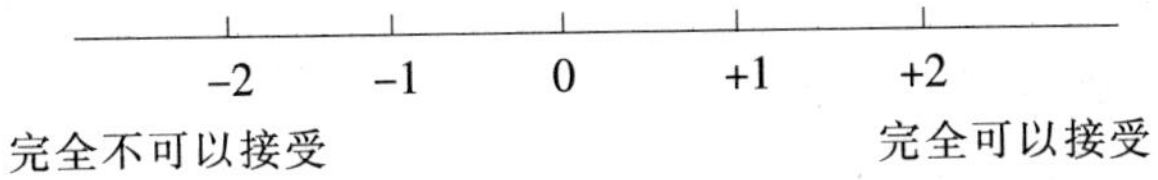

按照这样的等级，我们将上面论及的各类句子排列如下：

a. 汉语中正确的句子

b. ？造得不好的句子

c. ？？符合语法的不正确的句子

d. ＊？不符合语法的句子

e. ＊ 汉语中不可能出现的句子

为了证实上述的等级，我们从《汉语病句辨析九百例》（程美珍、李珠，1997）中把有关“把”字句的30句病句，按上述b、c、d、e进行分类，因是从病句出发，我们逆序示例：

e. 汉语中不可能出现的句子

＊ 阿里把带回来了录音机。

＊ 玛丽把安娜给自己的自行车了。

d. 不符合汉语语法的句子

＊？人们把粽子扔了在河里。

＊？她在柜子里把衣服放。

c. 符合语法的不正确的句子

？？希望你们把这个地方喜欢。

？？我们打算去把上海旅行。

b. 造得不好的句子

？把那棵小树大风刮倒了。

？我已经把本子上写上我的名字了。

这四类句子，每类都可以用“最小差异对”寻出与正确句子的本质差异，针对这些差异出现的情况，改进教材、教法，使教学更具针对性，从而提高教学质量。

值得注意的是汉语普通话中不可能出现的句子e类，在贵阳话中却可以说，如：“她把爱看书了”，“x＋谓语中心＋了”这一句法框架，规定了“把”是副词，基本语义为“已经”，表示说话人对新出现的情况惊喜、感叹等感情。又如：

酒把吃完了。

他家哥把去美国了。

我们通过应用“最小差异对”来分析外国学生学习汉语时所形成的中介语句子，可以看出普遍语法在转化为汉语句子中，也就是在类推过程中所出现的问题。带有普遍性的错误往往出在比较体现汉语特点的那些语法规则上。比如汉语动词没有时态变化，那些表达时态意义的特殊表达方式，就是学生易于出问题的地方，汉语中特有的“把”字句、补语，也较难掌握。汉语注意意念关系，语法结构灵活多变，表达方式多种多样，外国人学起来就不容易。

参考文献

程美珍　李　珠（1997）《汉语病句辨析九百例》，华语教学出版社。

戴维·克里斯特尔（2000）《现代语言学词典》，沈家煊译，商务印书馆。

冯志伟（1999）《应用语言学综论》，广东教育出版社。

桂诗春　宁春岩（1997）《语言学方法论》，外语教学与研究出版社。

李大忠（1996）《外国人学汉语语法偏误分析》，北京语言文化大学出版社。

吕叔湘（1977）通过对比研究语法，《语言教学与研究》（试刊）第2集。

吕叔湘（1983）怎样学习语法，见《吕叔湘语文论集》，商务印书馆。

吕叔湘（1984）有“大”无“小”，《语文杂记》，上海教育出版社。

宁春岩（1996）简述美国当代理论语言学的特征及研究方法，《国外语言学》第1期。

沈家煊（1995）“有界”与“无界”，《中国语文》第5期。

沈家煊（1999）《不对称与标记论》，江西教育出版社。

文　炼（1990）语言单位的对立和不对称现象，《语言教学与研究》第4期。

邢福义（2000）小句中枢说的方言实证，《方言》第4期。

邢福义（2001）小句中枢说的方言续证，《语言研究》第1期。

袁博平（1995）第二语言习得研究的回顾与展望，《世界汉语教学》第4期。

袁博平（2001）汉语中的两种不及物动词与汉语第二语言习得，演讲稿。

赵金铭（2001）论汉语的“比较”范畴，《中国语言学报》第10期。

张国宪（1998）语言单位的有标记与无标记现象，见邵敬敏主编《句法结构中的语义研究》，北京语言文化大学出版社。

朱德熙（1982）《语法讲义》，商务印书馆。

第二章　差比句偏误的类型与共性*

○　引言

差比，本为马建忠在《马氏文通》中使用的术语。甲乙两事的相比，其间有差别的，叫差比。而包含着差比的句子，即为差比句。句子中应具有两物相较之义，其中一个超过另一个。在现代汉语中典型的差比句有两种：一为“胜过”，一为“不及”。胜过者，如“小王比小李努力”。不及者，如“小王不如小李努力”。本文着重讨论表“胜过”的差比句。汉语中典型的表胜过的差比句即是“比”字句。

本文基于对汉语中介语语料库中外国学习者差比句的偏误的分析、比较，拟从语言共性分析入手，结合外国学习者母语差比句类型，分析其偏误的类型学意义，进而探讨外国学习者汉语差比句偏误中所反映的语言类型和语言共性问题。

一　差比句与语言类型

我们先将差比句的构成作一个交代。一个完整的差比句，应该包括四个参项：比较主体（A）、比较基准（B）、比较标记（标）、比较结果（果）。比如：小王比小李努力。其中

“小王”：比较主体（A）
“小李”：比较基准（B）
“比”：比较标记（标）
“努力”：比较结果（果）

差比句的构成曾被认为是判定语言类型的重要标准之一。Greenberg（1963）曾基于30种语言背景得出的45条共性中的第22条指

---

* 本文以《差比句偏误的类型与共性》为题发表在《汉语教学学刊》（第2辑），北京大学出版社，2006年，作者赵金铭。

出:“当差比句的唯一语序或语序之一是‘基准——比较标记——形容词’时,该语言为后置词语言;如果唯一语序是‘形容词——比较标记——基准’时,大于偶然性的绝对优势可能是该语言为前置词语言。”另据 Dryer(1992)的研究,基于 100 多个语组 625 种语言的统计发现:OV 型语言基本上都取“基准+形容词”的语序,VO 型语言则一律用“形容词+基准”的语序。于是认为“汉语是唯一作为 SVO 型语言却使用‘基准+形容词’(比小王高)的语言”。(转引自刘丹青,2003)

上述的这条共性,指出了比较句语序与介词类型的关系。在实际语言和方言中,差比句的句法表现要复杂得多,并非只有“基准+形容词”(我比你大)和“形容词+基准”(我大于你)两种句法表现。汉语中的“比”字句以及汉语方言中差比句的各种表现形式都在上述两种结构之外。

鉴于现代汉语本身内部一致性较弱,仅就差比句而言,各方言的表达方式就很不一样。

据张赪统计,现代汉语方言的差比句从句式结构上可分为四类 8 种。(张赪,2005)

1. 比较基准在比较结果之前

(1) A+标+B+果 (他比你高,北京)

(2) A+$标_1$+B+$标_2$+果(梅县比汤坑较冷,广东丰顺客家话)

2. 比较结果在比较基准之前

(3) A+果+标+B (老公高过渠好多,广州粤语)

(4) A+标+果+B (伊较好我,厦门)

(5) A+$标_1$+果+$标_2$+B(梅县较冷过汤坑,广东丰顺)

(6) A+果+B (我勇汝,福建泉州、惠安)

3. 比较结果指向最近的比较项

(7) B+标+A+果(小王是小李长,浙江天台,即:小李比小王高)

4. 比较基准后附比较标记

(8) A+B+标+果 (我你哈高着,青海,即:我比你高)

在现代汉语中,无论是普通话还是方言,差比句的类型。大多是比较主体(A)在先,也就是说其语序是先说出被比较的对象,再引出比较基准。只有一种方言(天台),是最先引出比较基准的。

二 外国学习者差比句的偏误类型

外国学习者在习得汉语差比句时,出现的各种偏误,呈现了更多的类型。本文之研究目的，在于着重讨论汉语差比句的偏误类型与各种语言差比句类型之关系，以见共性。故凡是类型正确只是比较主体与比较基准不搭配者，均未计算在内。如：

* 弟弟学中文比他的学习好。

应是：弟弟学中文比他学习好。

或：弟弟学习比他学习好。

* 天安门广场的夜景比白天更漂亮。

应是：天安门广场的夜色比白天的景色更漂亮。

或：天安门广场晚上比白天更漂亮。

按此原则，我们从中介语语料库中检索出所有带"比"字的句子，删除非差比句，删除重复的句子，再删除比项不配或非类型偏误的句子，共得可用例句 126 句。大致可分为四类 16 种，具体分布如下：

1. 首项为比较主题，比较基准＋比较结果

(1) A＋标＋B＋果 (N)

* 老师穿比平时的好衣服。

* 吐鲁番比三大火炉更热的地方。

(2) A＋标＋B＋(很、十分、太、非常、特别、极、最、顶、挺、相当) 果/果(得多、得很)

* 要知道，小鸟的寿命比人很短。

* 她比我说得很好。

* 瘦子女人每个天越来越漂亮，她比我最漂亮。

* 他比一般中国人高得很。

(3) A＋标＋B＋果 (S，小句)

* 他比我一岁大。

* 我觉得那个食堂比留学生食堂她吃得多。

(4) A＋标＋B＋果 (V)

* 那时候他比我马上发现，下次打算参观的地方怎么走。

* 至于旅行，将来越来越随着经济发展，比现在改革开放的政策更进行，我想到时候一定有机会。

(5) A+标+B+(有一点儿、一点儿、一些) 果

* 外事楼的设备比一号楼好,房费也比一号楼有点儿贵。

(6) A+标+B+(一样、相同、相反、差不多) 果

* 现在,中国青年喜欢的音乐比日本青年相同。

(7) A+标+B+(不)果

* 我觉得中国比德国不一样,因为生活不一样。

* 北京的冬天比我国家的不冷。

(8) A+标+B+(没有)果

* 在日本发行的报纸的种类,比中国的没有那么多。

* 这篇作品比那篇作品没有好。

(9) A+$标_1$+B+$标_2$+果

* 我们检查各道词尾一次就能看出来,地方说法比首尔说法比较短。

* 路上辛苦没有,这里的气候比马里固本市比较热。

* 德国比中国的出租车比较贵。

(10) A+标+B+果

* 他的书是比你的多。

(11) A+标+果

* 他比小一岁,跟他妈妈一起来了。

* 他游泳游得比快一点儿。

2. 首项为比较标记,比较基准+比较结果

(12) 标+B+果+A

* 对我来说,比什么都更重要亲眼看一看中国人的日常生活。

(13) 标+B+A+果

* 比以前电视机,播送技术发展越快越好。

* 随着经济发展得快,社会把比体力智力更重视。

3. 首项为比较主题，比较结果＋比较基准

(14) A＋果＋标＋B

* 我喜欢打篮球比踢足球。

* 杰克汉语说得流利比我。

* 他跑得快比我。

* 我喜欢天津比上海。

(15) A＋果＋B

* 安娜说她不是七月来北京，就是八月来北京，不会晚八月。

* 这些年，这个城市的人口增加了以前的两倍。

4. 杂糅的复杂形式

(16) A＋标＋B＋比较的话＋果

* 这个梦比小学生的梦比较的话，真可笑的。

三　汉语差比句的语言类型学分析

操各种不同语言的外国学习者，在学习汉语表示“超过”意义的差比句时所出现的偏误，显示了在表达相同的功能上，学习者头脑中原有的语言表达形式对学习目的语的干扰。学习者可以用不同的语言形式来表达同一种功能，这正是一种语言共性。我们正是试图寻求不同的表面形式下所隐藏的共同因素。

人们已经认识到，不同的语言在对一些一般语法理论很重要的方面，均有差异。另一方面“任何一种语言，如果不能鉴别它在这些方面跟其他人类语言的异同，就不能对它的结构有完整地认识”。(伯纳德·科姆里，1989)

我们正拟从普遍语法的观点或曰类型学的视野，来观察各种各样在我们汉语为母语的人看来是错误的差比句。所谓的普遍语法是由一些高度抽象的原则和未定值的参数构成的。普遍语法的原则反映了人类语言的共性。然而，具体语言之间是有差别的，不过这些差别都在一定的参数范围之内，只不过参数的取值不同而已。

比如所有的语言都有差比句，汉语中主要的差比句是“比”字句。无论哪种语言的差比句，一般都应由四个参项组成。即：比较主体(A)、比较基准(B)、比较标记(标)、比较结果(果)。所谓“普遍语法”，只不过是要求对这些参项进行排列，而不管它们如何排列与组合。比如，如前所述，有的语言

比较基准在比较结果之前，有的语言比较基准在比较结果之后。

各种语言中，语言单位皆有区别性特征。在有形态变化的语言里，形态变化可以用来区分比较主体和比较基准，而不管它们的位置如何。在失去形态和形态本来就不发达的语言里，区别比较主体和比较基准的语法手段可以是词在句子中的位置，语序这一语法手段和曲折这一语法手段互相替代和补充，构成语言和语法手段趋于平衡的现象。语法手段的平衡是又一普遍语法现象。（许国璋，1988）

汉语虽有着自身的特点，但应把汉语放在世界语言变异的范围来观察，就会看到汉语本质上依然受着人类语言共性的制约。比如，汉语的差比句与其他语言的差比句表面上存在的许多差异，在较深的层次上便不复存在。

语言的变异总有一定的范围。沈家煊(1993)曾举主语、宾语、动词三者的语序变化为例，他说："主语、宾语、动词三者的词序变化在逻辑上有六种可能，然而这六种类型在世界语言的分布有重大偏差，即偏向于其中的三种，有一种还找不到实际存在的语言。"又如关系小句，沈家煊说："各种语言在语法等级上的截止点可以不同，但绝不会出现主语可以关系小句化而宾语不能关系小句化的情形。这就叫做万变不离其宗。"

差比句的语序类型是语序类型学中的一个相当重要的内容。比如汉语差比句中比较基准前置于比较结果，"我比他高"。这在 SVO 语言类型中仅见于汉语，而 SOV 类型的语言的共性之一是比较基准在比较结果之前。再看壮侗语，则是比较基准后置于比较结果，因此，壮侗语作为 SVO 类型语言比汉语更典型。（刘丹青，2002a）

语言类型学的参项，就是语序在不同语言可以表现结构差别的某种关系或范畴。刘丹青举动宾结构关系为例，认为可以有 VO 和 OV 两种语序表现，那么动宾关系就是一种参项。

差比关系也是一种参项。差比句中的比较基准、比较结果和比较标记之间的相对语序，就是当代语序类型学中具有语序蕴含性（单向）和语序和谐性（双向）的参项。另外，如状语和动词的语序也是，快走/走快。

那么，什么是语序的蕴涵性和和谐性？"假如一种结构的 AB 语序意味着另一种结构是 CD 语序，这便是蕴含性；假如有 CD 语序的语言也意味着有 AB 语序，则 AB 语序和 CD 语序就形成和谐关系。"（刘丹青，2002a）比如汉语中如存在"我比他健壮"，也必然存在"我健壮比他"的话，二者则为和谐关系。

我们前面曾交代过构成汉语差比句的四个组成部分：比较主体(A)、比较基准(B)、比较标记(标)、比较结果(果)。有人基于世界上625种语言的统计发现，在上述四个语序参项中，比较基准和比较结果是最为重要的两项。

我们现在就从这两项上观察一下汉语的情形又是怎样呢？

早在一百多年以前，洪堡特在分析汉语与叙事就从一个外国人的角度指出，可以从两个不同的方面观察，“一方面是一个概念的范围由另一个概念加以限定(beschrankt)，又一方面是一个概念指向(richtet auf)另一个概念。于是，起限定作用的词出现在受限定的之前，被指向的词跟在指向词的后面。整个汉语的语法就是建立在这两条基本的结构规律之上。”(姚小平，1999)

这个规律反映在差比句上，汉语差比句的语序排列应该是“比他大”，限定词语“比他”出现在受限定词“大”之前，而不应该是“大比他”。但先秦时汉语差比句则是“李氏富于周公”，也就是说是限定词后置。至今南方汉语方言也依然存在这种表达方式。这之中语言变化的机制及动因，本文无力讨论，也不拟讨论。

四　汉语差比句的典型句与边缘句

4.1　典型句与边缘句

现代汉语普通话中差比句的典型形式是：

A＋标＋B＋果(我比你大得多)

其中比较标记“比”在比较基准“你”前，比较标记与比较基准结合在一起，前置于比较结果。应该特别指出的是：“比较标记＋比较基准”是固定组合，不可分离。只要维持这一原则，在一定的语境下，应表达的特殊需要，差比句的典型形式，还可以产生变异形式。比较常见的有两种：

一是“标＋B＋A＋果”(比你我大得多)
二是“A＋果＋标＋B”(我大得多比你)

这两种句式类型之所以成立，原因有二：一是在汉语中差比句的“标”决不能离开B，也就是说比较标记永远紧密与比较基准相毗连，不可分离。不违背这一原则，整个板块移动时，句式尚可接受。如：“比你，我大得多”。在语气上，往往在“标＋B”之后有语序停顿。二是语义指向决定的。在汉语普通话差比句中，比较结果的语义指向永远指向A，即指向比较主体，在"我比你大得多"中，"大得多"是指向"我"的。所以当"标＋B"作为一个板块游移之后，使得"A＋果"直接相搭配，语义顺畅，毫无滞碍，故句式也得以成立。

这两种句式并非是汉语差比句的常式，但在一定的语境条件下，特别是在口语表达中，前者可看做"倒装"，后者可看做"追加"。这是因说话人所要强调的重点不同，而使句式具有了特殊的语用色彩。

这就涉及类型的充分性问题。如果我们通过跨方言和跨语言（包括外国学习者的中介语现象）的观察，便能清楚地看到"我比你大得多"是更基本、更典型的句式，是比"比你我大得多"和"我大得多比你"分布更广、受限制更少的句式。这后两句是受限制和排斥的有标记的句式，是边缘的，它们在某种程度上违背了公认的一般的语言规律。

4.2 关于比较标记"比"

汉语差比句中的比较标记"比"是一个介词，而介词是句法组合中的联系项，用来连接两个有句法关系的成分。据跨语言调查所得出的人类语言若干语序原则中，有一条很重要的原则，就是联系项原则，该原则指出联系项的优先位置是位于所连接的两个单位之间。世界上绝大部分语言的介词都遵守这一原则。这一原则也是人类语言象似性原则的具体表现之一。（刘丹青，2002b）在汉语中"介"字之本义，即在二者当中起介引作用。在典型的汉语差比句句式"我比你大得多"中，一边是比较主体"我"，一边是比较基准"你"，而比较标记"比"，作为介词，只能居中。可见，这种联系项居中的汉语差比句典型式正是模拟了生活中的客观真实，即介绍人总是居于被介绍的两者中间的情形。这也说明为什么"A＋标＋B＋果"（我比你大得多）是典型的差比句式，或基本句式。在某种程度上可说是汉语差比句的原型句，而"标＋B＋A＋果"和"A＋果＋标＋B"只能说是汉语差比句的边缘句式。值得提及的是，汉语中并不存在按如下组配而成的句式：

* "A＋B＋标＋果"（我你比大得多）
* "A＋果＋B＋标"（我大得多你比）
* "A＋标＋果＋B"（我比大得多你）

这些类型之所以不存在，因为它不仅违背了语言的一般规律，也不符合人们的认知顺序。在古汉语中，介词之后的宾语可直接借助语境删除，如"行有余力，则以$_{ti}$学文"中的 ti 与上句中的"余力"同指，表示"用余力学文”。这种情况在语言学上被称作“介词悬空”。据世界上 130 种语言的统计，前置词语言有 8%—10%明显允许介词悬空，后置词语言只有 2%似乎允许介词悬空，介词悬空是造成汉语语法史上若干重要的语法化和词汇化现象的重要原因。（刘丹青，2004a）在现代汉语差比句中决无介词悬空现象，因为那样差别句中就缺失了比较基准 B，所以像“我比 0 大得多”的句子是见不到的。也就是说，缺少比较基准的差比句是不存在的。

4.3　汉语差比句之形成

我们见到一种观点，认为差比句是由两个简单句加合转换而成，比如“他比小王高”，是由“他高”＋“比”＋“小王高”加合转换，在转换中“他高”中的“高”被删除，于是成了“他比小王高”。（张洪年，1972）我们认为如果从底层结构观察，“他高”＋“比”＋“小王高”，其中介词“比”恰好居中，介乎“他高”和“小王高”之间。但删除“他高”中的“高”以后，则变成介词“比”界于“他”和“小王高”之间，这样介词“比”显然没有居中。因而这种加合转换的说法似还值得讨论。

贺又宁（2000）认为汉语的差比句是由汉语的三种基本句式通过不同的投射来生成的。比如：

$NP + AP \rightarrow NP_1 +$（比 NP_2）$+ AP$

这本书　厚　　这本书　比那本书　厚

其中“这本书厚”是名词加形容词的主谓句，是现代汉语中的基本句型。这种基础句型通过投射可以生成基础的比较句。公式括号中的“比 NP”是一个介词短语，作为 AP 的修饰语，可以看做是 AP 的投射，或者说是 AP 的左分支结构。我们认为，这种分析的可取之处是认为汉语差比句中的比较标记“标”（比），是一直跟着比较基准 B（那本书）的。

如果我们仔细观察外国学习者汉语差比句的偏误，就会发现有两个十分一致的特点：一是所有偏误的句子皆以比较主体 A 为首项，仅两例例外，我们另有解释。二是所有的偏误句子都是把“比较标记＋比较基准”作为一个板块，也就是“比 NP”紧密相连，没有分开，另有 4 句，一是丢失比较标记“比”，一是丢失比较基准 B，属个别特例，可另当别论。除去这 6 句之外，下剩 120 句，句子的大体格局是不错的，只是在局部出现偏误。可见，在人类认知的领域中，在处理“比较”，特别是“差比”这一思维过程中，认知顺序与认知方法是相当一致的。

五 学习者母语差比句表达与汉语差比句类型

现代汉语中用以表示差比的手段是使用虚词，即用比较标记“比”。而在印欧系语言中，比较的方法大多用词尾的变化来表示。如英语形容词的差级用词尾-er 来表示，有时也加虚词 more。德语和英语一样，多半用词尾表示，法语则完全用虚词，plus... que 表示差比，其他语言，大率如是。但无论如何，每一种语言都可以用比较主体 A、比较基准 B、比较标记（标）、比较结果（果）来排出差比句之语序，从而呈现其类型。兹列表如下：

语种	差比句例句	类型
英语	Mary is even taller than John. (A) (果)(标) (标) (B)	A＋果＋标＋B
英语	The place looks even more beautiful than imagined. (A) (标$_1$) (果) (标$_2$) (B)	A＋标$_1$＋果＋标$_2$＋B
法语	Je suis plus grand que lui. (A) (标$_1$) (果) (标$_2$) (B) (我比他高)	A＋标$_1$＋果＋标$_2$＋B
葡萄牙语	Carlos é mais estudioso do que Joao. (A) (标$_1$) (果) (标$_2$) (B) (卡洛斯比诺奥用功)	A＋标$_1$＋果＋标$_2$＋B
日语	張さんは 私 より 高い。 (A) (B) (标)(果) (小张比我高)	A＋B＋标＋果
韩国语	i bang eun jeobang boda jogeum Keuta. (A) (B) (标) (果) (这间屋子比那间屋子大一点儿)	A＋B＋标＋果
土耳其语	O Xiaowang dan Cok uzunum. (A) (B) (标) (果) (他比小王高)	A＋B＋标＋果
阿拉伯语	an tai aik sai lu min hu izhi ti ha dan (A) (果) (标)(B) (你比他更努力)	A＋果＋标＋B

无论操哪一种母语的外国学习者，在学习汉语时，对汉语的语序，特

别是短语板块的次序，都是十分注意的。因为只要次序一颠倒，意思便会不一样。这早在公元16世纪，瓦罗所著语法就特别指出这一点：

> 为了说好这种语言(指汉语，笔者注)，有三件事要牢记于心：第一，词项或音节(口说的单音节词)本身固有的意思；第二，我们说出来的一个词项的声调，要与我们表达的意思相一致；第三，一个要素在句子里必须有适当的位置。这三点都是必要的。尤其词序(即位置、排列)，因为词不在适当的位置上，句子就会变得不可理解。(弗朗西斯科·瓦罗，1703)

这是在马建忠《马氏文通》问世之前一百多年，西班牙传教士所著世界上第一部正式刊行的汉语语法，书中展示了欧洲人对汉语的认识，该书在谈到汉语比较时，虽描写的是当时的官话语法，但在排列差比句组成成分的顺序时，特别是对表示"不及"的差比句，即"不如"句时，与今日的差比句毫无二致。书中说：

> "过于"的真正含义是"超过"，它一般放在构成比较内容的词后面。因此，我们首先说出要比较的对象，紧接着是构成比较的内容的词，之后是表示比较的小词"过于"，最后是比较所及的对象，例如"我聪明过于你"。
>
> "这个不如那个高"。在这种模式中，我们首先说出要比较的对象，其次是小词，再次是被比较的对象，最后是构成比较的内容。(弗朗西斯科·瓦罗，1703)

作者在认识汉语差比句时，虽然是"从内到外"，即从意义到形式的路子来进行比较，进而发现汉语差比句的语序之不同于自己母语之处。瓦罗所著《华语官语法》是1703年在广州出版的。书中表示"超过"的差比句为：

"A＋果＋标＋B"类型

这当然是广州话差比句的类型，而表示"不及"的差比句类型为：

"A＋标＋B＋果"类型

这与现代汉语普通话差比句类型是一致的。瓦罗从所比语言共有概念范畴"比较"(差比)出发，在两种的差比表达方式进行比较，不仅见其同，而且见其异，这就是比较的结果。这才更有助于目的语的学习。如果"只见其同，不见其异，那就是我们所说的比附了"。(吕叔湘，1962)

六 学习者母语与目的语差比句之比较

6.1 英语(石毓智,2002;周健,2001)

英语差比句类型与现代汉语普通话差比句不同,却与古汉语的差比句相似。古汉语差比句与今日英语的抽象格式一样,都是在形容词谓语之后引入那个程度较低的比较项。如:

Mary is even taller than John.

季氏　　　　富　　于　周公。(《论语·先进》)

现代汉语差比句显然不是这种类型,常见这样的教学过程:当学习者要说出英语"A is taller than B"时,会自然地使用"A+比+B+高"的类型格式。如果教师进一步追问:"A is much taller than B"汉语如何表达?就会有学生说出偏误句:"A+比+B+很高"。教师纠正之,汉语应表达为"A+比+B+高得多"。还有这样的偏误:这本书比那本书比较好。这个学生显然还以为汉语跟英语一样有比较级,于是在比较结果形容词"好"前又加了个"比较",其实这个偏误类型也并非不存在。它正是汉语方言中的第一类第2种:"A+标$_1$+B+标$_2$+果"。这正显示了外国学习者在学习汉语差比句时,摈弃(改正)了与自己母语完全不同的语序表达,却在近似之处出现了偏误。这种情况表明,两种语言学习者的母语和目的语形式上差别明显之处,容易辨别,掌握起来不见得困难,而表面上相似的地方,易于混淆,有时倒是常常会出错。这往往成为学习的难点,值得关注。而这种地方,往往体现了语言的共性。这里学习者所出现的差比句的偏误类型,不谋而合,与汉语方言的差比句类型正好一致,这显然体现了语言的语序和谐性。

6.2 法语(刘苏乔,2001)

在法语中,如果要表达的事物之间在性质、状态、程度等方面含有差异的比较关系,最常用的方式是由形容词或副词的比较级形式构成。一般有两种情况:较高方面的比较和较低方面的比较。前者的类型为:

"A+plus+果+que+B",约略相当汉语的"A+比+B+果"类型。

后者的类型为:

"A+moins+果+que+B",约略相当于汉语的"A+没有+B+

果”类型。

法语中的“que＋B”相当于汉语的“比＋B”，只是位置不同。

汉语：他的业余时间比我多。

法语：Il a plus de temps libre que moi.

于是学习者有如下的偏误：

＊ 他有多的业余时间比我。（刘苏乔，2001）

此外，因为有比较级，除了语序偏误之外，也会出现在比较结果之前再加标记的情况：

＊ 路上辛苦没有，这里的气候比马里固本市比较热。

德国人也犯同样的错误：

＊ 德国比中国的出租车比较贵。

甚至韩国人也一样：

＊ 我们检查各道的词尾一次就能看出来地方说法比汉城说法比较短。

6.3　葡萄牙语（贾甫田，2000）

汉语的“比”字句与葡萄牙语的趋高比较句十分相似。所谓趋高比较句，由置于形容词之前的 mais 和置于形容词之后的联结词 que 或者 do que 构成。如：

O inverno de Bejing é mais frio do que de Shanghai.
（A）　（标$_1$）　（果）　（标$_2$）　（B）

北京的冬天比上海的冬天冷。

于是葡生在学习汉语差比句时，注意汉语中比较级准（B）的前置，然而又受葡语差比句中结果之前有标记成分的影响，造成如下偏误：

＊ 汉语句子比葡语句子很不同。

葡人与我国澳门关系密切，也许是受粤方言的影响，他们居然造出适于汉语方言第二类第 3 种相同的类型，即：

＊ 北京冻过澳门。

6.4 日本语(靳卫卫,1986)

汉、日差比句应有较大的差异。汉语差比句中的比较标记"比"和日语格助词"より"的用法、意义在许多情况下基本对应,可以互译。所不同者是它们在各自的语言里句中位置不同。汉语的"比"永远放在比较基准之前,而日语的"より"则总是放在比较基准之后。如:

汉语:小张比我高。

日语:張さんは 私 より 高い。

(A) (B)(标)(果)

基于这种情况,日本学习者,通常的偏误句为:

(1) * 我比咖啡想喝茶。

* 父亲比啤酒喜欢威士忌。

* 我比英语更喜欢学汉语。

(2) * 我想喝茶比咖啡。

* 我喜欢打篮球比踢足球。

* 我喜欢天津比上海。

(3) * 今天比昨天不冷。

(4) * 他的中文比你非常好。

* 这张桌子比那张桌子有点大。

(1)中的三句,是典型的日本人的偏误。学习者虽已摆脱了日语差比句"A+B+标+果"的类型格式,但却未摆脱各组成成分的位置。"我比咖啡想喝茶"基本义是"喝咖啡"与"喝茶"两者相较,"我更想喝茶"。这就涉及标记"より"有时与汉语的比较标记"比"不能互译,日语中"Bより A……"的意义,约略相当汉语如下格式:比起 B 来……A;B 与 A 比起来,……A; B 与 A 相比,……至于(2)中的"*我想喝茶比咖啡",还没有摆脱日语差比句的类型特点,错误更低一个档次。

6.5 韩国语(崔健,2002;金海月,2005)

韩国语的差比句的语序是"A(主格)+B(与格)+标+果",比较标记是比较格助词"boda",置于比较基准的后面。也就是说,韩国语的差比句是有标记的,比较主体(A)有主格标记,比较基准(B)有与格标记,最后是比较结果。不论 A 和 B 的位置怎样移动,跟随它们的格标记是不会变的。我们总能从它们所带的格标记中识别出哪个是比较主体,哪个是比较基准,谁比谁,哪个比哪个是不会搞错的。韩国学习者受这种语言特点的影响，在表达汉语差比句时，有时就会随意改变比较主体和比较基准的位置。请看韩国学习者的偏误：

* 今天天冷比昨天。
* 他高比我。
* 他高比更我。
* 他的高不比我。
* 他的书是你比很多。

还有一类偏误与日本学生的相类似：

* 我比漂亮的女人喜欢心地善良的女人。
* 我比新疆更喜欢去西藏。

这也是二者相比较的话，说话人取其一的意思，不是差比句的类型。

七　外国学习者差比句偏误四类16种的类型分析

7.1　关于"A＋标＋果"类型

全部语料中只检索出2句，这是一种缺少比较基准的句子，如：

* 她游泳游得比快点儿。
* 他比小一岁，跟他妈妈一起来了。

这显然是在表达差比时遗漏了一个成分而导致的偏误，两物相较缺一物，这应是偶然现象，没有普遍性。"A＋标＋果"在其他语言中未见相似的格式，故也不具备语言类型意义。

7.2　关于"标＋B＋果＋A"与"标＋B＋A＋果"类型

这两个类型均为比较标记打头儿，且与比较基准B紧密相连，在全部语料检索中各发现1例：

* 对我来说，比什么都更有兴趣亲眼看一看中国人的生活。
* 比以前电视机播送技术发展越快越好。

如前所述，这两种句式是受限制的，违背一般语言规律的表达方法。但不排除在特定的语境下，为了某种修辞色彩，或为了特别强调某个成分，而违反常规地使用这种表达方式，表达一种特定的语用功能。故这也是不具有普遍意义的语言类型。

7.3　关于杂糅的复杂形式

所谓杂糅形式，我们一共检索出2例，如：

*这个梦比小学生的梦比较的话，真可笑的。

一般来讲，学习者在接触了目的语的一种新的表达方式之后，如果感觉与自己的母语差异较大，往往会引起较大的关注，比如日、韩生其母语差比句类型为："A＋B＋标＋果"，而汉语差比句类型为"A＋标＋B＋果"，二者应有明显的差异。但当学习者初步接触了汉语差比句的语序之后，尚未完全掌握之时，又接触了汉语新的表达方式，如"A跟B相比……A……"或"A比起B来，A……"等句式之后，于是又拿来与自己母语中原有形式相比附，于是出现了杂糅的结果，以及向母语回归的现象。据此，我们可以判断这是日、韩学习者的偏误。

又如：

*随着经济的发展得快，社会把比体力智力更重视。

这是在学习者学习了汉语差比句之后，又接触了"把"字句，这又是一个新鲜的语言点，加之汉语中又有"把A与B相比……"的句式，学习者把这种句式与表达差比的基本句式相混淆，出现了这类偏误，此二例均不具有典型意义。

7.4 关于"A＋果＋B"类型

这种偏误类型，是汉语闽方言种差比句的一种类型。句中没有比较标记，是一种无标记差比句。如：

我勇汝。(我比你健壮。闽南)
伊大汉我。(他比我力气大。闽南)
他大你还是你大他呀！(他比你大，还是你比他大呀！湖北随县)

这种格式如果后面带上数量结构，则普遍存在于汉语各方言之中。如：

二姐大我三岁。(四川)
我多你两个孩子。(湖北英山)
你重我五斤。(湖南临武)
伊大我四岁。(广东汕头)

外国学习者当要表达人或事物在性质、数量、状态等程度上的差别时，该用汉语差比之"比"字句，却没有，由于缺漏，无意中形成汉语方言"A＋果＋B"类型，暗中虽与现存方言类型相等，但是缺少比较标记的句子，在现代汉语普通话中一半是不用的。学习者的偏误又有不同的样式。

例如：

＊ 安娜说她不是七月来北京，就是八月来北京，不会晚八月。

从另一个角度观察，这个句子也可以说是受“A＋果＋标＋B”类型的影响，我们推测学习者在取这个类型表达时，在比较基准之前，遗漏了比较标记，结果形成了“A＋果＋B”格式。又如：

＊ 这些年，这个城市的人口是增加了以前的两倍。

这个句子可能是差比句的偏误句，也可能是说话者想要表达别的意思，比如：

a. 这个城市的人口是以前的两倍。（“是”字句）
b. 这个城市的人口增加了两倍。（动词谓语句）
c. 这个城市的人口比以前增加了两倍。

我们推测说话者的意思可能是 c，但说话人头脑中差比句的类型可描写为：“A（这个城市的人口）＋$果_1$（增加）＋标＋B（以前）＋$果_2$（两倍）”，这是一个汉语中不存在的差比句类型，可能是学习者比附“A＋$标_1$＋B＋$标_2$＋果”的类型而形成的。这是一个个案，不具有代表性。

7.5 关于“A＋B＋标＋果”类型

这种类型只存在于青海省的汉语方言中。如：“我你哈高着”。但是在通过词尾变化来表明比较主体的比较基准的语言里，是一种普遍存在的类型。比如汉藏语系藏缅语族中拉祜语，“我比你高”的表达方式为：

ŋa31	no31	tha31	a33	ke35	mu
我	你	（助）	比	高	

韩国语亦如是。所以，韩国学生的偏误句子：

＊ 他的书是你比很多。（他的书是比你多。）

正是其母语差比句类型的真实复制。大多数的汉语学习者，在初始阶段，就都已把汉语差比句的类型“A＋标＋B＋果”先行记住，所以犯上述错误的是不多的，我们完全有理由判断，这应属于初级阶段的偏误。又如：

＊ 丁力不我的哥哥大。

这显然已经接受了“A＋标＋B＋果”的类型，只是因增加了否定词

“不”，占据着比较标记的位置，占位的结果，使本应有的比较标记遗漏了。于是形成了“A＋B＋果”句式。

7.6 关于“A＋果＋标＋B”类型

这是古汉语差比句类型，也是闽、粤等地区汉语方言差比句的类型，更是现代英语差比的一种类型。学习者受母语或媒介语的干扰，使其成为一种带有普遍性的偏误类型，尤其在日、韩及阿拉伯学习者中居多。如：

* 今天更冷比昨天。

* 他得快比我。

7.7 关于“A＋标$_1$＋B＋标$_2$＋果”类型

这是日耳曼语族及罗曼语系差比句的重要类型，也就是说，把比较基准放在由比较标记分成两个成分的框架之中。如英语的“more... than”、法语的“plus... que”。受此影响，学习者造出“德国比中国的出租车比较贵”便不足为奇了。

7.8 关于“A＋标＋B＋果”类型

以上七类之总和，在所检索的有效的偏误句中仅有17句，剩下的偏误句子只有一个类型，那就是“A＋标＋B＋果”，而这正是现代汉语普通话差比句的正确表达方式。这个类型下辖8种偏误形式。据统计，结果出人意料，令人深思。检索中介语语料库外国人差比句偏误句子共计126句，属于类型错误的仅17句，其余109句类型是正确的，只是其他方面的问题。这类句子占偏误句子的总数的86.5%。其中又以差比句中比较结果带程度副词的偏误最多，多达38句，占总数的34.8%。

我们如果从母语的负迁移上找原因的话，比如在韩国语中，有相当于汉语的比较标记“比”字的“boda”，也相当于英语的“than”。这个词里面本来就隐含着程度副词(相当于英语的“more”)，所以初学汉语的韩国人(不只是韩国人)常常会在“比”字句中比较结果前误加“很”“非常”“十分”等副词。

如果从汉语的比较范畴来观察，其下辖的四个次范畴为：近似、等同、胜过、不及。

a. 近似：……像…… 小王像小李(那么高)

b. 等同：……跟……一样…… 小王跟小李一样(高)

c. 胜过：……比…… 小王比小李(高)

d. 不及：……不如…… 小王不如小李(高)

“比”字句属胜过次范畴，其比较结果时表示量幅的词语，是无界的。如果加上程度副词，如 *“她织布的技术比别人很高”，其比较结果“很高”带有较高的程度，是表示量段或量点的词语，是有界的。故句式不成立。(赵金铭，2001)

另则，一个比较句式只能表示一个比较次范畴，如果一句中包含了两个次范畴，势必成为杂糅，句子也不能成立。如：

* 他说中文比中国人一样流利。(胜过“比”与等同“一样”杂糅)

* 这篇作品比那篇作品没有好。(胜过“比”与不及“没有”杂糅)

我们认同人类语言的普遍性。我们从语言类型，包括母语类型和中介语类型的比较中，来发现各种语言的普遍特征或普遍特征趋势。然后，借助于这种语言类型学的研究，推动语言的学习。学习者在学习汉语差比句时，认识并掌握汉语差比句的类型是不难的，难点不在语言格式，而在其他的相关方面。比如差比句中，比较结果所具有的特殊要求，保持比较次范畴的单一性，比较主体与比较基准的一致性，以及学习者在其他句法和语义上的要求。我们可以断言，学习者在掌握汉语差比句类型上不会用太长的时间，但要经过相当长时间并伴随一定比例的非类型偏误的学习过程，才能最终掌握汉语差比句。

参考文献

伯纳德·科姆里〔美〕(1989)《语言共性和语言类型》(沈家煊译)，华夏出版社。

崔　健 (2002)《韩汉范畴表达对比》，中国大百科全书出版社。

弗朗西斯科·瓦罗〔西〕(1703)《华语官话语法》(姚小平、马又清译)，外语教学与研究出版社，2003年。

高名凯 (1948)《汉语语法论》，商务印书馆，1986年重印。

贺又宁 (2000) 现代汉语比较句的投射规律，《贵州师范大学学报》(社科版)第3期。

贾甫田 (2000) 汉葡比较句对比研究，见《对外汉语教学研究论文集》，百花文艺出版社。

金海月 (2005) 韩国学生比较句习得偏误分析，北京语言大学科研报告会论文。

靳卫卫 (1986) 汉日语中比较句的异同，《语言教学与研究》第2期。

李　蓝 (2003) 现代汉语方言差比句的语序类型及其地域分布，见戴昭铭主编《汉语方言语法研究和探索》，黑龙江人民出版社。

刘丹青（2002a）汉藏语言的若干语序类型学课题，《民族语文》第5期。
刘丹青（2002b）汉语中的框式介词，《当代语言学》第4期。
刘丹青（2003）差比句的调查框架与研究思路，见戴庆厦、顾阳主编《现代语言学理论与中国少数民族语言研究》，民族出版社。
刘丹青（2004a）先秦汉语语序特点的类型学观点，《语言研究》第1期。
刘丹青（2004b）深度和广度：21世纪中国语言学的追求，见《21世纪的中国语言学》，商务印书馆。
刘苏乔（2001）汉语"比"字句与法语的相应形式，见《中国对外汉语教学学会北京分会第二届学术年会论文集》，北京语言大学出版社。
柳多利（2005）面向对外汉语教学的现代汉语比较句研究，北京大学博士学位论文。
吕叔湘（1962）《中国人学英语》，商务印书馆。
沈家煊（1993）汉语特点研究和汉语共性研究，见《中国语文研究四十年纪念文集》，北京语言学院出版社。
沈家煊（2003）现代汉语"动补结构"的类型学考察，《世界汉语教学》第3期。
石毓智（2002）论语言的基本语序对其语法系统的影响——兼论现代汉语句子组织信息的原则形成的历史动因，《外国语》第1期。
许国璋（1988）论语法，《论语言和语言学》，商务印书馆，2001年出版。
姚小平（1999）《汉文经纬》与《马氏文通》历史功绩重议，《当代语言学》第2期。
张　赪（2005）从汉语比较句看历时演变与共时地理分布的关系，《语文研究》第1期。
张洪年（1972）《香港粤语语法研究》，香港中文大学出版社。
赵金铭（2001）论汉语的比较范畴，《中国语言学报》第10期，商务印书馆。
赵金铭（2002a）汉语差比句的南北差异及其历史嬗变，《语言研究》第3期。
赵金铭（2002b）差比句的语义指向类型比较研究，《中国语文》第3期。
周　健（2001）关于汉语教学技巧的两点思考，见《对外汉语教学与教材研究论文集》，华语教学出版社。
周小兵（2004）学习难度的测定和考察，《世界汉语教学》第1期。
Dryer, Matthew S. 1992. The Greenbergian Word Order Correlations. *Language* 68(1), 43—80.
Greenberg, Joseph H. 1963. Some Universals of Grammar with Particular Reference to the Order of Meaningful Elements. In Joseph H. Greenberg (eds.) *Universals of Language*. Cambridge, Mass.: M. I. T. Press.

第三章 “得”字补语句的习得状况*

○ 引言

汉语“得”字补语句是指以助词“得”为形式标志的句子结构类型。该结构形式所表达的语法意义包括以下几种：(1) 可能，例如：我看得清；(2) 程度，例如：那里冷得很；(3) 情状，例如：洗得很干净。

在对外汉语教学中，补语一直被看做学习的难点，自然也成为教学的重点，在教学中占有重要的地位。其原因吕文华(1995)概括为三点：a. 补语在教材中出现的频率高，b. 补语反映了汉语语法的特点，c. 补语难。在各类型补语中，以助词“得”字联系的补语(不包括表可能的)历来争议很多，尤其在对外汉语语法教学中分歧较大，是比较麻烦的一类。正如李大忠(1996)所说，“在这个问题上，在对外汉语教学领域内，无论是概念的运用还是意义的界定，都还是没有很好地解决的问题，因此就显得有些混乱。这对外国人学汉语是不利的”。分歧主要集中在除表可能以外的“得”字补语句所表示的语法意义上，或概括为“情态”(刘月华等，1986)，或概括为“程度”，或概括为“结果”(王还，1994)，或将其中的一部分表述为“状态”，与“程度补语”分开(鲁健骥，1992)，瓯齐(1983) 更细分为“结果”、“状态”、“比状”、“方式”、“时间”、“数量”、“判断”、“程度”等八种之多。本文采用“情状”、“程度” 二分的观点。

对外汉语教学中的语法研究状况必然对教学产生直接的影响，具体化为教材中的语法解释和教师的讲授。上述状况下的实际教学效果如何？学生在习得“得”字补语句过程中有哪些表现？有哪些因素影响此种结构的习得？要回答这些问题，就需要做实际的调查。以往对此类句子学习情况的研究基本是病句分析，多为举例性质。我们目前见到的比较全面的语料调查和分析是李大忠《外国人学汉语语法偏误分析》一书的

---

* 本文以《外国留学生汉语“得”字补语句习得情况考察》为题发表在《语言教学与研究》2002 年第 6 期，作者孙德金。

"状态补语和程度补语"一节。作者基于多年搜集的大量病句材料，按照偏误类型进行了分类分析，对教学和学习都很有价值。总体上看，对"得"字补语句的习得研究还很不够，需要多途径、多角度地进行深入细致的考察。本文试图在已有成果基础上，利用语料库提供的相关信息，对"得"字补语句的习得情况进行断面考察。

两点说明：(1) 对"得"字补语句的讨论一般不包括表"可能"的形式，这是有道理的。但因为形式标志相同，并且和"情状补语"存在一定的瓜葛，所以本文也一并纳入考察范围，但不作为重点。(2) 受语料库方法的限制，无法自动提取那些该用"得"联系而未用的补语句，这无疑是个缺憾。本文对某些类型采取了补救措施(见 2.4)。

一 语料和方法

1.1 语料

本文语料来源于《留学生汉语中介语语料库系统》(北京语言大学研制)。该语料库收集了不同程度的外国学生所写的不同形式的书面材料，每篇平均 500 字以上，基本为自然语料。我们从 100 多万字的语料库中由计算机自动将母语背景为英、韩的学生造的含有助词"得"的句子提取出来，①再人工删除那些含有词形"得"但不是"得"字补语句的句子，例如：

(1) 一天我得了感冒去医院。(语篇 1559)

(2) 我还得再说一遍他拿出来我要看的茶杯子。(语篇 797)

显然这是语料加工粗疏的结果。此外，为了使统计分析建立在较为真实可靠的语料基础上，我们还对语料进行了仔细的甄别筛选工作，把真实度差的语料剔除掉。例如：

(3) 说起我的长相并不那么吸引人，也没有听过别人夸我长得漂亮，不知因为这个还是我天生如此，我这个人特没有自信心。(语篇 2320)

(4) 可是我想我比起别的人还是温静得多。(同上)

---

① 提取这两种母语背景语料的主要理由，一是语料库中这两种语言的语料丰富，二是两种语言中都没有和"得"字补语句对应的结构，理论上说母语影响因素较小。通过对"了"、"着"干扰"得"字补语句习得问题的考察发现，涉及类似问题时，母语影响还是存在的。

(5) 从小学到现在我并没有得过三好学生，可我是在班里的好学生，因为对自己缺少自信心，所以很少参加学校组织的活动，我是在学校出了名的缺少自信心的人。（同上）

从三例中用词等方面透露出的信息判断，这样的语料是不真实的。最终得到有效语篇 194 篇，有效用例 360 例（详见表 1）。该语料库的用例包含两个属性，一是学时等级，每学期为一个学时等级，共分 8 个等级（本文语料仅到 7 级）；二是语篇序号，不同学生语篇号必不相同，同一学生不同作文的语篇号也不相同。

表 1

学时等级	一	二	三	四	五	六	七	合计
语篇数	25	51	38	35	25	18	2	194
句数	60	86	63	70	46	32	3	360

需要说明的是，一级的语篇均为韩语背景，即英语背景的语料从二级开始出现“得”字补语句，其原因目前还不清楚。韩语背景语料到六级，七级的两篇三句是英语背景语料。①

1.2 方法

本文采用的既不是偏误分析的方法，也不是个案追踪的方法，而是基于上述规模封闭语料的定量统计与定性分析相结合的方法。

我们首先要做的工作是确定考察的框架和点项。在语法学界特别是对外汉语教学界对“得”字补语句的描写基础上，确定了如下框架：

以“得”联系的程度补语：简单式：高得多| 大得很；复杂式：高兴得跳起来

以“得”联系的情状补语：工作得很认真

以“得”联系的可能补语肯定式：②考得上

① 从表中可以看到一个有趣的现象，语篇数和句数从二级到七级呈递减状态，学时等级越高，出现“得”字补语句的语篇和用例越少。这种现象有两种可能的解释，一是两种母语背景的原始语料数量原本就呈逐级递减状态，语料少，出现“得”字补语句的概率自然就小；二是假如各级语料数量基本均衡，造成上述现象的主要因素应该是教学，即该语法点的教学一般安排在第二学期（对应于二级），这样会使学生在一段时期内形成对该语法点的“兴奋期”，用得自然就多。随着时间的推移，“兴奋期”过去，用得也就少了。

② 称为可能补语是出于从俗的考虑。笔者更倾向于把“看得懂/ 看不懂”看做结果补语的可能式。

对于分歧较大的前两类，我们主张宜粗不宜细。在此框架下，我们根据各类补语的特点及语料的类型分布，确定了一些考察的点项，主要包括：A. 带各类补语的谓语中心词，B. “得”后补语，C. 动宾短语带补语（即“V＋O＋V＋得＋补语”和“O＋V＋得＋补语”）。

此外，我们还利用从《留学生汉语中介语语料库系统》提取的含体标记“了”、“着”的语料对比考察了李大忠（1996）谈到的该用“得”而误用“了”、“着”的现象。①

在此基础上，我们逐条对语料进行诸如正误、结构类型等方面的确认、标注。多数情况下比较容易确认，但也存在极少数不易确认的情况，例如：

（6）只认为个辅助人，帮助男性做得圆满地社会活动。（三级，语篇4432）

这样的用例我们只能大致猜出要表达的意思，据此归入相应类型。

二　结果与分析

2.1　以“得”联系的程度补语

表达“程度”这一语法意义的典型形式是：“形容词/心理动词＋极了/多了”“……得＋很/多”，对这种带“得”的程度补语一般没有争议。根据王邱丕、施建基（1990），我们称之为程度补语简单式。有争议的是“高兴得流下了眼泪”一类，我们主要根据“得”前谓语中心词是形容词或心理动词将其看做程度补语，称为程度补语复杂式。两类程度补语在语料中的分布如表2。

表 2

	简单式	复杂式	合计
句数	63	24	87
百分比	72％	28％	

语料中还出现了两例“极端程度”形式的用例：

（7）简直好得不能再好了。（三级，语篇1931）

① 关于“体标记”，参见孙德金（2000）。

(8) 孩子们都可爱得不能再可爱。(四级,语篇 2368)

例(8) 虽然缺少句尾"了",还是应该认为学生掌握了这种程度补语的表达形式。

从上面的数字可以看出,学生在使用程度补语句时更多选择了简单式,这同简单式"程度"义明显且形式易把握这一特点有直接关系。

为了解程度补语句"得"前词语使用情况,从而认识学生习得程度补语句的特点,我们对"得"前词语的使用情况做了穷尽统计。经过统计分析,可以得到以下认识。

第一,学生能够用到程度补语句中的词语相对于总句数(87) 来说并不少,共有 41 个词,但词次在 3 以上的只有以下 8 个:好(11)、高兴(7)、大(5)、差(5)、多(5)、忙(3)、气(3)、小(3),这说明学生能够用到程度补语句的词语的面还较窄。

第二,学生对程度补语句"得"前词语有明确的类型意识,使用的都是形容词或心理动词,并且以形容词为主。包括语料中的误例,未见其他类型词语。这给我们一个启示,教学中只要把程度补语的语法意义讲清楚,学生有能力自己选用词语,教师不必强调"得"前词语的类型。

2.1.1 程度补语简单式

程度补语简单式"得"后词语具有封闭性,数量有限。表 3 是学生习得情况的考察结果。

表 3

形式	词次	正误比
…+得+多	32	28/4
…+得+很	17	12/5
…+得+不得了	8	7/1
…+得+厉害	2	2/0
…+得+慌	2	2/0
…+得+要命	1	1/0
…+得+远	1	1/0

从用到的词语看,"多"和"很"占绝对多数,其次是"不得了"。前面说过,学生在表达"程度"义时多选择程度补语简单式,而此结果表明,学生

把“程度”义同“多”、“很”、“不得了”这样的形式联系起来，可以称之为程度补语最强式。这里显然存在选择上的倾向性。

从正误比看，用“多”的形式误用的大大少于用“很”的形式，我们分析，主要原因应该是：用“多”的一般是比较句或含比较义的句子，形式和意义都很明确，因此不易出错。以下 4 个错句都是违背了形式和意义的要求。

(9) 他说汉语比我流利好得多。（一级，语篇 1568）

(10) 因为现在我国的物质条件和每个家庭的生活条件变化大得多。（六级，语篇 80）

(11) 周末的活动也变得多。（六级，语篇 83）

(12) 人民在路上多得多。（三级，语篇 446）

我们发现，用“不得了”的 8 句分布在各学时等级，“得”前词语除了一个误用例用的是“长（zhǎng）”外，都是“高兴”、“生气”或“气”，这究竟是巧合还是另有原因，目前不好确定。

用“很”的 5 个错句，主要原因应该是学生对规则的过度泛化。

(13) 在美国正在下雪，下得很。（二级，语篇 2433）

(14) 这天特别得很。（二级，语篇 3156）

(15) 李刚吓得很所以他吓昏了。（二级，语篇 3158）

(16) 李刚急得很。（同上）

(17) 可是长大以后也不能实现，尤其是严格的父母反对得很。（六级，语篇 78）

学生想要表达程度义的意图是明显的，问题出在学生简单地把程度义的表达同“……得很”这一形式挂钩，忽视了其他条件的限制。

2.1.2　程度补语复杂式

在 24 个用例中有 4 个误用例，正确率还是很高的。下面是误用例：

(18) 我们都非常高兴得流下了眼泪。（一级，语篇 1182）

(19) 您现在收到儿子的信，说不定高兴得流着眼泪吧！（二级，语篇 1236）

(20) 这时他十分高兴得看望，到故乡，一家人就跑过来搂在一起。（二级，语篇 1660）

(21) 登到有的高峰，一回头看就可怕得晕眩。（五级，语篇 2392）

这些用例主要分布在一二两级，说明有关规则（如谓语中心词前不能用程度副词）的掌握在基础阶段有一定困难。

该式“得”后所用的短语从形式上看虽然类型不少，但都比较简单，没有出现太复杂的形式，这主要和学生的汉语水平有关。主要形式有：

V+O 如：唱了一支歌/流下了眼泪/穿四十四号的鞋
S+P 如：说不出来的很多
固定词语 如：心花怒放/团团转/头昏脑涨
强调式 如：连气都不敢喘/饭也吃不下
兼语式 如：让人家觉得很挤/令外国人吃惊
比况式 如：像沙丁鱼一样

诸学者讨论较多的“得”后紧跟名词（如“疼得小伙子直流汗”）一类，语料中未出现。

2.2 以“得”联系的情状补语

在我们调查的语料中，情状补语数量最多，共 223 例，大大多于程度补语的 89 例，这个数字一定意义上说明在习得形式标记很明显的“得”字补语句时，学生比较偏向于接受该结构形式的“情状”义，注重其描写和评议功能。

从实际用例来看，此类结构掌握的难度并不高。表 4 是各学时等级的正误情况。

表 4

	一级	二级	三级	四级	五级	六级	合计
正	41	31	40	31	19	22	184
误	6	14	7	6	4	2	39

从这个正误比可以明显看出，学生对情状补语的掌握情况总体是好的，错误发生率很低。这一方面说明学习（也包括教学）效果较好，也说明表情状的“得”字补语句的学习难度不高。下面是几个有代表性的误用例。

（22）我没有机会说得多，还遗憾的事情是我还没有中国朋友。（一级，语篇 837）

（23）脾气大的老虎没忍受了那个日子，可是温柔的狗熊忍耐得好。（二级，语篇 1275）

（24）喜贞说的英语也是地道的口语，说得英语非常好。（三级，语篇 798）

(25) 这样方法我觉得好像容易的方法，可是找称心如意的人找得不容易。（三级，语篇 2729）

(26) 随着经济发展得快，社会把比体力智力更重视。（三级，语篇 4432）

(27) 有些人待人处事，对待人得不热情，大部分的人都有礼貌。（五级，语篇 842）

错误的类型显然并不单一，限于篇幅，这里不做具体分析。尽管存在这样的问题，但从整个语料看，所占比例是很低的。

2.2.1 “得”前词语

李临定（1963）对“得”字补语句“得”前词语的类型做过描述。为了解这方面的情况，我们对全部用例进行了考察。表 5 是词次在 3 以上的“得”前词语及其分布。

表 5

词目	说	看	玩儿	唱	长	过	下（雨雪）	做	作	学	跑	读	打	吃	喝	睡	写	考
一级	6		4	5	2	3		2		2	1	1	4			1		1
二级	3	1	1	1	3	6		2	4	2	4	1		1			2	2
三级	2		1	2	5	6	8	5			2			3	1			1
四级	3	3	1		6	4				1			1		1		1	1
五级	1	1	3			2				1		1	1			2		
六级	2	1					1		1	1			3	1	1	1	1	
总词次	17	6	10	8	16	21	9	9	5	7	7	3	9	5	3	4	4	5

此表中的词语不仅都是李临定（1963）所说的单音节词，而且都是最常用的、日常的行为动作动词，像“过”达到 21 词次，“说”达到 17 词次，在六个学时等级都有分布。这表明，学生在用“得”字补语句表达情状义时对所用动词的类型特点有明确的意识。同时我们发现，教材中的用例对学生有影响，如 21 词次的“过”，12 次用例竟然都是“时间过得真（很）快”，分布在多个学时等级。

2.2.2 “得”后补语的形式

主要有以下几种：

A. 单个形容词　如：教得认真|长得可爱|唱得不错

B. 状中结构　　如：说得非常快|过得很有意思|玩儿得特别高兴

C. 比较结构　　如：游得比我快|看得比他们高

D. 并列结构　如：过得开心愉快|流得很快很响

各种形式中，B 式使用最多，其次为 A 和 C，D 最少，这种表现应该说是正常的。

语料中还出现了几个情状补语和程度补语套用的例子：

(28) 他唱得比我好得多。（一级，语篇 1568）

(29) 我少年的时候常常跟我奶奶的狗一起去公园，让它跑步。它一般高兴地跑得快得很。（二级，语篇 2434）

(30) 今天我跑得好得很。（二级，语篇 2435）

虽然数量很少，并且例(29)还是错例，但毕竟有了这种类型，说明少数学生具有了“两类补语可以共用”的意识。

2.2.3　动宾短语带“得”字情状补语

教学中，为避免造出“他洗澡得很快”一类错句，教师总要强调动宾短语（组合）带“得”字补语要重复动词，或者有时可以选择“O＋V＋得＋……”式。对结构形式特点的强调无疑是必要的，但有时也会带来副作用。实际情况究竟怎样，还要看语料的表现。表 6 是有关数据。

表 6

表达式	句数	正误比
V＋O＋V＋得＋补语	37	30/7
O＋V＋得＋补语	19	19/0

首先从句数上看，前一表达式远多于后一表达式，这一结果我们认为同教学中反复强调重动形式有关。从正误比看，很显然，前式错误率大大高于后式，这表明，只要学生能够自行选用宾语在前的形式，一般不易出错。语料显示，前式误用的主要原因是规则的过度泛化，这从下面几例可以看得更明显。

(31) 我听录音听得不容易。（一级，语篇 837）

(32) 我弟弟驾驶驾得在学校他是驾驶队长。（二级，语篇 2427）

(33) 因为他工作工得努力，有人给他这么好工作。（二级，语篇 2430）

这种规则泛化的结果和教学失当有一定联系。如果只是指出“得”一定要紧跟动词，可以有几种可选形式，而不过分强调重复动词，上述问题也许可以避免。

2.3 以“得”联系的可能补语肯定式

这种类型在语料中并不多，只有 36 例。由于有具体语境，不存在与“得”字情状补语界限不清的问题。

以下是 36 个用例中全部带“得”的动补短语（括号内为词次，未标数字的均为 1 词次）：

听得懂(15)	比得上	学得好	吃得来	找得到
看得懂(2)	考得上	教得好	记得住	养得起
受得了(2)	当得上	吃得饱	忍得住	
看得见(3)	抗得了	过得了	想得开	

补语“懂”用得最多，达 17 次。“得”前动词均为单音节动作动词，“得”后补语也都是单音节，并且多为常做补语的词语（如“了”）。这说明，单音节专用或半专用补语形式优先习得，其他形式的结果补语、趋向补语则较晚出现带“得”可能形式。我们提取的语料并不算少，竟没有出现一例“洗得干净”、“爬得上去”一类的用例，这多少有些出人意料。看来，对补语可能形式的习得存在顺序问题，这个结果对于教学有启发意义。

2.4 对以“了”、“着”代替“得”现象的考察

李大忠（1996）列举过如下病句：

(34) 有一天，我突然发现他病了很厉害。

(35) 他来到医院以后，医院里的气氛变了很乐观。

(36) 不知为什么，这几个月我的同屋瘦了很厉害。

(37) 隔壁的同学听音乐总是喜欢把声音放着很大。

前三例是该用助词“得”而用了“了”，后一例是误用“着”。对于这类问题，本文提取的语料无法进行考察。为弥补这个不足，我们又从《留学生汉语中介语语料库系统》中提取了母语背景为英语、含有体标记“了”“着”的语料（分别为 579 句和 199 句），和本文的语料进行对比考察。这部分语料中出现的与“得”字补语句有关的误用例情况如表 7。

表 7

	一级	二级	三级	四级	五级	六级	七级	八级
了	3	4	1	0	0	0	0	0
着	0	1	0	0	0	0	0	0

因为数量少,这里全部列出：

(38) 爬了山很难。(一级,语篇 1130)

(39) 我们玩儿了很高兴了。(同上)

(40) 以后,我跟我的朋友坐汽车游览了汽车很旧走很慢。(一级,语篇 1632)

(41) 今天听说课难极了,因为我有小考试和我考了不好。(二级,语篇 3150)

(42) 我不高兴,因为小考很难和听录音很快,所以我不明白录音说什么和我考了不好。(同上)

(43) 我吃了越来越,哪儿饭都爱吃。(二级,语篇 3167)

(44) 他马上看一看我的自行车以后修理了好了很快。(二级,语篇 3170)

(45) 虽然我们坐了十五个多小时的车,但是不知不觉时间过了很快。(三级,语篇 1433)

(46) 我从飞机上下着很高兴。(二级,语篇 3171)

例(38)、(39) 出自同一语篇,例(41)、(42) 不仅出自同一语篇,而且形式一样。如果把这一情况考虑进去,数量就更少了。上面的结果说明：(1) 以“了”、“着”代替“得”的问题至少在母语背景为英语的学生中是罕见的,579 个用“了”的句子只有五到七句,199 个用“着”的句子只有一句。(2)“了”、“着”相比,以“了”代“得”比以“着”代“得”的问题更容易发生。主要原因是“了”所表的体意义和“得”字补语句具有的时体特征(一般为完成) 相吻合,因而更容易发生干扰;而“着”所表的体意义和“得”字补语句的时体特征相差较大,发生干扰的概率就很小了。所以,在教学中,对于“了”干扰“得”字补语句的习得问题可以给予一定的关注,但对于“着”的干扰问题可以忽略不计,否则可能会对学生产生逆向刺激,对教学不利。(3)“了”对“得”的干扰主要发生在一二三级的基础阶段,随着学时等级的提高，这个问题再没有出现，据此可以认为，到了中高级阶段，学生把“得”字补语句的时体特征同其表达的情状意义统一起来了，而不是像基础阶段那样偏重于该种句子的时体特征。

需要说明的是，“了”、“着”对“得”的干扰问题主要发生在表情状的“得”字补语句。道理很简单，此类补语句“得”前词语为动作行为动词，与体意义直接相关，这与程度补语句不同。

三 结语

首先，我们对前面的考察中得到的认识做一个总结。(1) 尽管学术界对“得”字补语句争议很大，但站在教学的立场上看，总体上说，语料显示的错误发生率并不高，这在一定意义上可以说明，此类句子的习得难度不很高。这也许同形式标记明显这一特点有关。(2) 学生在习得“得”字补语句过程中存在“一定之规”，显示出一定的规律性。概括说来，其规律性主要表现为：a. 最常用、最生活化的词语先用于“得”字补语句；b. 形式特征明显的优先习得；c. 典型形式优先于非典型形式习得。(3) 学生习得“得”字补语句，对“得”前词语有明显的类型意识，学生自身具备归类的能力，教学中应该利用这种能力。(4) 学生在习得程度补语和情状补语时都存在一定程度的规则泛化问题，有的结构可以通过改变教学策略来减少问题的发生。(5) 母语背景为英语的学生习得“得”字补语句时存在少量体标记干扰现象，但问题并不严重，教师不宜过分强调。

本文采用的利用语料库作断面封闭考察的方法，不同于偏误分析只分析误例的路子，能够在语料本身提供的有关属性的基础上做较全面的考察，尤其是可以做习得过程的考察。这种方法的优越性是显见的，但也有其局限性，有些类型(如“车夫跑比较快”) 无法考察。因此实事求是地说，本文所得出的认识还不能概括所有“得”字补语句的习得情况，只能说为此类问题的研究提供了另一视角的初步成果。

参考文献

戴耀晶 (1998) 试说汉语重动句的语法价值，《汉语学习》第 2 期。
李大忠 (1996)《外国人学汉语语法偏误分析》，北京语言文化大学出版社。
李临定 (1963) 带“得”字的补语句，《中国语文》第 5 期。
刘月华等 (1986)《实用现代汉语语法》，外语教学与研究出版社。
鲁健骥 (1992) 状态补语的语境背景及其他，《语言教学与研究》第 1 期。

鲁健骥（1994）外国人学汉语的语法偏误分析，《语言教学与研究》第1期。
吕文华（1995）关于对外汉语教学中的补语系统，《语言教学与研究》第4期。
聂志平（1992）有关“得”字句的几个问题，《辽宁师范大学学报》第3期。
瓯 齐（1983）用助词“得”连接的补语所表达的意义，《汉语学习》第4期。
孙德金（2000）外国学生汉语体标记“了”“着”“过”习得情况的考察，《汉语学报》下卷。
王 还（1994）汉语结果补语的一些特点，见《门外偶得集》，北京语言学院出版社。
王邱丕 施建基（1990）程度与情状，《中国语文》第6期。

第四章　趋向补语的习得状况

第一节　英语母语学习者趋向补语的习得状况[①]

○　引言

众所周知，趋向补语是外国学生学习汉语的一大难点，主要表现在以下两个方面：

1. “动词＋趋向补语”带宾语时宾语的位置

“动词＋趋向补语”带宾语一般有两个位置：a. 动词＋趋向补语＋宾语，b. 动词＋$趋_1$＋宾语＋$趋_2$。[②] a、b 两个格式中的宾语都有一定的条件，当趋向补语为“来”、“去”，或为复合趋向补语时，a 中的宾语一般是数量（名）；b 中的宾语可以是数量（名），也可以是数量（名）以外的其他体词性成分。但是外国学生常常忽视了这种差别，该用 b 式时却往往用了 a 式。

例如：

(1) 我特别回来这个地方。

(2) 有的人举上来我们的国旗。

以上二例中的宾语“这个地方”和“我们的国旗”位置都放错了，应该放在“来”的前面。

2. 趋向补语表示引申意义时，由于引申意义比较抽象，很难把握，常常出现搭配上的错误，例如：

(3) 如果句子有错误，请改起来。

---

① 本文以《英语母语学习者趋向补语的习得顺序》为题发表在《世界汉语教学》2003 年第 2 期，作者杨德峰。

② “$趋_1$”指复合趋向动词的第一个语素，“$趋_2$”指复合趋向动词的第二个语素。下同。

(4) 把东西赶快藏下去,别让孩子发现了。

例(3) 的"起来"用得不对,应改为"过来";例(4) 的"下去"用得也不对,应改为"起来"。

趋向补语学习起来比较困难,固然与其本身比较复杂有很大的关系,但与我们对趋向补语的研究还不够,特别是跟我们对趋向补语的习得顺序研究还很不够有一定的关系。迄今为止,就我们目力所及,有关趋向补语习得顺序方面的研究只有钱旭菁的《日本学生汉语趋向补语的习得顺序》一篇,钱文对留学生作文和问卷调查得到的语料进行分析,构拟出了日本学生习得趋向补语的顺序。[①] 钱文的趋向补语习得顺序比较细,不仅把趋向补语的不同用法作了习得上的排序,而且把表示引申意义的趋向补语的习得顺序也作了大致的排列。这种研究毫无疑问是很有价值的,不仅对教材编写具有一定的指导作用,对教学也同样具有指导作用。

然而,只知道日本学生趋向补语的习得顺序是远远不够的,还需要了解以英语、法语、韩国语等为母语的学生趋向补语的习得顺序,只有这样,才能解决趋向补语教学中存在的一些问题,也才能避免教材编写中存在的一些随意编排趋向补语的现象。鉴于此,本文将对以英语为母语的学生趋向补语的习得顺序作一些初步的探讨。

一 语料和方法

本文使用的语料来自北京语言大学的汉语中介语语料库,该语料库共收中介语语料三百多万字。为了保证样本的单一性,减少其他因素的干扰,本文只考察美国、英国、加拿大、澳大利亚、新西兰等国家母语为英语的学生使用带趋向补语的句子,在语料库中进行了穷尽性的提取,最后得到 427 个用例。这 427 个用例中,一、二年级即初级阶段出现了 297 例,三、四年级即中高级阶段出现了 130 例。为了便于对这些用例进行分析,本文按照结构上的特点以及趋向补语的意义等把带趋向补语的句子简化为以下 10 个考察项目:

1) 动词+简单趋向补语(本义)

---

① 钱文的习得顺序是:动词不带宾语的简单趋向补语→动词不带宾语的复合趋向补语→动词带一般宾语的简单趋向补语→"起来"表示开始(不带宾语)→动词带处所宾语的趋向补语(理解)→动词带一般宾语的复合趋向补语→"出来"表示暴露→动词带处所宾语的趋向补语(表达)→"下去"表示继续→"起来"表示评价→"过来"表示恢复→"过去"表示失去→"下来"表示开始→"起来"引申带宾语→"起来"表示集中。

2）动词＋简单趋向补语（引申义）

3）“动词＋简单趋向补语（本义）”带宾语

4）“动词＋简单趋向补语（引申义）”带宾语

5）动词＋复合趋向补语（本义）

6）动词＋复合趋向补语（引申义）

7）动词＋$趋_1$＋宾语＋$趋_2$（本义）

8）动词＋$趋_1$＋宾语＋$趋_2$（引申义）

9）动词＋复合趋向补语（本义）＋宾语

10）动词＋复合趋向补语（引申义）＋宾语

考察项目确定以后，分别统计出初级、中高级两个阶段各项目的使用情况，然后根据使用情况做出一些分析和推测。最后在这些分析和推测的基础上构拟母语为英语的学生习得趋向补语的大致顺序。

二 初级和中高级阶段趋向补语的习得情况

据我们统计，语料中初级阶段、中高级阶段以上 10 个项目都出现了，但每个阶段各项目的习得情况却有很大的差异。

2.1 从语料中可以看出，“动词＋简单趋向补语（本义）”初级阶段已基本上掌握了。语料中该项目共出现了 52 例，使用正确率约为 96.2%[①]，也就是说只有 3.8% 的错误率。例如：

（5）儿子高兴的跑来了。[②]

（6）军训完的大学生回来的时候，我们的大学却没向我们报告出了这件事。

（7）爸爸过去了用他魔术的棒子碰这个巨人，巨人就消失了。[③]

以上三例中的“跑来”、“回来”、“过去”中趋向补语“来”和“去”都是正确的。

中高级阶段，“动词＋简单趋向补语（本义）”的习得已经完全没有问题了。这一阶段该项目语料中一共出现了 16 例，没有一例是错误的，例如：

---

① 本文所说的“正确”是指趋向补语使用正确，并不是指整个句子正确。如果一个句子趋向补语使用正确，但该句中还有其他的语法错误，那么该句仍是“正确”的。下同。

② 该句中的“的”应改为“地”。

③ 该句中的“过去了”中的“了”应删去。

(8) 只好向他表示遗憾而走开。

(9) 五个背着大背包的游览者慢慢地走出首都师范大学的正门口向着26路的公共汽车站走去。

(10) 从新西兰已经出来两年了。①

以上三例的趋向补语"开"、"去"和"来"都是正确的。

2.2 初级阶段"动词＋简单趋向补语(引申义)"语料中极少,只有3例,但全部是正确的,即错误率是0。例如:

(11) 这想不到的消息传开了……

(12) 立刻撒开大声喊:"救命!救命!"

例(11)、(12)的趋向补语"开"用得都很正确。

初级阶段该项目出现的用例非常少,大概与"动词＋简单趋向补语(引申义)"常常带宾语有很大的关系。

中高级阶段"动词＋简单趋向补语(引申义)"的例子也不多,只有7例,但也全部是正确的,例如:

(13) 在山顶的中山陵,向远望去……②

(14) 我们可以把花在准备战争上的精力,用来建设自己的国家。

(15) 我想电视对人们生活所带来的影响究竟是好是坏,那要看人而论。③

例(13)、(14)、(15)的"去"、"来"都是正确的。

2.3 "动词＋简单趋向补语(本义)"带宾语的,无论初级阶段还是中高级阶段,问题都比较多。

2.3.1 初级阶段该项目语料中一共出现了77例,其中使用错误的有32例,约占总数的41.6%。例如:

(16) 一个学期以后我回美国去了。

(17) 去年我回那个学校去,跟他见面。

(18) 我特别回来这个地方。

(19) 以后,我们一起回去美国。

---

① 该句中的"已经"应放在"两年"的前面。

② 该句中的"远"应改为"远处"。

③ 该句中的"对"应改为"给"。

(20) 下课以后我们回去外事楼的餐厅吃饭。

(21) 我起了床来的时候我很饿。

例(16)、(17)的宾语"美国"和"那个学校"位置是正确的,但例(18)—(21)的宾语"这个地方"、"美国"、"外事楼的餐厅"和"床"位置都不正确。例(18)、(19)、(20)的宾语应该放在"来"和"去"的前面,例(21)的宾语应该用介词引进,即"起了床来"应改为"从床上起来"。[①]

初级阶段"动词+简单趋向补语(本义)"带宾语的错误率虽然比较高,但其错误类型不外乎两个:

一是类推泛化。这又有两种情况。一种是"回去"、"进来"、"上去"、"上来"等如果带宾语,当宾语为地点名词时,应该放在二者之间。但是学生却常常忽视了这一点,把这类宾语经常放在整个述补结构的后面。例如:

(22) 吃完了,我们回去宿舍。

(23) 以后我们回来了大学。

例(22)、(23)的"宿舍"、"大学"都应该放在"去"和"来"的前面。

另一种是"动词+来/去"带宾语,宾语有的可以放在"来"、"去"的前面,但也有一些可以放在"来"、"去"的后面,因此学生在使用时就类推出所有的宾语都可以放在"来"、"去"的前面,或类推出所有的宾语都可以放在"来"、"去"的后面,从而出现类推泛化的错误。例如:

(24) 过了十分钟李刚起床来。

(25) 他差不多忘了穿鞋子,不跑去门他也没有时间在镜子上看一看他穿的衣服怎么样。[②]

例(24)、(25)的"起床来"和"跑去门"分别应该说成"从床上起来"、"向门跑去"。以上两例之所以是错误的,显然是类推泛化的结果,例(24)是受到放在"来"、"去"前面的宾语的影响,例(25)是受到放在"来"、"去"后面的宾语的影响。

二是结构杂糅。在造句时,由于受到其他类似结构的干扰,学生常常把两种结构糅在一起,例如:

---

① 实际上"起了床来"应改成"从床上起来了",但考虑到后面还有中心语"时候",所以"了"要删去。

② 该句中的"不"应改为"没"。

(26) 我开了门以后跑下去还钥匙给服务员，接着回上房间去。

例(26) 的“回上房间去”是把“回……去”和“上……去”杂糅在一起了，因此才出现这种语法错误。

以上两种错误以第一种居多，第二种比较少，32 例错例中，第一种占了绝大多数。以上情况说明“动词＋简单趋向补语(本义)”带宾语是初级阶段习得时比较突出的问题。

2.3.2 中高级阶段，“动词＋简单趋向补语(本义)”带宾语的习得中仍然存在较大的问题。这一阶段该项目语料中一共出现了 23 例，但有 9 例是错误的，错误率超过 39.1%。例如：

(27) 但是往往战争不可避免地给人们带来了无限的痛苦和惊慌。

(28) 妈妈叫我留在家里就和哥哥跑出大门。

(29) 可你一进去中国你就发现都是更难以知道的。①

例(27)、(28)的宾语“无限的痛苦和惊慌”和“大门”位置都正确，但例(29)的宾语“中国”的位置是错误的。

中高级阶段该项目习得中存在的主要问题是宾语的位置由于类推泛化而放错了，这也有两种情况：一是把地点宾语放在了“来”、“去”的后面，像例(29)。另一种情况是“来”、“去”后面的宾语一般多为数量(名)结构，而不能是非数量(名)结构，但学生常常把非数量(名)结构也放在了“来”、“去”的后面，例如：

(30) 常常会有一些救济部的人扮成圣诞老人到穷人区给孩子们带来圣诞礼物。

(31) 我给他送去苹果。

例(30) 的宾语“圣诞礼物”应改为“一些圣诞礼物”，例(31) 的宾语“苹果”应改成“一些苹果” 或用“把”把宾语“苹果”提前。

2.4 “动词＋简单趋向补语(引申义)”带宾语的初级阶段和中高级阶段习得情况都比较好。

2.4.1 初级阶段该项目语料中共出现 9 例，只有 1 例是错误的，错误率只有 11.1%。例如：

(32) 在北京大学学习两个月汉语，我就喜欢上了北京。

---

① 该句中的“难以”应改为“难”。

(33) 我希望新的一年中您能考上北京大学，祝您成功。

(34) 外国人在这儿来，吐鲁番人让你吃上几次水果宴。①

(35) 孩子们就回房里进去看那个兔留下了什么小吃的东西，一般是糖果。②

(36) 有的教室可以坐下一百至五百的学生。③

例(32)、(33)、(34)中的趋向补语“上”，例(35)、(36)中的趋向补语“下”用得都很恰当。

表示引申意义的简单趋向补语使用时不但错误率比较低，而且搭配的范围也比较广，像“上”，除了“穿上”、“考上”以外，还有“喜欢上”、“夹上”等；“下”不但出现了“留下”，还出现了“写下”、“坐下”等。此其一。其二，表示引申意义的趋向补语使用面也较广，像“上”、“下”、“起”等都出现了。其三，同一个趋向补语多个引申意义也都出现了，像“上”，既出现了表示动作结果的（如“喜欢上”），又有表示存在或添加于某处的（如“穿上”），还有表示达到目的的（如“考上”）等等。

2.4.2 中高级阶段“动词＋简单趋向补语（引申义）”带宾语也习得得比较好，表现在两个方面：一是正确率很高。该阶段“动词＋简单趋向补语（引申义）”带宾语的一共出现了 39 例，只有 3 例是错误的，错误率只有 7.7%，例如：

(37) 我不由得想起他说的话。

(38) 市场里的消费产品，录像机、洗衣机、各种各样的服装，显示出经济的繁荣。

(39) 我们用不着干什么好事，只要登上了长城就足以证明我们是好汉了。

以上三例中的“起”、“出”、“上”使用的都是引申义，用得都很正确。

二是词语搭配的范围也比较广，除了常用的动词“带”、“说”、“留”、“登”以外，还出现了一些较难的动词，包括一些书面语词汇，像“攀”、“显示”、“播”等等，这些词语在《汉语水平词汇与汉字等级大纲》（为称说方便，以下简称《词汇大纲》）中都属于丙级词汇。

① 该句中的“在”应改为“到”，“你”似应为“他们”。

② 该句中的“兔”应改为“兔子”，“小吃”应改为“吃”。

③ 该句中的“的”应改为“个”。

2.5　初级阶段和中高级阶段，“动词＋复合趋向补语（本义）”的习得情况可以说非常好。

2.5.1　初级阶段语料中该项目一共出现48例，只有1例是错误的，错误率仅为2.1％，例如：

(40) 他着急地跳起来。

(41) 因为秘密传出来会对朋友有害。

(42) 说完就把他的弓拿起来。

(43) 最后，我走下去找一个服务员。

(44) 我从市场走回来。

以上五例中的复合趋向补语“起来”、“出来”、“起来”、“下去”和“回来”都是正确的。

初级阶段“动词＋复合趋向补语（本义）”习得得比较好，不仅表现在使用正确率上，也表现在与之搭配的动词上。这些动词，除了“走”、“跳”、“拿”、“说”等常用词语以外，还有一些较难的词语，像“吐”、“传”、“救”、“卷”等等，这些词语在词汇大纲中属于乙级词汇。

2.5.2　中高级阶段“动词＋复合趋向补语（本义）”的习得也没有什么问题，该阶段虽然此项目用例较少，只有12例，但只有1例是错误的，错误率仅为8.3％，例如：

(45) 完了就走出去。

(46) 也希望主人把这位脏东西扔出去。

(47) 带上了“黄山”纪念帽子以后我们学生当中勇敢而无畏的几个就开始爬上去。①

例(45)、(46)的“出去”、例(47)的“上去”都是正确的。

2.6　与“动词＋复合趋向补语（本义）”相反，初级阶段和中高级阶段“动词＋复合趋向补语（引申义）”习得中还存在一些问题。

2.6.1　初级阶段该项目语料中一共出现38例，有11例是错误的，错误率约为28.9％。例如：

(48) 林娜天南地北地说起来。

(49) 都五月了，关系还没定下来。

---

①　该句中的“带”应改为“戴”。

(50) 老爷不信就割下来称一下。

(51) 我只好忍下去，希望我自己能受到一个重要的教训。①

(52) 他也跳起来，我们都把衣服穿上来……

例(48)的"起来"、例(49)(50)的"下来"、例(51)的"下去"都是正确的，但例(52)的"上来"是错误的。

该项目习得不太好，主要表现在搭配上，即外国学生不知道表示引申意义的复合趋向补语应该与哪些动词或形容词搭配，常常出现搭配不当的问题。像例(52)的"穿上来"，"穿"和"上来"搭配就不合适，"上来"应该改为"起来"或"上"。这样的例子还有一些，再如：

(53) 北京现在从冬天醒起来了。

例(53)的"醒"和"起来"搭配也不当，"醒"应改为"苏醒"，"起来"应改为"过来"。

2.6.2 中高级阶段"动词＋复合趋向补语(引申义)"语料中一共出现了24例，有7例不正确，约占总数的29.2%，例如：

(54) 我只能站在旁边看这位不象老人的老人努力挖下去。②

(55) 过了一刻钟，他还是没有停下来。

(56) 但是它的旅游业还没有像桂林那样发展起来。

(57) 这些士兵睡得像他永远不会醒起来。③

(58) 我把泰国和马来西亚比较起来，用来解释这个现象。④

以上五例，前三例的复合趋向补语"下去"、"下来"和"起来"用得很正确，但后二例的复合趋向补语"起来"用得都不正确。

中高级阶段"动词＋复合趋向补语(引申义)"习得得不太好主要也表现在搭配上，例如：

(59) 她见我醒起来了就小声对我说。

(60) 看上来商业味太重。

例(59)的"醒"与"起来"搭配不当，"起来"应改为"过来"或删去；例

① 该句中的"受到"应改为"记住"，"一个"应改为"这个"。

② 该句中的"象"应改为"像"。

③ 该句中的"他"应改为"他们"。

④ 该句应改为"我把泰国和马来西亚进行比较，用来解释这个现象"。

(60)“看”和“上来”搭配也不当,“上来”应改为“起来”或“上去”。

2.7　“动词＋趋$_1$＋宾语＋趋$_2$(本义)”是习得中最突出的问题之一。

2.7.1　初级阶段语料中该项目共出现 54 例,但有 16 例是错误的,约占总数的 29.6％,例如:

(61) 一个左右分钟以后,我的朋友拿着行李跳下楼来。[①]

(62) 下课,我就骑回我的宿舍来。

(63) 他带一本书走出门去。

(64) 他脱了衣服跳进水去。

(65) 吃完饭,还有点饿,所以走过烤白薯的人去。

(66) 中午我跟我的朋友走过饭馆去。

以上六例,前四例的“跳下楼来”、“骑回我的宿舍来”、“走出门去”和“跳进水去”都是正确的,后二例的“走过烤白薯的人去”、“走过饭馆去”都是错误的。

“动词＋趋$_1$＋宾语＋趋$_2$(本义)”使用中最突出的问题是存在一些类推泛化现象,例如:

(67) 我坐起床来。

(68) 中午跟我的朋友走过饭馆去。

(69) 可能我们两个人去吃饭,就走过车站去,好吧?

以上三例的宾语“床”、“饭馆”、“车站”都不应该放在宾语之间,而应该用介词“从”、“向”等引进,例(67)的“坐起床来”应改为“从床上坐起来”,例(68)的“走过饭馆去”应改为“向饭馆走过去”,例(69)的“走过车站去”应改为“向车站走过去”。

该项目习得时容易出现一些类推泛化的现象,大概与我们过分强调表示地点的宾语应该放在复合趋向补语之间有很大的关系。其实汉语中的地点宾语放在复合趋向补语之间是有条件的,一般情况下表示起点、终点和路径的才行,例如:

(70) 走出房间来→从房间里走出来

(71) 跑出教室去→从教室里跑出去

(72) 搬上楼去→搬到楼上去

① 该句中的“一个左右分钟以后”应改为“大约一分钟以后”。

(73) 飞过长城去→从长城飞过去

例(70)、(71)的"房间"、"教室"是起点,例(72)的"楼"是终点,例(73)的"长城"是路径。但表示方向的却不行,例如:

(74) 向教室飞过来→* 飞过教室来

(75) 向图书馆走过去→* 走过图书馆去

例(74)、(75)的"教室"和"图书馆"都表示动作的方向,尽管也是地点名词,但都不能放在复合趋向补语之间。

但对外汉语教材以及对外汉语语法著作在强调地点宾语应该放在复合趋向补语之间的时候,一般没有指出以上条件。我们统计了三部初级汉语教材和两部对外汉语语法著作,它们对地点宾语的使用情况说明如表1所示。

表1

教材名称	说明	例句
《汉语初级教程》	如果补语是动作不能影响它的位置的地点,它只能放在"来"、"去"前。	1. 老师走进教室来了。 2. 她们跑上山去了。
《标准汉语教程》	如果有表示处所的宾语,宾语一定要放在"来"或"去"的前边。	1. 我看见一个人跑进大楼来了。 2. 他慢慢儿走回家去。
《汉语教程》	如果宾语是表示处所的,一定要放在"来"或"去"之前。	1. 这封信我给你投进信筒里去吧。 2. 她们一起走出教室去了。
《实用现代汉语语法》	如果宾语是表示处所的词语,只能位于复合趋向补语的中间。	1. 忽然火车开进山里来。 2. (阿Q)一直被抓出衙门外去了。
《外国人实用汉语语法》	处所宾语一定要放在复合趋向补语中间("来"或"去"之前),不能放在"来"或"去"后边。	1. 他走进礼堂来了。 2. 他搬出宿舍楼去了。

从表1中可以看出,三部教材、两部对外汉语语法著作都强调地点宾语要放在"来"或"去"的前面,而且表述也基本上一样,但是都没有指出哪类地点宾语可以出现在"来"和"去"的前面,哪类不能出现在它们的前面。由此可见,"动词+趋$_1$+宾语+趋$_2$(本义)"中宾语出现类推泛化与我们

的教材和对外汉语语法著作的说明有很大的关系，正因为说明不到位，因此学生才常常把“动词＋趋$_1$＋宾语＋趋$_2$(本义)”的宾语加以类推泛化。

2.7.2　“动词＋趋$_1$＋宾语＋趋$_2$(本义)”中高级阶段的用例极少，只有2例，而且是同一个结构，但都是正确的，错误率为0。例如：

(76) 没多久，哥哥和大夫冲进房间来。

例(76)的宾语“房间”的位置是正确的。

2.8　初级阶段“动词＋趋$_1$＋宾语＋趋$_2$(引申义)”语料中出现的极少，只有2例(实际上是1例，因为这2例是同一个句子)，但都是正确的，即错误率为0，例如：

(77) 比起新西兰来，中国有的是人。

例(77)的宾语“新西兰”位置是正确的。

该阶段“动词＋趋$_1$＋宾语＋趋$_2$(引申义)”用例很少大概有两个原因。一是这种用法汉语实际运用中比较少；二是外国学生还没有完全掌握，所以就采取回避的策略。

中高级阶段“动词＋趋$_1$＋宾语＋趋$_2$(引申义)”只有3例，但2例正确，1例错误，错误率超过33.3%，例如：

(78) 爸爸的眼睛好象要跟我说话，但嘴里发不出声音来。①

(79) 说出爸爸两个字去，我的姐妹弟们就显出不舒服的样子……②

以上二例前一例的宾语“声音”用在“来”的前面是正确的，后一例的宾语“爸爸两个字”用在“去”的前面是错误的，应改为“说出爸爸两个字”或“说出爸爸两个字来”。

2.9　无论初级阶段还是中高级阶段，“动词＋复合趋向补语(本义)＋宾语”都是习得中最突出的问题。

2.9.1　初级阶段语料中该项目一共出现了8例，但全部是错误的，错误率为100%，例如：

(80) 我走回去我们的房间。

(81) 所以我穿了一件长衣，走出去我的朋友的房间。

(82) 他跑回去他的房子。

---

① 该句中的“好象”应改为“好像”。

② 该句中的“姐妹弟们”应改为“姐姐、妹妹和弟弟”。

以上三例的宾语“我们的房间”、“我的朋友的房间”和“他的房子”位置都放错了，都应该放在“去”的前面。

该项目初级阶段习得中的主要问题是宾语类型错误。前文说过，“动词＋复合趋向补语（本义）＋宾语”中的宾语有很大的限制，必须是数量（名）结构，但外国学生常常忽视了这一点，而把非数量（名）结构也放在了补语的后面。出现这种情况，既有类推泛化的影响，也有语际迁移的影响，与例（80）、（81）、（82）对应的英语句子是：

I walked back to our room.

So, I put on my garment and went out of my friend's room.

He ran back to his house.

显然英语中的名词宾语都是放在后面的，由于受到母语的影响，所以使用汉语时常常也把宾语放在了补语的后面。

2.9.2　中高级阶段“动词＋复合趋向补语（本义）＋宾语”只出现了3例，但也全部是错误的，错误率为100%。例如：

（83）他们跑出去他的房间。

例（83）的宾语“他的房间”应放在“去”的前面。

2.10　初级阶段语料中“动词＋复合趋向补语（引申义）＋宾语”一共6例，其中1例是错误的，错误率约为16.7%，例如：

（84）所以我想起来一个人。

（85）我想出来一个办法解决这个问题。

（86）他想起来一个好办法。

（87）所以我想起来这样的恶作剧。

例（84）、（85）、（86）的“想起来一个人”、“想出来一个办法”和“想起来一个好办法”都是正确的，例（87）“想起来这样的恶作剧”是错误的。

表面上看，初级阶段该项目出现的错误率比较低，好像习得得比较好，但是实际上并非如此。因为5例正确的用例中，“起来”就占了4例，“出来”占1例，其他复合趋向补语的引申用法都没有出现，而且“起来”、“出来”使用的都是最常用的引申义项。

中高级阶段“动词＋复合趋向补语（引申义）＋宾语”语料中只有1例，而且是正确的，错误率为0。例如：

（88）他们都恐怕别人看出来他们是美国人。

例(88)的宾语"他们是美国人"位置显然是正确的。

2.11 综观上文,初级阶段和中高级阶段趋向补语10个被考察项目的习得情况大致如表2所示。

表2

趋向补语类型	习得错误率		错误类型	
	初级阶段	中高级阶段	初级阶段	中高级阶段
动词+简单趋向补语(本义)	3.8%	0		
动词+简单趋向补语(引申义)	0	0		
"动词+简单趋向补语(本义)"带宾语	41.6%	39.1%	1.宾语位置错误 2. 结构杂糅	宾语位置错误
"动词+简单趋向补语(引申义)"带宾语	11.1%	7.7%		
动词+复合趋向补语(本义)	2.1%	8.3%		
动词+复合趋向补语(引申义)	28.9%	29.2%	搭配错误	搭配错误
动词+趋$_1$+宾语+趋$_2$(本义)	29.6%	0	类推泛化	
动词+趋$_1$+宾语+趋$_2$(引申义)	0	33.3%		
动词+复合趋向补语+宾语(本义)	100%	100%	宾语类型错误	宾语类型错误
动词+复合趋向补语+宾语(引申义)	16.7%	0		

三 趋向补语习得分析及习得顺序构拟

从表2可以看出,有的项目初级阶段就完全掌握了;而有的项目初级阶段习得得比较好,但并没有完全掌握,到了中高级阶段才完全掌握;还有一些项目初级阶段习得得不太好,中高级阶段的习得虽然有所进展,但仍然不太好;有个别项目初级阶段完全没有掌握,到了中高级阶段仍然完全没有掌握。下面我们就来具体分析一下初级阶段和中高级阶段各项目的习得情况。

3.1 "动词+简单趋向补语(本义)"初级阶段习得错误率是3.8%,错误率很低,可见习得得非常好,但还没有完全掌握。中高级阶段该项目的习得错误率是0,说明已经完全掌握了。这些情况说明,该项目初级和中高级两个阶段习得得都非常好，也说明该项目属于比较容易习得的项目。

3.2 “动词＋简单趋向补语（引申义）”初级阶段的习得错误率是0，中高级阶段的习得错误率也是0，那么是否说明这两个阶段该项目已经完全掌握了呢？显然不是的。主要是因为这两个阶段出现的用例太少（两个阶段一共出现了10例），不能反映出学生习得的全貌。但考虑到3.4中“动词＋简单趋向补语（引申义）”带宾语的习得比较好，因此可以肯定地说“动词＋简单趋向补语（引申义）”在初级阶段和中高级阶段也习得得比较好。因为“动词＋简单趋向补语（引申义）”带宾语的是“动词＋简单趋向补语（引申义）”的扩展形式，前者的使用必须建立在会使用后者的基础上，既然前者习得得比较好，那么也就意味着后者的习得也会比较好，甚至会更好。

3.3 “动词＋简单趋向补语（本义）”带宾语的，初级阶段的习得错误率是41.6%，比例相当高。中高级阶段，习得错误率仍高达39.1%，与初级阶段几乎持平。不仅如此，这两个阶段的错误类型也有共同之处。这说明初级阶段该项目习得得不太好，到了中高级阶段仍没有多大进展。这种情况一方面表明该项目比较难习得，是母语为英语的学生习得时的一大难点；另一方面也表明，该项目习得时容易出现“化石化”现象，即学生容易把初级阶段的错误带到中高级阶段。

3.4 “动词＋简单趋向补语（引申义）”带宾语的，初级阶段的习得错误率不太高，只有11.1%，不仅如此，该阶段表示引申意义的趋向补语的搭配范围比较广，趋向补语的使用面也比较广，而且同一个趋向补语多个引申意义也都出现了，这些情况说明该阶段的“动词＋简单趋向补语（引申义）”带宾语习得得比较好。

该项目中高级阶段的错误率为7.7%，与初级阶段相比，错误率有所下降，但进展并不大，说明该项目的习得随着时间的推移以及学生汉语水平的提高并没有取得实质性的进展。

3.5 初级阶段“动词＋复合趋向动词（本义）”的习得错误率是2.1%，错误率很低，说明习得得非常好。但中高级阶段错误率却达到了8.3%，呈现上升的趋势。出现这种情况虽然不排除偶然的因素，但也说明到了中高级阶段该项目的习得还有一些问题。

3.6 “动词＋复合趋向动词（引申义）”初级阶段的习得错误率是28.9%，中高级阶段是29.2%，几乎持平，而且错误率也都很高。另外，这两个阶段的错误类型也完全一样，都是搭配上的问题。可见该项目的习得随着时间的推移以及学生汉语水平的提高并没有实质性的改善，也存在一定程度的"化石化"现象。这些情况也说明该项目比较难习得。

3.7　"动词＋趋$_1$＋宾语＋趋$_2$(本义)"初级阶段习得错误率为29.6%，错误率很高，说明该项目初级阶段很难习得。中高级阶段，该项目的习得错误率是0，这是不是意味着该阶段"动词＋趋$_1$＋宾语＋趋$_2$(本义)"的习得就没有问题了呢？显然不是这样。这是因为中高级阶段该项目出现的用例太少(只有2例)，很难反映出学生习得的真实情况，鉴于初级阶段该项目的习得错误率很高，因此我们认为中高级阶段该项目的习得仍有一些问题。

3.8　初级阶段"动词＋趋$_1$＋宾语＋趋$_2$(引申义)"的习得错误率为0，好像该项目学生完全掌握了，但实际情况并非如此。这是因为该阶段这一项目的用例太少(只有2例)，很难反映出学生习得的真实情况。中高级阶段该项目的习得情况就是一个很好的佐证，因为中高级阶段该项目的习得错误率高达33.3%，尽管中高级阶段该项目的用例也太少(只有3例)，其错误率也未必反映了学生习得的真实情况，但是这足以说明，该项目无论在初级阶段还是在中高级阶段习得时都有一些问题。

3.9　无论是初级阶段，还是高级阶段，"动词＋复合趋向补语(本义)＋宾语"的习得问题都是十分突出的。该项目两个阶段的习得错误率都是100%(这种情况不排除某种巧合，因为初级阶段和中高级阶段该项目的用例太少，一共只有11例)，而且错误类型也完全一样，这说明该项目的习得并没有随着时间的推移、学生汉语水平的提高而有实质性进展，因此可以说该项目是母语为英语的学生趋向补语习得中的最大障碍。该项目不仅很难习得，而且容易产生"化石化"现象。过去，我们一般都认为"动词＋复合趋向补语"带宾语很难习得，现在看来这种看法是不准确的，对母语为英语的学生来说，"动词＋复合趋向补语＋宾语"很难习得，而"动词＋趋$_1$＋宾语＋趋$_2$"却要容易得多。前者很难习得，有着认知上的原因。标记理论认为，无标记项一般先习得，也比较容易习得；而有标记项则相反。从标记理论来看，"动词＋复合趋向补语＋宾语"是一种有标记形式，而"动词＋趋$_1$＋宾语＋趋$_2$"是一种无标记形式，因为前者的宾语有很大的限制，而后者的宾语则没有什么限制。正因为如此，所以母语为英语的学生习得前者自然就更困难一些。

3.10　"动词＋复合趋向补语(引申义)＋宾语"初级阶段的习得错误

率是16.7%，错误率也不低，说明该阶段这一项目没有完全掌握。中高级阶段该项目的习得错误率为0，但这并不意味着学生就完全掌握了该项目。主要是因为中高级阶段该项目的用例太少(只有1例)，不足以反映出学生习得的真实情况，考虑到学生对“动词＋复合趋向补语(引申义)”的习得不够好，而“动词＋复合趋向补语(引申义)＋宾语”的运用又是以会运用前者为前提的，因此我们认为中高级阶段该项目习得中仍有一些问题。

学生使用某一语言项目错误率越低，说明习得得越好，一般情况下也说明该项目容易习得；反之使用某一语言项目错误率越高，说明习得得越差，也说明该项目不易习得。基于这种认识，并综合上文的分析，我们可以大致构拟出以英语为母语的学生趋向补语的习得顺序，这种顺序大致如下：

1) 动词＋简单趋向补语(本义)
2) 动词＋简单趋向补语(引申义)
3) 动词＋复合趋向补语(本义)
4) “动词＋简单趋向补语(引申义)”带宾语
5) 动词＋趋$_1$＋宾语＋趋$_2$(本义)
6) 动词＋趋$_1$＋宾语＋趋$_2$(引申义)
7) 动词＋复合趋向补语(引申义)
8) 动词＋复合趋向补语(引申义)＋宾语
9) “动词＋简单趋向补语(本义)”带宾语
10) 动词＋复合趋向补语(本义)＋宾语

四 结语

本文详细讨论了母语为英语的学生习得趋向补语的情况，并据此构拟出了趋向补语的习得顺序。这种习得顺序虽然是倾向性的，并不是绝对的，但毫无疑问它不仅有利于课堂教学，而且对教材编写以及语法等级大纲和语法教学大纲的制定等也具有一定的参考价值。

赵德麟(1985)曾对32位不同母语的汉语学习者研究后发现，有13个句法结构或语法词的习得顺序几乎完全相同(转引自王培光，1988)。通过对比我们发现，母语为英语的学生习得趋向补语的顺序与日本学生习得趋向补语的顺序大体上也是一致的，这又一次证明不同母语的学生在习得某一语言项目时，习得顺序基本上一致，母语的干扰并不十分明显。

不过，我们的习得顺序与钱文的还有一些不同，钱文的习得顺序比较细，而我们的比较粗。钱文中没有区分“动词＋趋$_1$＋宾语＋趋$_2$”和“动词＋复合趋向补语＋宾语”，它们的习得顺序也没有体现出来。通过考察我们发现，这两个项目的习得顺序还是有差别的，无论是初级阶段还是中高级阶段，后者的习得错误率都极高，因此其难度要超过前者，习得过程也比前者长，它们的习得顺序显然不在同一个层次，后者的习得要更靠后一些。另外，钱文认为，趋向补语表示引申意义时其习得都靠后，但我们的习得顺序并非如此。从某种意义上说，表示引申意义的趋向补语，特别是单音节的趋向补语，其习得难度并不比“动词＋趋向补语”带宾语的项目难。表示引申意义的趋向补语有的之所以比较靠前，有其客观的原因。一般情况下，这种补语与动词结合以后常常具有熟语性，特别是单音节的趋向补语与单音节的动词组合所形成的结构，这样学生习得时就可以把它们当做一个整体来掌握，因此就不容易出错。此外，钱文还考察了表示引申意义的趋向补语的习得顺序，但我们却没有加以考察，主要是因为语料太少。不过，从现有的语料来看，这种习得顺序的脉络还是很明显的，一般情况下与趋向补语的引申意义的抽象程度成正比，趋向补语的引申意义越抽象，习得起来就越难，反之，就越容易。

第二节　日语母语学习者趋向补语的习得状况[①]

○　引言

日语母语学习者习得趋向补语的情况已有人做了一些初步的探索。钱旭菁(1997)通过统计日本留学生作文中初、中、高三个阶段趋向补语的错误以及问卷调查和翻译的准确率，构拟出了日本留学生趋向补语的习得顺序。钱文的习得顺序很细，但是否准确还有待于实践的检验。可以肯定的是，钱文的探索是很有意义的，至少让我们看到趋向补语在难度上并不是处于同一个层面上，不同的用法，不同的意义其习得顺序存在着差别。不过，也应该看到，由于语料规模不够大，所观察到的现象有

---

① 本文以《日语母语学习者趋向补语习得情况分析》为题发表在《暨南大学华文学院学报》2004年第3期，作者杨德峰。

些不够全面。

吴丽君等(2002)对日本学生习得趋向补语的偏误进行了分析，她们指出，趋向补语的偏误比较琐碎，但主要偏误集中在简单趋向补语和复合趋向补语的混用、趋向补语和结果补语混用、趋向动词选择错误、趋向补语的缺失和赘余、宾语的位置错误等几个方面。吴文的分析毫无疑问非常详细，也比较周全，但是这种分析是一种静态的，没有从动态的角度，即发展的角度来考察这些错误在不同的学习阶段表现出来的特点，此其一。其二，由于语料的局限性，有些问题也没有发掘出来。其三，吴文因为没有对语料进行分级，因此以上错误到底是哪个阶段出现的，也不甚清楚。其四，文中列举的错误类型虽然很中肯，但缺乏统计数据的支持，因此这些错误是普遍性的，还是偶发性的也就不得而知。

以上情况说明，尽管目前对日语母语学习者习得趋向补语的情况有所研究，但还很不够。本文将在现有研究的基础上，利用汉语中介语语料库中的语料，对日语母语学习者习得趋向补语的情况做一个详细的统计分析和比较。

一 语料及考察项目

本文使用的语料仍来自于北京语言大学的中介语语料库，笔者把以日语为母语的一年级、二年级、三年级及四年级，即初级、中级和高级的日本学生使用的带趋向补语的句子进行了穷尽性的提取，最后得到 978 个用例。为了便于对这些用例进行分析，本文以杨德峰(2003a)一文(为行文方便，以下简称《顺序》)中按照结构上的特点以及趋向补语的意义等把带趋向补语的句子简化以后得到的 10 个考察项目为基础，这 10 个项目是：

1）动词＋简单趋向补语(本义)

2）动词＋简单趋向补语(引申义)

3）动词＋简单趋向补语(本义)带宾语的

4）动词＋简单趋向补语(引申义)带宾语的

5）动词＋复合趋向补语(本义)

6）动词＋复合趋向补语(引申义)

7）动词＋趋$_1$＋宾语＋趋$_2$(本义)

8）动词＋趋$_1$＋宾语＋趋$_2$(引申义)

9）动词＋复合趋向补语(本义)＋宾语

10）动词＋复合趋向补语（引申义）＋宾语

考察项目确定以后，分别统计出初级、中级和高级三个阶段各项目的用例，然后对这些用例进行分析和推测。

二 初级、中级和高级阶段的习得情况

2.1 初级阶段各项目习得情况

语料中“动词＋简单趋向补语（本义）”初级阶段一共出现了39例，其中36例是正确的，正确率约为92.3%，也就是说只有7.7%的错误率。例如：

（1）她朝那个冷冰冰的点滴瓶儿看去。

（2）这个情况被做了一个成语，是“从清水寺舞台跳下”。

（3）女孩把漂亮的衣服送给他们飞去了。

例（1）的“去”是正确的，但例（2）的“下”、例（3）的“去”都是错误的。第（2）句问题比较多，似应改为：成语“从清水寺舞台跳下去”就是出自这个故事。第（3）句应改为：女孩把漂亮的衣服送给他们以后就飞走了。

该项目习得时的主要问题有两个：一是该用复合趋向补语的却用了简单趋向补语。杨德峰（1988）曾指出，汉语单音节趋向补语一般多带宾语，没有宾语，由它们组成的结构常常不能单独成句。例（2）的“跳下”后面没有宾语，整个句子就有些站不住，“下”应改为“跳下去”或“跳下来”。二是该用结果补语的却用了趋向补语，例（3）的趋向补语“去”显然应该为结果补语“走”。

“动词＋简单趋向补语（引申义）”语料中初级阶段一共出现了18例，都是正确的。例如：

（4）还有车和车迎头撞上了。

（5）练习严厉得中途搁下了的人接二连三地发生。

以上2例的“上”、“下”用的都是引申义，而且都是正确的。第（4）句应改为：还有两辆车迎头撞上了。第（5）句应改为：练习非常严格，中途不断有人退出。

“动词＋简单趋向补语（本义）”带宾语的初级阶段习得得不太好，语料中该项目一共出现了36例，其中15例是错误的，错误率约为41.7%。例如：

(6) 可是我三脚插进接线板里才发现了这是本来制错了。

(7) 因为过冬天的时候人们不愿意出外头去。

(8) 我进去故宫。

例(6)的"进"用的是本义,宾语的位置是正确的;例(7)、(8)中的"去"用的也是本义,但是宾语的位置都是错误的。第(6)句应改为:可是我把三向插头插进接线板里以后才发现这做错了。第(7)句应改为:因为冬天的时候人们不愿意到外头去。第(8)句应改为:我进故宫去。

"动词+简单趋向补语(本义)"带宾语的,习得时的主要问题是宾语类推泛化,而这种类推泛化是语内负迁移引起的。众所周知,"动词+来/去"带宾语,宾语一般有两个位置:一个是当宾语为地点名词或结构时,应该放在"来"、"去"的前面,动词的后面;另一个是当宾语为非地点名词或结构时,应放在"来"、"去"的后面。留学生常常忽视这一点,有时把前一种规则加以类推泛化,即把所有的宾语都放在"来"、"去"的前面,像例(7)的"出外头去"中的宾语"外头"虽然是地点宾语,但是"出"的宾语只能是起点或路径,不能是终点,而"外头"只能是终点,这显然是前一种规则类推泛化的结果。有时候则相反,留学生把后一个规则加以类推泛化,即把所有的宾语都放在"来"、"去"的后边,像例(8)的"进去故宫"中的宾语"故宫"是地点宾语,应该放在"去"的前面,但却放在了"去"的后面,这显然是后一种规则类推泛化的结果。以上两种错误,以后一种居多。

"动词+简单趋向补语(引申义)"带宾语的,语料中出现的用例很少,只有5例,其中有2例是错误的,错误率为40%。例如:

(9) 做出自己应有的贡献。

(10) 灵隐寺的老和尚请他为灵隐寺用毛笔写下匾。

例(9)的"出"用的是引申义,是正确的,例(10)的"下"用的也是引申义,但却是错误的,因为"写下"只能带结果宾语,不能带地点宾语。学生习得时出现这样的问题,也是宾语类推泛化的结果,即把"写下"所带宾语的类型由结果宾语扩大到其他宾语,这种类推泛化也是语内负迁移引起的。

"动词+复合趋向补语(本义)"的习得情况非常好,初级阶段语料中该项目一共出现了15例,全部是正确的。例如:

(11) 然后才走进来了。

(12) 就会被赶出去。

以上 2 例的“进来”、“出去”用的都是本义，也都是正确的。第(11)句中的“了”应删去。

“动词＋复合趋向补语(引申义)”习得时有一些问题，该项目初级阶段语料中一共出现了 27 例，只有 4 例是错误的，错误率约为 14.8%。例如：

(13) 就我的心里高兴起来。

(14) 我越想他越喜欢过来了他。

例(13)的“起来”用的是引申义，也是正确的，例(14)的“过来”用的也是引申义，但是错误的。第(13)句的“就”应放在“高兴”的前面。第(14)句的“了”应删去。

该项目习得得不太好，主要问题是不该用复合趋向补语时却用了，例(14)的“喜欢”后面的“过来”都应该删去。

“动词＋趋$_1$＋宾语＋趋$_2$(本义)”初级阶段语料中出现的用例非常少，只有 5 例，其中 3 例是错误的，错误率为 60%。例如：

(15) 她什么也没有带回家来。

(16) 走过前门站去。

例(15)的宾语“家”的位置是正确的，但例(16)的宾语“前门”的位置是错误的。

该项目习得时的主要问题也是宾语类推泛化，即学生错把某种宾语放在了不该出现的位置上。像例(16)的宾语“前门站”表示方向或终点，杨德峰(2003)发现，当趋向补语为“过来”“过去”时，“动词＋趋$_1$＋宾语＋趋$_2$(本义)”中的宾语虽然可以是地点宾语，但只能是路径宾语，不能是方向或终点宾语。试比较：

(17) 跳过河来→从河上跳过来

(18) 向教室飞过来→＊飞过教室来

例(17)的宾语“河”表示路径，例(18)的宾语“教室”表示动作的方向或终点，尽管也是地点名词，但不能放在复合趋向补语之间。学生习得时常常忽视了这种条件，而错把方向或终点宾语也放在了“过来”“过去”的中间，因此出现类推泛化的错误。这种错误的出现有学生的问题，也有教材的问题，但主要问题在教材。就我们目力所及，还没有发现一本教材明确指出“动词＋趋$_1$＋宾语＋趋$_2$(本义)”中的宾语为地点宾语时有条件的限制，正因为如此，学生使用时出现错误也就不难理解了。

“动词＋趋$_1$＋宾语＋趋$_2$(引申义)”初级阶段语料中出现的用例也很少，只有 4 例，全部是正确的，错误率为 0。例如：

(19) 我可能都想起北京的春天来吧。

其中“起来”用的是引申义，是正确的。“吧”应删去。

“动词＋复合趋向补语(本义)＋宾语”初级阶段语料中该项目只出现了 4 例，有 2 例是错误的，错误率为 50%。例如：

(20) 所以他从书架上拿下来另一本值得一看中文书叫《铁流》。

例(20)的宾语“另一本值得一看中文书”的位置是错误的。该句应改为：所以他从书架上把另一本值得一看的中文书《铁流》拿下来。

该项目习得时的主要问题也是宾语类推泛化，这种类推泛化既有语内负迁移的影响，也有语际负迁移的影响。众所周知，“动词＋复合趋向补语(本义)＋宾语”中的宾语有很大的限制，一般为数量(名)结构，但日语母语学习者常常忽视了这一点，而把非数量(名)结构也放在了补语的后面，结果出现了类推泛化的错误。另外，汉语中的“动词＋复合趋向补语(本义)＋宾语”中的宾语虽然不能是非数量名结构，但是日语中却可以出现非数量名宾语。例如：

(21) その人を追い出す(把那个人赶出去)
　　那个人　赶　出去

(22) その本を渡してくれ(把那本书递过来)
　　那本书　递　　过来

例(21)、(22)的宾语“那个人”和“那本书”都是体词性成分，它们都能做“动词＋复合趋向补语”的宾语。由于受到母语这种负迁移的影响，所以学生常常把非数量名宾语放在了复合趋向补语的后面。

“动词＋复合趋向补语(引申义)＋宾语”初级阶段的语料中只出现了 1 例，而且是错误的，错误率为 100%。例如：

(23) 找起来自己的对象。

宾语“自己的对象”位置放错了，应该放在“来”的前面。从这一例来看，该项目习得时的问题与“动词＋复合趋向补语(本义)＋宾语”相同，也是宾语类推泛化。

2.2　中级阶段各项目习得情况

中级阶段语料中“动词＋简单趋向补语(本义)”一共出现了 59 例，其中 3 例是错误的，错误率仅为 5.1%。例如：

(24) 她偷偷地回去。

(25) 然后等车走过、自己穿过马路。

例(24)的“去”是正确的，而例(25)“走过”中的“过”却是错误的。该句应改为：等车开过去以后，自己再穿过马路。

该项目习得时的主要问题是该用复合趋向补语时却用了简单趋向补语，像例(25)，动词“走”后应该用复合趋向补语“过去”，但学生却用了简单趋向补语“过”。

“动词＋简单趋向补语(引申义)”中级阶段语料中一共出现了 22 例，其中 3 例是错误的，错误率约为 13.6%。例如：

(26) 连一个不赶上的也没有。

(27) 进学茶大学的时候，我对画儿的兴趣再燃起了。

例(26)中的“上”用的是引申义，是正确的；例(27)的“起”也用引申义，却不正确。该项目习得中出现的问题也是该用复合趋向补语时用了简单趋向补语，像例(27)，动词“燃”的后面应该出现“起来”，但学生用了“起”。例(26)中的“不”应改为“没”。例(27)中“再”应改为“又”。

“动词＋简单趋向补语(本义)”带宾语的习得不太好，中级阶段语料中该项目一共出现了 45 例，有 10 例是错误的，错误率约为 22.2%。例如：

(28) 我很担心地走进了剧场。

(29) 不能进去大学。

例(28)的“进”用的是本义，宾语的位置也是正确的；例(29)中的“去”用的也是本义，但宾语的位置却是错误的。

“动词＋简单趋向补语(本义)”带宾语的，习得时的主要问题也是宾语类推泛化。这种情形与初级阶段完全一样。例(29)的宾语“大学”是地点宾语，应该放在“去”的前面，但由于受到非地点宾语位置的影响而放在了“去”的后面。

与“动词＋简单趋向补语(本义)”带宾语的类似，“动词＋简单趋向补语(引申义)”带宾语的中级阶段的习得情况也不太好，语料中该项目一共出现了 50 例，有 7 例是错误的，错误率约为 13.5%。例如：

(30) 他爱上秦楠。

(31) 我想起好办法。

例(30)的“上”用的是引申义，也是正确的；例(31)的“起”用的也是引申义，却不正确。该句之“好办法”前面应加上“一个”。

该阶段“动词＋简单趋向补语(引申义)”带宾语习得中的主要问题是搭配错误，像例(31)“想起”中的“想”和“起”就搭配不当，“起”应改为“出”。

“动词＋复合趋向补语(本义)”中级阶段的习得情况比较好，语料中该项目一共出现了 41 例，只有 2 例是错误的，错误率仅为 4.9%。例如：

(32) 二虎把菜刀和一杆秤拿起来说。

(33) 明天太阳落下来、月亮升起来以后，从月亮接我。

例(32)的“起来”用的是本义，是正确的；例(33)的“下来”用的也是本义，却不正确，原因是立足点有问题，因为太阳落下去的地方与说话人不在同一个地方。第(33)句的“从月亮接我”应改为“把我从月亮上接走”。

与“动词＋复合趋向补语(本义)”相反，“动词＋复合趋向补语(引申义)”习得时问题比较多。该项目中级阶段语料中一共出现了 52 例，有 8 例是错误的，错误率约为 15.4%。例如：

(34) 这样描写下来的话，他好像是个没有通融余地的人。

(35) 可是他睡觉以后差点儿醒起来的时候，常常说一句话。

例(34)的“下来”用的是引申义，是正确的；例(35)的“起来”用的也是引申义，却是错误的。例(34)句的“象”应为“像”。

该项目习得得不太好，主要是搭配错误。例(35)的“醒”和“起来”搭配得不合适，“起来”应改为“过来”或“来”。

“动词＋趋$_1$＋宾语＋趋$_2$(本义)”中级阶段语料中出现的用例很少，只有 7 例，都是正确的，错误率为 0。例如：

(36) 奋勇爬过墙来。

“动词＋趋$_1$＋宾语＋趋$_2$(引申义)”中级阶段语料中出现的不多，一共 9 例，全部是正确的，错误率为 0。例如：

(37) 比起西餐来，这种吃法别有一番风味。

宾语“西餐”的位置是正确的。

“动词＋复合趋向补语(本义)＋宾语”语料中该项目只出现了3例，全部是错误的，错误率为100%。例如：

(38) 你甜的桃子的话漂过来我旁边儿。

宾语的位置不正确。该句应改为：你那甜蜜的话语飘到我的耳边。

该项目习得中的主要问题也是类推泛化，这种情况与初级阶段完全一样，兹不再述。

“动词＋复合趋向补语(引申义)＋宾语”中级阶段的语料中只有4例，也都是错误的，错误率也是100%。例如：

(39) 剥皮老爷高兴地马上雇下来二虎还定了一个条件。

(40) 我认为历史养出来哲学。

以上2例的宾语“二虎”、“哲学”位置都是错误的。第(39)句应改为：剥皮老爷高兴地把二虎雇了下来，还定了一个条件。第(40)句应改为：我认为历史创造哲学。

该项目习得中的主要问题与“动词＋复合趋向补语(本义)＋宾语”类似，也是宾语类推泛化。

2.3 高级阶段各项目习得情况

高级阶段语料中“动词＋简单趋向补语(本义)”一共出现了146例，只有3例是错误的，错误率仅为2%。例如：

(41) 那家的儿子女儿们下班回来了。

(42) 我们爬上长城一步一步慢慢爬上了。

例(41)的“来”是正确的，但例(42)中的“上”用得却不正确，应改为“上去”。第(41)例“们”应删去。第(42)例应改为：我们从长城脚下一步一步慢慢爬上去。

该项目习得时的主要问题与初级、中级阶段类似，也是该用复合趋向补语时却用了单音节趋向补语。

“动词＋简单趋向补语(引申义)”高级阶段语料中一共出现了26例，其中2例是错误的，错误率约为7.7%。例如：

(43) 我把汽车停下的时候，发现从前边跳过来的黑色的东西。

(44) 想来，这就是我父亲的“爱情表现”。

例(43)的“下”用的是引申义，是正确的。这句应改为：他把汽车停下以后，才看见从前面跳过来的黑色东西。例(44)的“来”用的也是引申义，却不正确。该项目习得时的主要问题也是搭配错误，像例(44)，动词“想”和“来”就搭配不当，“想”应改为“看”。

“动词＋简单趋向补语(本义)”带宾语的习得不太好，高级阶段语料中该项目一共出现了79例，有28例是错误的，错误率约为35.4%。例如：

(45) 反而平和带来幸福。

(46) 能进去校内。

例(45)的“来”用的是本义，宾语的位置是正确的；例(46)的“去”用的也是本义，但是宾语的位置却是错误的。第(45)句“反而”应放在“平和”的后面，“平和”应为“和平”。

“动词＋简单趋向补语(本义)”带宾语的，习得时的主要问题也是宾语类推泛化。这种情形与中级阶段完全一样。像例(46)中“进去校内”的宾语“校内”是地点宾语，应该放在“去”的前面，但由于受到非地点宾语的影响而放在了“去”的后面。

与“动词＋简单趋向补语(本义)”相反，“动词＋简单趋向补语(引申义)”带宾语的高级阶段的习得情况较好，语料中该项目一共出现了59例，有4例是错误的，错误率约为6.8%。例如：

(47) 来到东京考上剧团研究生。

(48) 碰上有一个先生。

(49) 如果你看上起一个日本青年人的时候，早一点给我谈一谈。

例(47)的“上”用的是引申义，是正确的；例(48)、(49)的“上”和“起”用的也是引申义，却不正确。该项目习得时出现的主要错误是宾语类推泛化和两个补语同时使用，像例(48)的“有一个先生”就不能做“碰上”的宾语，例(49)的补语“上”后不能再出现补语“起”。第(47)例“来到东京”后面应有逗号。第(49)例的“给”应为“跟”。

“动词＋复合趋向补语(本义)”高级阶段的习得情况比较好，语料中该项目一共出现了62例，只有1例是错误的，错误率约为1.6%。例如：

(50) 一个人走过去混入人里。

(51) 也安安稳稳坐在树下喝酒、被飞出去了。

以上2例的“过去”、“出去”用的都是本义，都是正确的。第(50)例“人”

后应加上“群”。第(51)例逗号应为顿号,“飞”前应加上“炸得”等词语。

与“动词＋复合趋向补语(本义)”相反,“动词＋复合趋向补语(引申义)”习得时问题比较多。该项目高级阶段语料中一共出现了112例,有14例是错误的,错误率为12.5%。例如:

(52) 一直等到禾苗长大起来。

(53) 船停下去,就就从刻记号的地方钻到水里找一找。

例(52)的“起来”、例(53)的“下去”用的都是引申义,但都是错误的。例(53)的“就”应删去一个,“钻到”似应改为“跳进”。

该项目习得得不太好,错误类型有两个:一是搭配错误。像例(52)的“长大起来”的“长大”与“起来”搭配不当,因为汉语的“动词＋结果补语”后面不能再带趋向补语。二是立足点错误,例(53)的“停下去”中的“下去”应改为“下来”,因为说话人的立足点在船停的地方。

“动词＋趋$_1$＋宾语＋趋$_2$(本义)”高级阶段语料中出现的用例很少,只有14例,其中2例是错误的,错误率约为14.3%。例如:

(54) 便走上前去问老婆婆。

(55) 走上楼梯去,对面就是我的房间。

例(54)的宾语“前”位置是正确的,但例(55)的宾语“楼梯”位置却是错误的,这种错误也是宾语类推泛化的结果。据我们考察,地点宾语只有表示终点的才能出现在“动词＋上＋宾语＋来/去(本义)”中,表示路径的不能出现在“动词＋上＋宾语＋来/去(本义)”中,学生习得时常常忽视了这一条件,错把表示路径的也放在了“动词＋上＋宾语＋来/去(本义)”中。例(55)的错误就属于这种情况。

该项目习得时出现宾语类推泛化主要原因不在学生,而在教材。我们翻阅了一些目前使用的具有一定影响的教材,发现它们都没有具体谈到“动词＋上＋宾语＋来/去(本义)”中宾语的类型,而只是泛泛地说其中的宾语为地点宾语,这显然是一种误导,学生习得时出现宾语类推泛化错误自然就不可避免。

“动词＋趋$_1$＋宾语＋趋$_2$(引申义)”高级阶段语料中出现的不多,一共17例,全部是正确的,错误率为0。例如:

(56) 我想起他的话来。

“动词＋复合趋向补语(本义)＋宾语”语料中该项目只出现了5例,

全部是错误的，错误率为100%。例如：

(57) 通过中大正门我走进去中大里面。

该例宾语的位置不正确。

该项目习得时的主要问题与初级、中级阶段类似，也是宾语类推泛化，出现错误的原因也与初级、中级阶段相同，恕不再述。

“动词＋复合趋向补语(引申义)＋宾语”高级阶段语料中只有12例，其中10例是错误的，错误率为75%。例如：

(58) 我的脑海里画起来往昔的情景想象不到。

(59) 以后我写下来我们过的5天之有意思的旅游情况吧。

以上2例的宾语“往昔的情景”、“我们过的5天之有意思的旅游情况”位置都是错误的。该项目习得中的主要问题与“动词＋复合趋向补语(本义)＋宾语”类似，也是宾语类推泛化。第(58)句应改为：我脑海里勾画起过去想象不到的情景来。第(59)句应改为：以后我把那5天有意思的旅游生活写出来。

三　初级、中级、高级阶段习得情况比较及分析

上文10个项目初级、中级、高级三个阶段的习得情况大致如表1所示。

表1

趋向补语类型	错误					
	初级		中级		高级	
	错误率	错误类型	错误率	错误类型	错误率	错误类型
动词＋简单趋向补语(本义)	7.7%	1. 该用复合的却用了简单的 2. 该用结果补语却用了趋向补语	5.1%	该用复合的却用了简单的	2%	该用复合的却用了简单的
动词＋简单趋向补语(引申义)	0		13.6%	该用复合的却用了简单的	7.7%	搭配错误
“动词＋简单趋向补语(本义)”＋宾语	41.7%	宾语类推泛化	22.2%	宾语类推泛化	35.4%	宾语类推泛化

续表

趋向补语类型	错误					
	初级		中级		高级	
	错误率	错误类型	错误率	错误类型	错误率	错误类型
“动词＋简单趋向补语（引申义）”＋宾语	40%	宾语类推泛化	13.5%	搭配错误	6.8%	1. 宾语类推泛化 2. 两个补语同时使用
动词＋复合趋向补语（本义）	0		4.9%	立足点错误	1.6%	
动词＋复合趋向补语（引申义）	14.8%	不该用复合趋向补语时却用了	15.4%	搭配错误	12.5%	1. 搭配错误 2. 立足点错误
动词＋$趋_1$＋宾语＋$趋_2$（本义）	60%	宾语类推泛化	0		14.3%	宾语类推泛化
动词＋$趋_1$＋宾语＋$趋_2$（引申义）	0		0		0	
动词＋复合趋向补语（本义）＋宾语	50%	宾语类推泛化	100%	宾语类推泛化	100%	宾语类推泛化
动词＋复合趋向补语（引申义）＋宾语	100%	宾语类推泛化	100%	宾语类推泛化	75%	宾语类推泛化

从表1可以看出，10个被考察的项目中初级阶段的只有不到1/3掌握了，中、高级阶段仍有1/3左右的项目没有完全掌握。

“动词＋简单趋向补语（本义）”初级阶段的习得错误率约为7.7%，中级阶段错误率约为5.1%，错误率都稍高；高级阶段错误率为2%，错误率很低。这些情况说明该项目初级、中级阶段习得时还有一些问题，到了高级阶段才基本掌握。

“动词＋简单趋向补语（引申义）”初级阶段的习得错误率是0，中级阶段该项目的习得错误率约为13.6%，高级阶段的习得错误率约为7.7%。这说明该项目中、高级阶段仍存在一些问题。

“动词＋简单趋向补语（本义）”带宾语的，初级阶段习得错误率约为41.7%，比例很高，中级阶段习得错误率约为22.2%，高级阶段仍高达35.4%，中、高级阶段该项目的习得错误率虽然有所下降，但是下降幅度十分有限。这表明，该项目中、高级阶段习得情况仍没有多大进展，也说明该项目属于比较难习得的项目。从错误类型来看，初级、中级和高级三个阶段都是宾语类推泛化，说明该项目习得时容易出现“化石化”现象。

“动词＋简单趋向补语（引申义）”带宾语的，初级阶段的习得错误率为40％，错误率极高；中级阶段习得错误率约为13.5％，高级阶段错误率约为6.8％，中、高级阶段习得错误率较初级阶段下降了很多，说明随着学生汉语水平的提高，该项目使用错误率有所下降。尽管如此，仍能看出，中、高级阶段该项目还没有被完全掌握。这说明该项目习得时也有一定的难度。

“动词＋复合趋向动词（本义）”初级阶段的习得错误率是0，中级阶段错误率约为4.9％，高级阶段错误率约为1.6％，从三个阶段来看，该项目习得时的错误率都很低，说明该项目初级阶段已经基本上掌握了，也说明该项目很容易习得。

“动词＋复合趋向动词（引申义）”初级阶段的习得错误率约为14.8％，错误率较高；中级阶段该项目的错误率仍高达15.4％，高级阶段还高达12.5％。这些情况表明，该项目初级阶段没有被掌握，中、高级阶段仍没有多大进展。

“动词＋趋$_1$＋宾语＋趋$_2$（本义）”初级阶段的习得错误率高达60％，这说明初级阶段该项目习得时有很大的困难。中级阶段该项目的习得错误率是0，高级阶段错误率约为14.3％，表面上看中级阶段该项目似乎已经完全习得了，但从高级阶段的错误率来看，该项目中、高级阶段习得时仍有一些问题。

“动词＋趋$_1$＋宾语＋趋$_2$（引申义）”初级阶段的习得错误率是0，中、高级阶段的习得错误率也是0，说明初级阶段该项目已经被完全掌握，也说明该项目很容易习得。

“动词＋复合趋向补语（本义）＋宾语”初级阶段的习得错误率为50％，错误率极高；中、高级阶段习得错误率高达100％。这种情况的出现固然与中、高级阶段该项目出现的例句较少有关系，但仍说明该项目中、高级阶段习得情况没有什么进展，也说明该项目是一个十分难习得的项目。无论初级阶段，还是中、高级阶段该项目习得时的主要问题都是宾语类推泛化，可见该项目的习得也存在“化石化”现象。

“动词＋复合趋向补语（引申义）＋宾语”初级阶段的习得错误率是100％，即全部是错误的；中级阶段该项目的习得错误率仍为100％，高级阶段错误率还高达75％，说明该项目到了高级阶段仍没有被掌握，也说明该项目十分难习得。从错误类型来看，初级、中级和高级三个阶段该项目习得时的主要问题也都是宾语类推泛化，可见该项目习得时也容易出现"化石化"问题。

四　结语

综观上文可以看出，10 个被考察的项目中，初、中、高三个阶段习得时出现的错误各有特点。初级阶段习得时的主要问题是宾语类推泛化、该用复合趋向补语却用了简单趋向补语、该用结果补语却用了趋向补语、不该用复合趋向补语却用了等；中级阶段习得时的主要问题是宾语类推泛化、该用复合趋向补语却用了简单趋向补语、搭配错误、立足点错误等；高级阶段习得时的主要问题是宾语类推泛化、该用复合趋向补语却用了简单趋向补语、搭配错误、立足点错误和两个补语同时使用等。不管是初级阶段，还是中级和高级阶段，宾语类推泛化都是习得时的主要问题。初级阶段 7 个习得出现错误的项目，有 5 个是宾语类推泛化引起的；中级阶段 8 个习得出现错误的项目，有 3 个也是宾语类推泛化引起的；高级阶段 9 个习得有问题的项目中有 5 个是或主要是宾语类推泛化引起的。日语母语学习者习得趋向补语出现宾语类推泛化的原因有两个：一是语内负迁移，一是语际负迁移，但主要是语内负迁移。与英语母语学习者和朝鲜语母语学习者类似，日语母语学习者习得趋向补语时也存在一定程度的"化石化"现象。

我们在有关文章中指出，"动词＋复合趋向补语(引申义)"和"动词＋复合趋向补语＋宾语"是朝鲜语母语学习者和英语母语学习者习得的难点，通过考察我们发现，以上项目也是日语母语学习者习得的难点。同样，英语母语学习者和朝鲜语母语学习者习得时容易的地方，像"动词＋简单趋向补语"和"动词＋趋$_1$＋宾语＋趋$_2$(引申义)"，日语母语学习者也同样比较容易习得。以上情况说明不同母语的学习者在习得趋向补语时存在着一些共性，但是这不意味着不同母语的学习者在习得趋向补语时存在的问题相同，更不意味着不同母语的学习者习得趋向补语的顺序是相同的，因为从我们的考察来看，不同母语的学习者在习得趋向补语时也有其特异之处，像"动词＋复合趋向补语"，对朝鲜语母语学习者来说比较难习得；而对日语母语学习者和英语母语学习者来说就不是那么难；同样，对英语母语学习者来说，"动词＋复合趋向补语(引申义)＋宾语"不太难，但对日语母语学习者和朝鲜语母语学习者来说却很难。

本文考察时沿用了笔者在《顺序》中的做法，即区分了“动词＋趋$_1$＋宾语＋趋$_2$”和“动词＋复合趋向补语＋宾语”，通过考察我们发现，日语母语学习者习得这两个项目时也是有差别的，后者的习得错误率极高，其难度要超过前者，说明我们区分这两个项目的做法是正确的。与“动词＋复合趋向补语＋宾语”相比，“动词＋趋$_1$＋宾语＋趋$_2$”比较容易习得，笔者在相关文章中认为是认知上的原因，“因为标记理论认为，无标记项一般先习得，也比较容易习得；而有标记项则相反。从标记理论来看，‘动词＋复合趋向补语＋宾语’是一种有标记形式，而‘动词＋趋$_1$＋宾语＋趋$_2$’是一种无标记形式，因为前者的宾语有很大的限制，而后者的宾语则没有什么限制。”日语母语学习者习得趋向补语的情况也进一步证实了这一推论。

从钱文的习得顺序来看，表示本义的趋向补语的习得顺序基本上都在表示引申意义的趋向补语的前面，但我们的考察结果显示，某些表示本义的趋向补语在有些项目中却比表示引申意义的难习得。表示引申意义的“动词＋趋$_1$＋宾语＋趋$_2$（引申义）”无论初级阶段、中级阶段还是高级阶段，错误率都是 0；而“动词＋趋$_1$＋宾语＋趋$_2$（本义）”的习得错误率初级阶段很高，高级阶段仍高达 14.3%。单从错误率上来看，前一个项目显然比后一个容易习得。无独有偶，“动词＋简单趋向补语（本义）”带宾语的中、高级阶段的习得错误率也比“动词＋简单趋向补语（引申义）”带宾语的高很多，也说明前者比后者难习得。虽然不能只根据错误率就做出某些表示本义的趋向补语比表示引申意义的习得顺序要靠后的结论，但错误率反映出习得顺序上存在一些差别，这是不容置疑的。

对日语母语学习者习得以上 10 个项目的情况进行考察和分析，不仅能够找出这些习得者习得趋向补语时出现的错误类型以及难点，而且能够了解他们习得这些项目时出现错误的原因。更重要的是，可以了解这些学生不同阶段习得趋向补语时出现的问题的特点，从而使我们在对日语母语学习者进行教学时更具有针对性，减少盲目性，提高教学效率和教学效果。不仅如此，这方面的研究同样对对外汉语教学语法大纲、教学大纲的制定以及教材的编写等也有一定的参考价值。

第三节　朝鲜语母语学习者趋向补语的习得状况[①]

○　引言

趋向补语是语法学界关注的热点之一，这方面的研究文章不仅数量多，而且有一定的广度和深度，但是趋向补语习得方面的研究以及趋向补语跟其他语言中类似的表达方式的对比研究还很薄弱。到目前为止，我们只把趋向补语跟英语（邱质朴，1980；居红，1992；李淑红，1999）和日语（朱巨器，2000）中的表达方式做了一些初步的对比，趋向补语习得方面的研究则只有钱旭菁（1997）的《日本学生汉语趋向补语的习得顺序》和杨德峰（2003a）的《英语母语学习者趋向补语的习得顺序》两篇。正因为我们对不同语言中与汉语的趋向补语类似的表达方式研究得不够，所以，教学中有时就很难找到学习者出现错误的真正原因，教师在纠错时只能是头痛医头，脚痛医脚。趋向补语习得方面缺乏研究，最直接的后果至少有两个：一是教材中由趋向补语构成的句式的编排顺序存在很大的盲目性；二是教学中各句式的教学顺序也存在着随意性，这些都必然加大趋向补语习得的难度，给趋向补语的习得增添一些人为的障碍。因此，要解决趋向补语习得难的问题，不仅要加强对比研究，同时也要加强趋向补语习得方面的研究，尽量找出不同母语的学习者习得趋向补语的难点和大致顺序，并把这些成果体现在教材编写和课堂教学中（当然，也要进一步加强汉语趋向补语自身的研究），只有如此，才能化难为易，提高教学效果。鉴于此，本文将以北京语言大学汉语中介语语料库中母语为朝鲜语的学生使用的带趋向补语的句子为样本，对他们习得趋向补语的情况做一些探讨。

一　语料及考察项目

本文使用的语料来自于北京语言大学的汉语中介语语料库，该语料库共收中介语语料 400 多万字。语料库按学习者的母语进行分类，同一母语的学习者使用的汉语又按学时等级分为 10 级，即第一学期为 1 级，

① 本文以《朝鲜语母语学习者趋向补语习得情况分析》为题发表在《暨南大学华文学院学报》2003 年第 4 期，作者杨德峰。

第二学期为2级，依次类推。笔者把母语为朝鲜语的1—4级(一年级和二年级)，即初级和中级(该水平等级是依据国家对外汉语教学领导小组办公室汉语水平考试部(1996)研制的《汉语水平等级标准与语法大纲》中的划分标准确定的)的韩国学生和朝鲜学生使用的带趋向补语的句子进行了穷尽性的提取，最后得到432个用例[①]。为了便于对这些用例进行分析，本文在笔者的《英语母语学习者趋向补语的习得顺序》(为行文方便，以下简称《顺序》)一文中按照结构上的特点以及趋向补语的意义等把带趋向补语的句子简化以后得到的10个考察项目的基础上，增加2个考察项目，这样一共得到12个考察项目，这12个项目是：

1) 到……来/去(本义)[②]

2) 动词＋到……来/去(本义)

3) 动词＋简单趋向补语(本义)

4) 动词＋简单趋向补语(引申义)

5) "动词＋简单趋向补语(本义)"带宾语

6) "动词＋简单趋向补语(引申义)"带宾语

7) 动词＋复合趋向补语(本义)

8) 动词＋复合趋向补语(引申义)

9) 动词＋$趋_1$＋宾语＋$趋_2$(本义)

10) 动词＋$趋_1$＋宾语＋$趋_2$(引申义)

11) 动词＋复合趋向补语(本义)＋宾语

12) 动词＋复合趋向补语(引申义)＋宾语

考察项目确定以后，分别统计出语料库中初级和中级两个阶段各项目的用例，然后对这些用例进行分析和推测。

二　初级和中级阶段趋向补语的习得情况

2.1　初级阶段习得情况

通过统计我们发现，在初级阶段语料库中，以上12个项目都出现了，但各项目的使用频率以及错误率却有很大的差别。

"到……来/去(本义)"在初级阶段语料中一共出现了6例，全部是正

---

① 语料库中三、四年级，即高级阶段的语料极少，故不在考察之列。

② 本文把"到……来/去"看做复合趋向补语，采纳的是刘月华等(1983:345)的看法。

确的[①]，错误率为 0。例如：

(1) 以前我学过汉语很早以前就想到中国来。[②]

(2) 我常常跟他一起开车从统一街到光复去。

例(1)、(2)的"到中国来"和"到光复去"显然都是正确的。

语料中"动词+到……来/去(本义)"在初级阶段出现的不多，只有 6 例，其中有 2 例是错误的，错误率为 33.3%。例如：

(3) 只好让出租汽车运到宿舍来了。

(4) 在该地过了两年半以后，到韩国回去。

(5) 他到外边走了去。[③]

例(3)的"运到宿舍来"是正确的，但例(4)、(5)的"到韩国回去"、"到外边走了去"却是错误的。

该项目习得时的主要问题是学生喜欢把介词结构"到……"提到主要谓语动词的前面，像例(4)的"到韩国回去"中的介词结构"到韩国"应该放在"回"的后面，但却提到了主要谓语动词"回"的前面。例(5)情况类似。母语为朝鲜语的学生之所以出现这种错误，显然是受到了语际负迁移的影响，因为"动词+到……来/去"朝鲜语的语序是"到……动词+来/去"。

语料中"动词+简单趋向补语(本义)"初级阶段一共出现了 42 例，其中 41 例是正确的，正确率为 97.6%，也就是说只有 2.4%的错误率，如果排除偶发性的错误，可以说该项目差不多完全掌握了。例如：

(6) 他一边看后边，一边拼命地跑来。

(7) 请您等一会儿，我马上就回来。

(8) 我进去躲躲吧。

(9) 刚才向那边逃去。

以上 4 例的"跑来"、"回来"、"进去"、"逃去"中的趋向补语"来"、"去"使用都是正确的。

"动词+简单趋向补语(引申义)"语料中初级阶段一共出现了 15 例，

---

① 本文所说的使用"正确"是指趋向补语使用正确，如果句子中有其他的语法问题，但趋向补语使用是正确的，我们仍把它归入到"正确"之列。

② 该句"汉语"的后面应有一个逗号。

③ 该句应改为："他走到外边去了。"

其中 5 例是错误的，错误率为 33.3%。例如：

(10) 还收找回的钱的时候，我再一遍惊慌。[①]

(11) 对已经过去的事情一边假设别的选择一边后悔。[②]

(12) 这是我国古时候传来的一个民间故事。

(13) 他回来的时候，不知不觉地忘了写下的条子。

例(10)、(11)中的趋向补语"回"、"去"用的都是引申义，但都是正确的；但是例(12)、(13)的"来"、"下"用的也都是引申义，但却都不正确。

"动词＋简单趋向补语(引申义)"使用中错误比较多，但其错误类型不外乎两个：一是搭配错误，像例(12)的"传来"中的"来"就用错了，应改为"下来"；二是不该使用时却使用了的错误，像例(13)的"写下"中的"下"就不应该用，应该删去。

不管是搭配错误，还是不该使用的时候却使用了的错误，其实都是类推泛化的结果。这种类推泛化主要是由语内负迁移引起的，像例(12)，显然是把双音节的"下来"和单音节的"下"弄混了。

"动词＋简单趋向补语(本义)"带宾语的句式在初级阶段习得得比较好，语料中该项目一共出现了 41 例，只有 7 例是错误的，错误率为 16.7%。例如：

(14) 东郭先生前面跳出了一只狼。

(15) 这么着赶快把它装进口袋里。

(16) 有几天进城去了解北京的情况。

(17) 你可以随时进来我们的房间。

(18) 从前边过三轮车来。[③]

例(14)、(15)、(16)的趋向补语"出"、"进"、"去"用的都是本义，而且都是正确的。但例(17)、(18)中的"来"用的也是本义，但却都是错误的。

"动词＋简单趋向补语(本义)"带宾语的，习得时的主要问题也是类推泛化。众所周知，"动词＋来/去"带宾语，宾语一般有两种位置，一种是当宾语为地点名词或结构时，应该放在"来"、"去"的前面，动词的后面；另

---

① 该句中的"还"似应删去，"再"应改为"又"，"一遍"应改为"一次"，而且要放在"惊慌"的后面。另外"惊慌"后面还应该加上"了"。

② 该句似应改为："我对已经过去的事情感到很后悔，但心里仍在琢磨着当时应该怎么选择才是对的。"

③ 该句应改为："从前面过来一辆三轮车。"

一种是当宾语为非地点名词或结构时，应放在“来”、“去”的后面。外国学生常常忽视这一点，有时把前一种规则加以类推或泛化，即把所有的宾语都放在“来”、“去”的前面，像例(18)的“过三轮车来”中的宾语“三轮车”不是地点宾语，应该放在“来”的后面，但却放在了“来”的前面，这显然是前一种规则类推、泛化的结果。有时候则相反，外国学生把后一个规则加以类推或泛化，即把所有的宾语都放在“来”、“去”的后边，像例(17)的“进来我们的房间”中的宾语“我们的房间”是地点宾语，应该放在“来”的前面，但却放在了“来”的后面，这显然是后一种规则类推、泛化的结果。以上两种错误，以后一种居多。再如：

(19) 他们觉得满意的时候，就进去新娘家。

例(19)的宾语“新娘家”是地点宾语，也应该放在“去”的前面。

“动词＋简单趋向补语(引申义)”带宾语在初级阶段习得情况非常好，语料中该项目一共出现了13例，全部是正确的，错误率为0。例如：

(20) 父母先得从自己开始作出好榜样。

(21) 我常常想起我的母亲。

以上2例中的趋向补语“出”、“起”，用的都是引申义，而且都是正确的。

“动词＋复合趋向补语(本义)”的习得情况比较好，初级阶段语料中该项目一共出现了36例，只有1例是错误的，错误率为3%。例如：

(22) 一家人就跑过来搂在一起。

(23) 这时候她顶着的桶摔掉了，所以牛奶洒出来了。[①]

(24) 从白头山流下来的鸭绿江和豆满江，还有经过平壤中心的大同江。

(25) 东郭先生从口袋里把书拿下来，把狼放在口袋里。

以上4例，前3例的复合趋向补语“过来”、“出来”、“下来”都是正确的，但后1例的趋向补语“下来”是错误的。

与“动词＋复合趋向补语(本义)”相反，“动词＋复合趋向补语(引申义)”习得时问题比较多。该项目初级阶段语料中一共出现了38例，有17例是错误的，错误率为45%。例如：

---

① 该句的“掉”似应改为“下来”，或“摔掉”改为“掉下来”。

(26) 用绑子把口袋捆起来。[1]
(27) 人们都惊讶地喊起来。
(28) 打猎的人相信他的话，所以顺着那条路追下去。
(29) 我的朋友把自行车转起来左边的时候，跟一位追着他的中国人冲突下来。
(30) 我们上的电梯向下起来。

例(26)、(27)的“起来”，例(28)的“下去”用的都是引申义，而且都是正确的；而例(29)的“下来”、例(30)的“起来”用的也都是引申义，但都是错误的。

该项目的习得情况不太好，主要表现在两个方面：一是搭配错误，即母语为朝鲜语的学生不知道表示引申意义的复合趋向补语应该与哪些动词或形容词搭配，常常出现搭配不当的问题。像例(29)的“冲突下来”，“冲突”和“下来”搭配就不合适，“冲突”应改为“撞”，“下来”应该为“上”。二是把表示引申意义的趋向动词当做动词来使用。众所周知，表示引申意义的趋向动词都是黏着的，即只能放在动词后面做补语，不能单独做谓语，但是母语为朝鲜语的学生往往忽视了这一点，常常把表示引申意义的趋向动词当做动词来使用，像例(30)的“起来”，显然是当做动词使用了，应在“起来”的前面加上“运动”等动词。

“动词＋趋$_1$＋宾语＋趋$_2$(本义)”在初级阶段语料中出现的用例非常少，只有3例，都是正确的，错误率为0。例如：

(31) 不过，因为他没有时间，只好拿出白色的封套来。
(32) 忽然从路旁边跳出一只狼来。

例(31)中的“拿出白色的封套来”、例(32)中的“跳出一只狼来”，宾语的位置都是正确的。

“动词＋趋$_1$＋宾语＋趋$_2$(引申义)”在初级阶段语料中出现的用例极少，一共才2例，全部是正确的，错误率为0。例如：

(33) 我现在还想起那时的情景来啊！[2]

“动词＋复合趋向补语(本义)＋宾语”在初级阶段语料中该项目一共

---

① “绑子”应为“绳子”。

② 该句“想”的前面应该加上“能”，“啊”似应删去。

出现了 4 例，只有 1 例是错误的，错误率为 25%。例如：

(34) 还有有的时候他们拿出来一张纸。

(35) 出发以前，我拿出来词典，写着说明。

例(34)"拿出来一张纸"中的宾语位置是正确的，但例(35)"拿出来词典"中宾语的位置却是错误的。

和"动词＋复合趋向补语(本义)＋宾语"相比，"动词＋复合趋向补语(引申义)＋宾语"的习得错误情况则较差。该项目初级阶段的语料中一共出现了 6 例，全部是错误的，错误率为 100%。例如：

(36) 快把口袋里的书全部拿出来，捆起来狼的腿把它装进口袋。

(37) 好人才能认识出来好人。

(38) 果然东郭先生听出来从他这附近的地方起来的声音。①

(39) 然后至少三百五十个小鸡孵出来。

以上 4 例中的宾语"狼的腿"、"好人"、"从他这儿附近的地方起来的声音"、"三百五十个小鸡"位置都是错误的，前一例的宾语"狼的腿"应该用"把"字提前，后 3 例的宾语都应该放在"来"的前面。

该项目习得时出现的错误也同样是类推泛化引起的，但细分起来，又有两种情况：一是当宾语为数量或数量名结构时，应该放在复合趋向补语的后面，由于受到这一条规则的影响，学生就类推出所有的宾语都可以放在复合趋向补语的后面，因而才出现了例(36)、(37)、(38)这样的错误。二是汉语的"宾语"有时候可以提前。例如：

(40) 拿出书来——书拿出来

(41) 抬起头来——头抬起来

但是"宾语"提前有着严格的限制，首先宾语必须是有定的，从结构上来看，不能是数量名结构；其次必须是受事宾语，不能是地点宾语等。但母语为朝鲜语的学生常常忽视前一个条件，而把数量名宾语提到了前面，因而出现了例(39)这样的错误。

2.2 中级阶段习得情况

中级阶段语料中以上 12 个项目只出现了 11 个，这些项目的使用频率及错误率也存在一些差异。

---

① 该句的"这儿"应删去，"起来的声音"中的"起来"应改为"发出"。

“到……来/去(本义)”中级阶段语料中一共出现了4例，全部是正确的，错误率为0。例如：

(42) 我很害怕买东西到商店去。[①]

(43) 所以家里人让我看家，都到机场去接阿姨。

例(42)、(43)的“到商店去”和“到机场去”显然都是正确的。

语料中“动词+到……来/去(本义)”出现的不多，只有3例，有2例是错误的，错误率为66.7%。例如：

(44) 以前大同江把城市的热量运到西海去了。

(45) 有一位神仙从天上到广州地方下来了。

例(44)的“运到西海去”是正确的，但例(45)“到广州地方下来”却是错误的。

该项目中级阶段习得时的主要问题也是把介词结构“到……”提到主要谓语动词的前面，像例(45)的“到广州地方下来”中的介词结构“到广州地方”应该放在“下”的后面，但却提到了主要谓语动词“下”的前面。这种情况说明中级阶段的学生仍没有摆脱语际负迁移的影响，因为“动词+到……来/去”朝鲜语的语序是“到……动词+来/去”。

中级阶段语料中“动词+简单趋向补语(本义)”一共出现了38例，其中3例是错误的，错误率为7.9%。例如：

(46) 它一边看后边，一边拼命地跑来。

(47) 请您等一会儿，我马上就回来。

(48) 我进去躲躲吧。

(49) 刚才向那边逃去。

以上4例中的“跑来”、“回来”、“进”、“逃去”中的趋向补语“来”、“去”都是正确的。

“动词+简单趋向补语(引申义)”在中级阶段语料中一共出现了18例，其中1例是错误的，错误率为5.6%。例如：

(50) 我真期待留下的人也同意我的意见。

(51) 被地主霸占去做了姨太太。

(52) 这是我国古时候传来的一个民间故事。

---

① 该句中的“买东西”应该放在“到商店去”的后面。

例(50)、(51)中的趋向补语“下”、“去”用的都是引申义，而且都是正确的；但例(52)的“来”用的也是引申义，但却不正确。

“动词＋简单趋向补语(本义)”带宾语的习得情况不太好，中级阶段语料中该项目一共出现了34例，有10例是错误的，错误率为29.4%。例如：

(53) 生下她刚一年，就被赶出家门。

(54) 宝宝突然闯进新房，把一只猫扔到君君面前。

(55) 所以进去家里的时候脱鞋。

(56) 所以从大陆上吹冷风来，从太平洋吹暖风来。

例(53)、(54)的趋向补语“出”、“进”用的都是本义，而且都是正确的。例(55)、(56)中的“去”和“来”用的也是本义，但却都是错误的。

“动词＋简单趋向补语(本义)”带宾语的，习得时的主要问题也是类推泛化。这种情形与初级阶段完全一样。像例(55)的“进去家里”的宾语“家里”是地点宾语，应该放在“去”的前面，但由于受到非地点宾语位置的影响而放在了“去”的后面；例(56)的“吹冷风来”、“吹暖风来”的宾语“冷风”、“暖风”是非地点宾语，应该放在“来”的后面，但却受到地点宾语位置的影响，而放在了“来”的前面。

与“动词＋简单趋向补语(本义)”带宾语的类似，“动词＋简单趋向补语(引申义)”带宾语的在中级阶段的习得情况也不太好，语料中该项目一共出现了37例，有6例是错误的，错误率为16.2%。例如：

(57) 晚上，突然刮起了大风。

(58) 我可以看出北大学生很用功。

(59) 我想来课本里的雪梅是真正有勇的女子。

(60) 我站在青冢前边，合上眼睛。

以上4例，例(57)、(58)的趋向补语“起”、“出”用的都是引申义，而且都是正确的；例(59)、(60)的趋向补语“来”、“上”用的也是引申义，却不正确。

该阶段“动词＋简单趋向补语(引申义)”带宾语的习得中的主要问题与初级阶段一样，即搭配不当和不该使用的时候却使用了，像例(60)中的“合上”，显然“合”和“上”搭配不当，“合”应该改为“闭”；例(59)的“来”显然是多余的，应该删去。

“动词＋复合趋向补语(本义)”在中级阶段的习得情况很好，语料中该项目一共出现了14例，全部是正确的，错误率为0。例如：

(61) 因为你不是真的孩子的爸爸，滚出去。[1]

(62) 这枚羽子竟然真的飞过去了。[2]

以上 2 例的复合趋向补语“出去”、“过去”用的都是本义，也都是正确的。

与“动词＋复合趋向补语(本义)”相反，“动词＋复合趋向补语(引申义)”习得时问题比较多。该项目中级阶段语料中一共出现了 44 例，有 21 例是错误的，错误率为 47.7%。例如：

(63) 到春天天气就暖和起来。[3]

(64) 要把宝宝关起来。

(65) 我希望在新的一年中我们之间的关系将继续下去。

(66) 这一年我也才醒过来了。[4]

(67) 可是春天起来起暖，冬天起来起冷。[5]

例(63)、(64)的“起来”，例(65)的“下去”用的都是引申义，而且都是正确的；但例(66)的“过来”、例(67)的“起来”用的也都是引申义，却都是错误的。

该项目习得情况不太好，错误类型与初级阶段完全一样，仍是搭配错误和把表示引申意义的趋向动词当做动词来使用，像例(66)的“醒过来”，“醒”和“过来”搭配得就不合适，“醒”应改为“醒悟”；例(67)的“起来”显然是当做动词“开始”使用了。

“动词＋$趋_1$＋宾语＋$趋_2$(本义)”在中级阶段语料中出现的用例很少，只有 8 例，都是正确的，错误率为 0。例如：

(68) 宝宝含着泪水，准备在大雨中跑回家去。

(69) 主人总是走出包外去将右手放于胸前。

例(68)的“跑回家去”、例(69)的“走出包外去”都是正确的。

“动词＋$趋_1$＋宾语＋$趋_2$(引申义)”在中级阶段语料中出现的不多，一共 12 例，全部是正确的，错误率为 0。例如：

---

① 该句的“真的”似应放在“爸爸”的前面，“的”也应该删去。

② 该句中的“枚”应改为“根”，“羽子”应改为“羽毛”。

③ 该句应改为：“春天到了，天气开始暖和起来。”

④ 该句的“了”应该删去。

⑤ 该句应改为：“春天来了，天气就暖和起来；冬天来了，天气就寒冷起来。”

(70) 我们一起吃了饭后一起喝起酒来![1]

(71) 比起别的地方来说，它有独特的魅力。[2]

“动词＋复合趋向补语(本义)＋宾语”语料中该项目一共出现了8例，有7例是错误的，错误率高达87.5%。例如：

(72) 跑过来一只狼。

(73) 从北边吹过来大陆性气候，从东边吹过来海洋性气候。

(74) 神仙从五只羊嘴里拿下来稻穗。

(75) 出发以前，我拿出来词典，写着说明。

以上4例，前一例的“跑过来一只狼”的宾语位置是正确的，但后3例的“吹过来大陆性气候”、“吹过来海洋性气候”、“拿下来稻穗”、“拿出来词典”宾语的位置却都是错误的。

该项目习得中的主要问题也是类推泛化，不过既有语内的类推泛化，也有语际间的类推泛化。众所周知，“动词＋复合趋向补语(本义)＋宾语”中的宾语有很大的限制，必须是数量(名)结构，但母语为朝鲜语的学生常常忽视了这一点，而把非数量(名)结构也放在了补语的后面，结果出现了类推泛化的错误。另外，汉语中的“动词＋复合趋向补语(本义)＋宾语”中的宾语虽然不能是非数量名，但是朝鲜语中却可以出现非数量名宾语。由于受到母语这种负迁移的影响，所以常常把非数量名宾语放在复合趋向补语的后面。

“动词＋复合趋向补语(引申义)＋宾语”中级阶段的语料中没有用例，因此习得情况无从知晓。

三　初级、中级阶段趋向补语习得情况比较及分析

上文12个项目初级、中级两个阶段的习得情况大致如表1所示。

---

① “一起喝起酒来”前面应该加上“又”。

② 该句的“说”应该删去。

表 1

趋向补语类型	错误			
	初级		中级	
	错误率	错误类型	错误率	错误类型
到……来/去(本义)	0		0	
动词+到……来/去(本义)	33.3%	“到……”提前	66.7%	“到……”提前
动词+简单趋向补语(本义)	2.4%		7.9%	
动词+简单趋向补语(引申义)	33.3%	1. 搭配错误 2. 不该用却用了	5.6%	
“动词+简单趋向补语(本义)”带宾语	16.7%	类推泛化	29.4%	类推泛化
“动词+简单趋向补语(引申义)”带宾语	0		16.2%	搭配错误
动词+复合趋向补语(本义)	3%		0	
动词+复合趋向补语(引申义)	45%	1. 搭配错误 2. 当动词使用	47.7%	1. 搭配错误 2. 当动词使用
动词+趋$_1$+宾语+趋$_2$(本义)	0		0	
动词+趋$_1$+宾语+趋$_2$(引申义)	0		0	
动词+复合趋向补语(本义)+宾语	25%		87.5%	类推泛化
动词+复合趋向补语(引申义)+宾语	100%	类推泛化	—	

从表 1 可以看出，“到……来/去(本义)”初级阶段的习得错误率为 0，中级阶段的习得错误率也是 0，这说明初级阶段，至少中级阶段该项目就已经完全掌握了，也说明该项目很容易习得。

“动词+到……来/去(本义)”的习得错误率很高，初级阶段为 33.3%，中级阶段高达 66.7%，习得错误率有了成倍的增加。出现这种情况，虽然与中级阶段该项目出现的用例比较少有很大的关系，但是也说明该项目对母语为朝鲜语的学生来说，是一个很难习得的项目，他们在习得的时候，很容易出现“化石化”现象。“动词＋简单趋向补语(本义)”初级阶段的习得错误率是2.4%，错误率很低；中级阶段该项目的习得错误率也很低，只有7.9%，这说明该项目初级阶段已经基本上掌握了，也说明该项目属于很容易习得的项目。“动词＋简单趋向补语(引申义)”初级阶段的习得错误率是33.3%，错误率很高；中级阶段该项目的习得错误率有了大幅度的降低，只有5.6%。这说明该项目初级阶段还没有完全掌握，中级阶段才基本上掌握了。

“动词＋简单趋向补语(本义)”带宾语的，初级阶段习得错误率是16.7%，比例偏高；中级阶段错误率为29.4%，高于初级阶段，说明该项目中级阶段习得情况仍没有什么进展，也说明该项目属于比较难习得的项目。

“动词＋简单趋向补语(引申义)”带宾语的，初级阶段的习得错误率为0；中级阶段习得错误率却为16.2%，错误率比初级阶段反而高了许多。这说明该项目习得得并不稳固，也说明初级阶段的习得错误率并没有完全反映出学生习得的真实情况，这大概与初级阶段该项目出现的用例比较少(只有13例)有很大的关系。

“动词＋复合趋向动词(本义)”初级阶段的习得错误率是3%，错误率很低；中级阶段错误率为0，说明该项目初级阶段学生已经基本上掌握了，中级阶段已经完全掌握了，也说明该项目很容易习得。

“动词＋复合趋向动词(引申义)”初级阶段的习得错误率是45%，错误率很高；中级阶段该项目的错误率仍高达47.7%。从错误类型来看，初级阶段和中级阶段都是搭配错误和当做动词使用。这些情况说明，该项目不仅很难习得，而且习得时很容易出现“化石化”现象。

“动词＋趋$_1$＋宾语＋趋$_2$(本义)”初级阶段的习得错误率为0，中级阶段的习得错误率也是0，说明初级阶段该项目已经完全掌握了，也说明该项目很容易习得。

“动词＋趋$_1$＋宾语＋趋$_2$(引申义)”初级阶段的习得错误率是0，中级阶段的习得错误率也是0，说明初级阶段该项目已经完全掌握了，也说明该项目很容易习得。

“动词＋复合趋向补语(本义)＋宾语”初级阶段的习得错误率为25%，错误率比较高；中级阶段习得错误率更高达87.5%，错误率比初级阶段高出许多。出现这种情况,似乎不合情理，其实并非如此。初级阶段的习得错误率之所以不太高，是因为用例太少(只有 5 例),也就是说,该错误率并没有反映出学生习得的真实情况。以上情况说明该项目很难习得。

“动词+复合趋向补语(引申义)+宾语”初级阶段的习得错误率是100%，即全部是错误的;中级阶段该项目却没有出现用例。从初级阶段的习得情况来看，可以说明该项目也是母语为朝鲜语的学生习得时很困难的项目。

四 结语

综观上文可以看出,12 个被考察的项目初级阶段只有 1/3 左右掌握了，中级阶段仍有 1/3 左右的项目没有完全掌握，这说明趋向补语也是母语为朝鲜语的学生习得汉语时的一大难点。母语为朝鲜语的学生习得趋向补语的主要问题是类推泛化、搭配错误和错把表示引申意义的趋向动词当做动词来使用，以上三种错误以前一种居多。其实类推泛化又有两种情况:一种是语际间的类推泛化，即母语为朝鲜语的学生习得趋向补语时把自己母语中的某种规则运用到汉语趋向补语的使用上;另一种是语内类推泛化，即母语为朝鲜语的学生习得趋向补语时把趋向补语使用的某种规则过度加以使用。与母语为英语的学生类似，母语为朝鲜语的学生习得趋向补语时也存在“化石化”现象。

本文考察时沿用了笔者在《顺序》中的做法，即区分了“动词+趋$_1$+宾语+趋$_2$”和“动词+复合趋向补语+宾语”。通过考察我们发现，母语为朝鲜语的学生习得这两个项目时也是有差别的，后者的习得错误率极高，其难度要超过前者，说明它们的习得顺序也不在同一个层次，也说明我们区分这两个项目的做法是正确的。与“动词+复合趋向补语+宾语”相比,“动词+趋$_1$+宾语+趋$_2$”比较容易习得,笔者在《顺序》一文中认为是认知上的原因,“因为标记理论认为，无标记项一般先习得,也比较容易习得;而有标记项则相反。从标记理论来看，‘动词+复合趋向补语+宾语’是一种有标记形式，而‘动词+趋$_1$+宾语+趋$_2$’是一种无标记形式，因为前者的宾语有很大的限制，而后者的宾语则没有什么限制。”母语为朝鲜语的学生习得趋向补语的情况进一步证实了我们的这一推论。

不过，也应该看到，母语为朝鲜语的学生习得“动词+趋$_1$+宾语+

趋$_2$”比较容易，而习得“动词＋复合趋向动词”比较难，实际上与语际正迁移以及语际负迁移也有直接的关系。前者之所以比较容易习得，是因为朝鲜语的动词带宾语时语序是“名词（＋数词）＋动词”，即宾语在前，动词在后。从形式上看，汉语的“动词＋趋$_1$＋宾语＋趋$_2$”中的“宾语＋趋$_2$”与朝鲜语的语序是一致的，因此习得起来自然就比较容易。后者之所以比较难习得，是因为汉语的“动词＋复合趋向补语”有的对应于朝鲜语的“动词＋复合趋向补语”，有的对应的则是一个动词。正因为汉语的“动词＋复合趋向补语”与朝鲜语的既有相同之处，又有不同之处，因此母语为朝鲜语的学生习得时就比较困难。

值得注意的是，“动词＋简单趋向补语（本义）”带宾语的是“动词＋简单趋向补语（本义）”的扩展形式，理论上说前者的难度要超过后者，应该比后者难习得，事实也正是如此，前者的习得错误率比较高（16.7％，29.4％），后者的习得错误率很低（2.4％，7.9％）。然而“动词＋简单趋向补语（引申义）”带宾语的虽然也是“动词＋简单趋向补语（引申义）”的扩展形式，可是前者的习得错误率初级阶段为0，中级阶段为16.2％；后者初级阶段的错误率为33.3％，中级阶段的错误率为5.6％。从初级阶段的习得错误率来看，好像前者比较容易习得，后者较难习得，即“难”的容易习得，而“容易”的却难习得；但从中级阶段的错误率来看，好像后者容易习得，而前者较难习得。这种矛盾情况的出现大概与语料太少有一定的关系。

对母语为朝鲜语的学生习得以上12个项目的情况进行考察和分析，不仅能够找出这些学生习得趋向补语时出现的错误的类型及出现错误的原因，而且能够了解他们习得这些项目的难点，乃至于习得这些项目的大致顺序。更重要的是，这种研究能够使我们在对母语为朝鲜语的学生进行教学时更具有针对性，即能够知道以上12个项目哪些应该先教，哪些应该后教，从而减少教学中的盲目性，提高教学效率和教学效果。不仅如此，这方面的研究对语法大纲、教学大纲的制定以及教材的编写等也有一定的参考价值。

参考文献

邓　懿（1993）《汉语初级教程》，北京大学出版社。

高彦德等（1993）《外国人学习与使用汉语情况调查报告》，北京语言学院出版社。

国家对外汉语教学领导小组办公室汉语水平考试部（1992）《汉语水平词汇与汉字等

级大纲》,北京语言学院出版社。
国家对外汉语教学领导小组办公室汉语水平考试部（1996）《汉语水平等级标准与语法等级大纲》,高等教育出版社。
黄　立（1998）补语的习得顺序,北京大学硕士学位论文。
黄政澄（1998）《标准汉语教程》,北京大学出版社。
居　红（1992）汉语趋向动词及动趋短语的语义和语法特点,《世界汉语教学》第4期。
李德津（1988）《外国人实用汉语语法》,华语教学出版社。
李淑红（1999）留学生使用趋向补语的情况的调查分析,《民族教育研究》第2期。
刘月华等（1983）《实用现代汉语语法》,外语教学与研究出版社。
鲁健骥（1994）外国人汉语语法偏误分析,《语言教学与研究》第1期。
吕文华（1987）汉语教材中的语法项目的选择和编排,《语言教学与研究》第3期。
钱旭菁（1997）日本留学生汉语趋向补语的习得顺序,《世界汉语教学》第1期。
邱质朴（1980）汉语和英语中表示趋向的动词短语比较,《语言教学与研究》第1期。
沈家煊（1999）《不对称和标记论》,江西教育出版社。
施家炜（1998）外国留学生22类现代汉语句式的习得顺序研究,《世界汉语教学》第4期。
王培光（1988）汉语教学语法的取向,《第二届国际汉语教学讨论会论文选》,北京语言学院出版社。
吴丽君等（2002）《日本学生汉语习得偏误研究》,中国社会科学出版社。
杨德峰（1988）趋向述补短语的自由和粘着问题,《语文研究》第4期。
杨德峰（2003a）英语母语学习者趋向补语的习得顺序,《世界汉语教学》第2期。
杨德峰（2003b）朝鲜语母语学习者趋向补语习得情况分析,《暨南大学华文学院学报》第4期。
杨寄洲（1999）《汉语教程》,北京语言文化大学出版社。
赵金铭（1994）教外国人汉语语法的一些原则问题,《语言教学与研究》第2期。
赵金铭（1996）对外汉语语法教学的三个阶段及其教学主旨,《世界汉语教学》第3期。
朱巨器（2000）中日趋向动词的比较研究,《上海科技翻译》第3期。

第五章　介词的习得状况*

○　引言

汉语的介词是一个封闭的小类，在第二语言学习过程中存在许多问题。但是对于不同母语背景的学习者来说，学习中遇到的问题是不同的。本文以"汉语中介语语料库"所反映出来的中介语现象为根据，探讨欧美学生（母语为印欧语系的语言）在习得汉语介词时所表现出来的一些特点，并针对学习者的语言偏误倾向提出教学建议。

一　欧美学生使用汉语介词的频率分析

从传统的语言类型学的角度看，汉语是典型的孤立语，日语是典型的黏着语，印欧语系的语言是典型的屈折语。这三种不同类型的语言使用不同的语法手段来表达相同的语法意义。母语的这种类型学特点会影响学习者在习得目的语时带有某种偏向。本文主要分析欧美学生汉语介词的使用情况，并把日本学习者、朝韩学习者和中国人的语料作为对比项来探讨欧美学生在中介语中产生某些偏向的原因。

从总体上看，欧美学生在使用汉语介词的时候是有自己的特点的，这种特点首先表现在使用的频率上。与日本学习者、朝韩学习者以及以汉语为母语的中国人相比，欧美学生使用介词的频率要高得多。我们用实际出现的介词次数做分子，用全部语料的长度做分母，计算出每一个项目在本组语料中所占的比重：

---

* 本文以《欧美学生汉语介词习得的特点及偏误分析》为题发表在《世界汉语教学》2005 年第 3 期，作者崔希亮。

表 1 欧美学生与对比组汉语介词使用频率比较

调查对象 / 调查项目	日本学生	朝韩学生	欧美学生	操汉语者
在	0.57	0.62	1.04	0.55
给	0.08	0.08	0.18	0.12
与	0.01	0.01	0.01	0.06
同	0.00	0.00	0.07	0.03
比	0.07	0.09	0.14	0.04
让	0.05	0.05	0.10	0.01
被	0.04	0.03	0.05	0.06
叫	0.00	0.00	0.03	0.01
把	0.09	0.11	0.20	0.16
为	0.01	0.02	0.26	0.11
由	0.01	0.01	0.02	0.04
从	0.12	0.16	0.18	0.11
于	0.02	0.02	0.07	0.05
离	0.01	0.01	0.02	0.01
和	0.05	0.03	0.21	0.03
跟	0.15	0.17	0.27	0.05
往	0.01	0.02	0.03	0.03
向	0.03	0.03	0.05	0.07
朝	0.00	0.00	0.01	0.01
对	0.17	0.17	0.22	0.17
合计频次	**1.49**	**1.63**	**3.16**	**1.72**
平均频次	**0.075**	**0.082**	**0.158**	**0.086**

从上面的统计资料看，我们可以得出三个基本结论：1）几乎所有的项目欧美学生的使用频率都高于另外三组。以“在”为例，日本学生每一百字出现“在”0.57次，朝韩学生每一百字出现“在”0.62次，欧美学生每一百字出现1.04次，中国人群每一百字出现0.55次；2)欧美学生使用汉语介词的合计频次明显高于对比组，日本学生每百字使用介词1.49次，朝韩学生为1.63次，而欧美学生为3.16次，中国人群为1.72次；3）欧美学生使用汉语介词的平均频次明显高于其他三组，欧美学生的平均频次为0.158，而日本学生、朝韩学生分别为0.075和0.082，中国人群为

0.086。下面是统计图表：

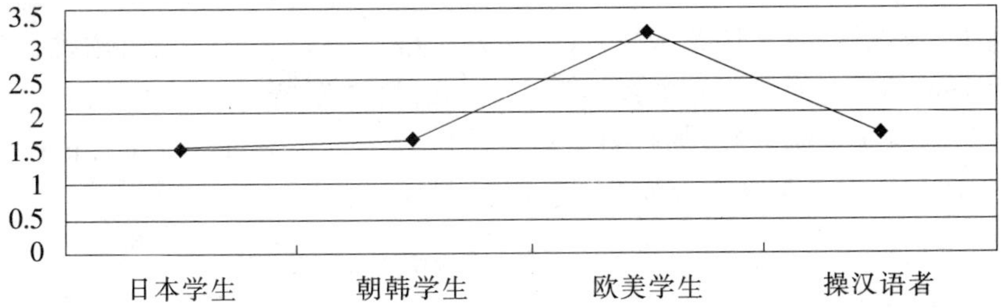

图 1　欧美学生与对比组汉语介词使用合计频次比较

印欧语背景的学习者内部当然也有差异，在有些项目上差异还很大，但是在介词使用频率上，几乎所有印欧语背景的学习者在每个项目上都高于以汉语为母语的中国人。下面的统计资料是欧美学生在每一个分项上实际使用汉语介词的次数：

表 2　不同母语背景的欧美学生实际使用汉语介词的次数

母语背景 / 调查项目	英语	德语	俄语	塞尔维亚语	法语	西班牙语	意大利语
在	1347	311	503	116	612	239	200
给	212	52	98	26	103	61	21
与	11	3	10	4	14	3	1
同	2	5	34	15	35	20	27
比	150	44	64	3	83	21	54
让	138	42	43	15	44	45	19
被	78	8	20	0	43	7	12
叫	44	1	19	0	18	5	3
把	286	70	120	15	118	47	21
为	39	20	130	15	118	47	21
由	6	2	10	2	11	1	8
从	226	54	95	19	120	41	41
于	25	11	61	18	39	9	30
离	21	4	13	1	9	8	2
和	251	84	138	22	112	66	39
跟	404	65	142	41	114	83	65
往	35	5	32	3	7	0	2
向	70	6	30	12	20	8	8
朝	4	0	2	2	0	0	0
对	242	40	138	19	161	79	30

欧美学生的母语背景我们选了英语背景、德语背景、俄语背景、塞尔维亚语背景、法语背景、西班牙语背景和意大利语背景。其中英语和德语属于印欧语系的日耳曼语族，俄语和塞尔维亚语属于斯拉夫语族，法语、西班牙语和意大利语属于拉丁语族。在语料长度上我们无法做到均衡，这是因为从总体上看，我们的语料库还比较小。在绝对数字统计的基础上，我们计算出每一个介词在所选出的语料中所占的比重：

表 3　介词单项在合计频次中所占的百分比

调查项目 \ 母语背景	英语	德语	俄语	塞尔维亚语	法语	西班牙语	意大利语	均值
在	37.50	37.60	29.56	33.33	34.40	30.25	33.11	**33.68**
给	5.90	6.29	9.14	7.47	5.78	7.72	3.48	**6.54**
与	0.31	0.36	0.59	1.15	0.79	0.38	0.17	**0.54**
同	0.06	0.60	2.00	4.30	2.00	2.50	4.50	**2.28**
比	4.20	5.30	3.80	0.86	4.67	2.70	8.90	**4.35**
让	3.80	5.10	2.50	4.30	2.50	5.70	3.10	**3.86**
被	2.20	1.00	1.20	0.00	2.40	0.90	2.00	**1.39**
叫	1.20	0.10	1.10	0.00	1.00	0.60	0.50	**0.64**
把	7.96	8.46	7.05	4.30	6.60	5.90	3.50	**6.25**
为	1.10	2.40	7.60	4.30	6.60	5.95	3.48	**4.49**
由	0.17	0.24	0.59	0.57	0.62	0.13	1.30	**0.52**
从	6.30	6.50	5.58	5.46	6.74	5.20	6.80	**6.08**
于	0.70	1.30	3.60	5.20	2.20	1.14	4.97	**2.73**
离	0.58	0.48	0.76	0.29	0.50	1.00	0.33	**0.56**
和	7.00	10.20	8.10	6.30	6.30	8.40	6.30	**7.51**
跟	11.25	7.90	8.34	11.80	6.40	10.50	10.80	**9.57**
往	1.00	0.60	1.90	0.86	0.39	0.00	0.33	**0.73**
向	1.95	0.73	1.76	3.45	1.12	1.00	1.32	**1.62**
朝	0.11	0.00	0.12	0.57	0.00	0.00	0.00	**0.11**
对	6.74	4.84	8.11	5.46	9.04	10.00	5.00	**7.03**
校验	**100.03**	**100.00**	**103.40**	**99.97**	**100.05**	**99.97**	**99.89**	**100.48**

从表 3 中我们看不出不同的语族之间有什么差别，有时英语和德语在某个单项上水平比较接近，如“在”(37.5～37.6)、“从”(6.3～6.5)；有时英语和俄语在某个单项上水平比较接近，如“向”(1.95～1.76)、“把”(7.96～7.05)。不同的语言之间差别有时相当大，如“对”，德语组只有 4.84，而西班牙语组却达到了 10；又比如“跟”英语组有 11.25，而法语组只有 6.4。有的介词单项由于用例太少而没有统计意义，如“由”、“离”、

“朝”这些低频词。根据全体被调查者的平均水平，从高到低排列出欧美学生汉语介词使用频率的大致顺序。

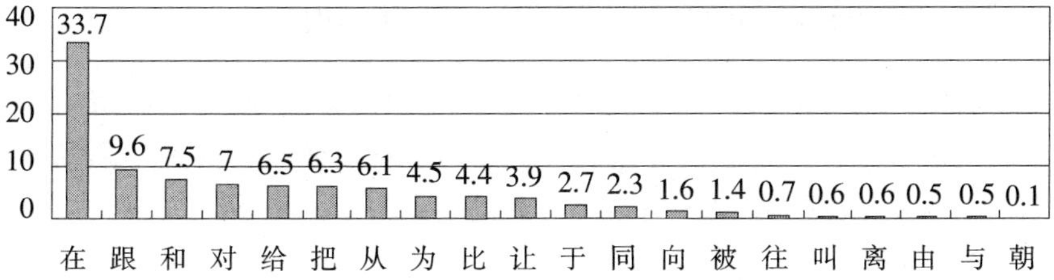

图 2　汉语介词使用频率排序

介词“在”在全部介词中排在第一位，而且频率远远高于其他介词。而“朝”、“与”、“由”、“离”、“叫”、“往”则排在后面。汉语介词当然不止我们调查的这些，但是这些介词的使用频率都是比较高的。

我们根据每一语言背景的学习者使用汉语介词的情况计算出所有介词在该组人群语料中的比重(图 3)，可以得到两个结论：1）印欧语背景的学习者在使用汉语介词的总体水平上相当接近；2）不同的组别在介词单项上有差别。介词使用频率从高到低排序：俄语＞西班牙语＞意大利语＞法语＞德语＞塞尔维亚语＞英语。

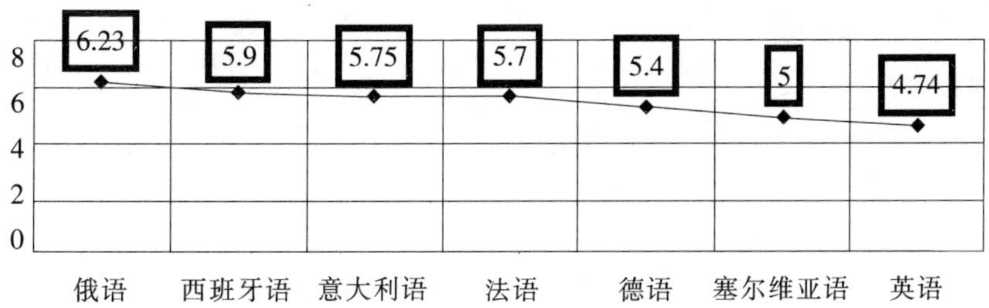

图 3　不同语言背景的学习者汉语介词频率总体水平排序

我们知道，印欧语的介词比汉语发达，介词的数量比汉语多，分工比汉语细。因此欧美学生在学习汉语的时候倾向于多使用介词。举例来说，汉语中有很多词组结合紧密，中间没有介词的位置，但是如果用英语来直译的话，有很多情况是需要加上介词的(例子从略)。英语在印欧语中不是介词最多的语言，相应地，英语背景学习者的中介语表现也有所反映：从我们所观察到的情况看，英语与德语、俄语、法语、西班牙语、意大利语、塞尔维亚语相比介词的使用频率是最低的，但是仍然比日本学习者、朝韩学习者和中国人群高。

二 欧美学生习得汉语介词的偏误率和偏误类型

由于受到母语或者学习者语言背景、学习语言的经历等因素的影响，不同的学习者在习得汉语介词时会表现出不同的倾向。这种不同的倾向主要反映在偏误率和偏误类型两个参数上。不同的个体偏误率和偏误类型可能不同，原因可能不止一个，比如个体差异、母语影响、学习者的某种偏好、教材、教师、学习其他语言的经验、学习时间、学习环境等，这些变量不好控制，所以我们只讨论一个学习群体的偏误率和偏误类型，这样才能为课堂教学提供一个有用的概率资料。

2.1 偏误率

偏误是第二语言学习者在习得目的语时必然经过的一个过程，所有与目的语语法规范不一致的表达方式都属于语法偏误。所谓偏误率指语言学习者在使用目的语的时候出错的概率。判断哪些属于偏误有时很难，因为在一段话里常常有很多表达上的问题纠缠在一起，我们在统计的时候只计算属于介词偏误的样本，其他偏误情况在这里忽略不计。

表 4 五组被试 12 个常用介词偏误率

母语背景 / 调查项目	英语	德语	俄语	法语	西班牙语	均值
在	12.50	21.00	30.10	22.70	18.50	**20.96**
给	20.70	28.80	14.30	15.50	38.70	**23.60**
比	20.30	22.60	26.00	16.00	22.20	**21.42**
让	13.30	28.60	13.00	12.00	12.00	**15.78**
被	33.30	20.00	40.00	33.30	16.70	**28.66**
把	19.90	18.40	23.80	17.50	24.00	**20.72**
为	10.00	33.30	13.00	29.40	33.30	**23.80**
从	13.20	35.10	18.50	26.80	28.60	**24.44**
跟	14.08	24.49	15.46	12.68	15.38	**16.42**
往	34.78	25.00	0.00	25.00	0.00	**21.20**
向	47.62	0.00	10.00	35.71	20.00	**22.67**
对	25.00	10.71	21.79	6.70	5.66	**13.97**

我们发现不同母语背景的学习者汉语介词偏误的情况是不同的，主要表现在偏误率不同、偏误项目不同两个方面，个别的介词偏误类型的倾向性不同。可能的原因是：1）学习者的母语对学习者具有很强的迁移作用；2）由于我们所用的语料没有考虑按照不同的程度分级，因此学习者在不同的学习阶段所表现出来的差别被掩盖了；3）个别的介词项目使用频率过低，我们无法了解到偏误的真实情况。有一些介词使用频率极低，因此偏误的统计没有统计学意义。但是这个现象可以让我们了解到另外一个事实：有些学习者对某些介词采取回避策略。这可以从三个方面去解释：1）可能是因为这些介词的用法难度大，不容易把握；2）可能因为这些介词在汉语中使用的机会少，不会使用；3）可能是因为学习计划安排或者教材语法项目安排的问题。我们可以看一下以汉语为母语的人使用这些介词的情况，并把它们与欧美学习者的情况作一个对比：

表 5　欧美学习者与中国人群介词频率比较

调查项目	操汉语者样本量	操汉语者频率	欧美学生平均频率
与	1786	**0.06**	**0.01**
同	719	**0.03**	**0.07**
比	1091	**0.04**	**0.14**
被	1709	**0.06**	**0.05**
叫	51	**0.01**	**0.03**
由	1251	**0.04**	**0.02**
于	1376	**0.05**	**0.07**
离	103	**0.01**	**0.02**
往	692	**0.03**	**0.03**
向	1988	**0.07**	**0.05**
朝	121	**0.01**	**0.01**

这些介词在汉语中出现的样本量足够大，但是与其他介词相比，它们出现的频率相对较低，而欧美学生使用这些介词的频率也是相对很低的，这说明欧美学生语料中出现的这种低频现象不是偶然的。另一个问题是以汉语为母语者频率波动范围比较小(0.01～0.07 之间)，欧美学生波动较大(0.01～0.14 之间)。这说明欧美学生在使用这些介词的时候具有一定的随机性和不稳定性。

现在我们把五组被试的情况综合起来看(见图 4)，发现汉语常用介词在欧美学习者的中介语中偏误率最高的是“被”，最低的是“对”。

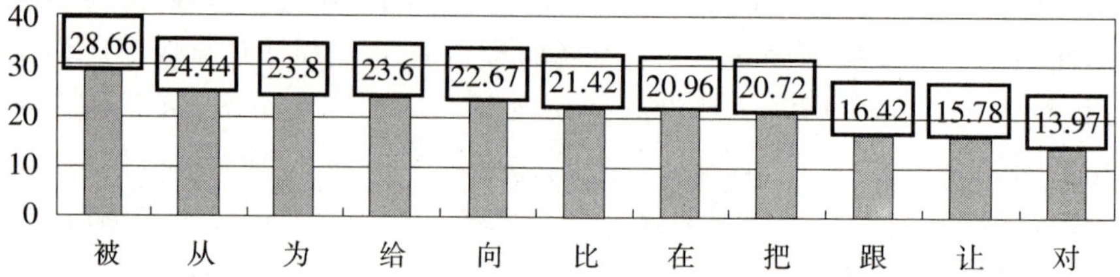

图 4　五种语言背景的学习者介词偏误均值排序

这个结果与日本学习者和朝韩学习者对比，可以发现有些介词偏误率相差不多，有的介词偏误率相差比较大。把欧美学生每个介词项目的偏误连接起来与日本学生和朝韩学生对比，我们可以得到三条曲线（图5）。[①] 可以看出，三条曲线在某些节点上比较接近，说明这些项目的偏误率比较接近，如“给”、“为”、“从”、“跟”、“对”；有些项目偏误率差距比较大，如“比”、“被”、“向”。

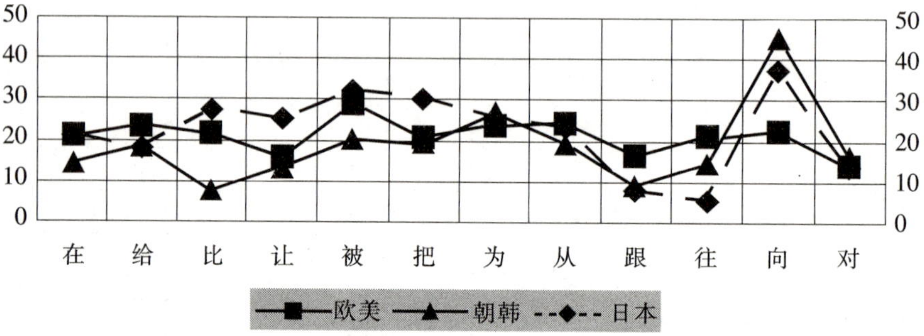

图 5　欧美学生平均偏误率与日朝韩学生对比

从这个比较可以看出，除了个别例子外，日本学生和朝韩学生介词偏误的曲线大体是同一走向的，但是偏误率曲线重合的不多，这意味着对日本学习者和朝韩学习者来说，介词难度排序几乎是相同的，但是每个介词的偏误率在两组学生中表现不同。欧美学生差不多在两组中间波动，波动斜率没有那么大，这意味着对于欧美学生来说，没有特别困难或者特别容易的项目，不像日本学生和朝韩学生波动那么大。

① 日本和朝韩学生各介词项目的偏误率详见崔希亮(2003)。

2.2　偏误类型

欧美学生的介词偏误类型主要有以下几种：

2.2.1　介词冗余。对于欧美学习者来说，过度使用介词是一个突出的问题，很多不需要介词的地方都给加上了介词，尤其是“在”被过度使用的例子比比皆是，可以说“在”无所不在，这从这个介词的出现频率远远高于其他介词就可以看得出来。在我们所观察到的语料中，很多句子的介词是多余的。例如(括号内为学习者的母语)：

(1) 在北京城里情况很热闹。(英语)

(2) 在冬天的时候气温十七度差不多。(英语)

(3) 在炉子里的木头很香。(德语)

(4) 在北京有很多名胜古迹：故宫，香山，北海等。(俄语)

(5) 在客厅旁边有厨房。(法语)

(6) 从家里有什么消息，让同学们看新年的明信片。(俄语)

(7) 而且六、七岁的小孩子一定需要被父母照顾。(法语)

有的时候由于使用了介词造成结构上的问题，这就不仅仅是去掉介词就万事大吉了，还要调整结构，甚至还要增减一些成分。例如(箭头后为正确的汉语语句)：

(8) 你跟我同意吗？(西班牙语) →你同意我的意见吗？

我们在这里只讨论与介词有关的偏误，句子中其他方面的问题我们不在这里讨论。

2.2.2　框式介词缺少呼应词语。汉语存在着一种被称为框式介词的结构形式(崔希亮，2001；刘丹青，2002)，如“在……上”、“在……里”、“在……中”、“在……内”、“在……下”、“从……上”、“从……中”、“从……里”等表达空间方位的介词结构，在这些框式结构中，介词的宾语是一个由名词加上方位词构成的方位结构。在现代汉语中，在有些语法条件下，介词可以直接带名词宾语，不需要方位词参与，如“我在礼堂等你”；而在另外一些语法条件下，介词的宾语必须是一个方位结构，如“在黑板上写字”。命名性处所词(储泽祥，1998)不需要加方位词，可以直接作介词“在”的宾语，而普通名词必须以方位结构的形式出现在“在”的后边。下面的句子都属于框式介词结构不完整，我们用括号把它们补上。

(9) 我们在火车(上)坐着两三个小时。(英语)

(10) 他的眼镜跌倒在海(里)。(法语)

(11) 大理的三塔天气晴的时候能在湖水(中)反射出来。(德语)

(12) 其实退休金是从年轻人的工资(中)扣来的。(法语)

(13) 突然我听见了轰隆声,就觉得我从船(上)飞出去。(俄语)

2.2.3 介词结构出现的位置不当。从语法位置上看,现代汉语的介词结构有两类:一类介词结构只能出现在谓语主要动词之前,如"把"、"被"、"比"、"跟"、"从"、"朝"、"对"等组成的介词结构;还有一类既能出现在主要动词之前,又能出现在主要动词之后,如"在"、"于"、"给"、"与"、"向"、"往"等组成的介词结构。如果把第一类介词结构放在了动词结构之后,那就是比较明显的错误,是容易判断的;但是问题常常出在第二类上,比如"在"字结构,什么时候应该出现在前面、什么时候应该出现在后面、不同的位置在意义上有什么不同等(崔希亮,2003),常常困扰着学习者。我们看下面的例子:

(14) 可是《圣经》常常说:"别怕我在跟你一起。"(英语) →我跟你在一起

(15) 我想学习汉语在北京语言学院(俄语) →在北京语言学院学习汉语

(16) 他的父亲是一个牧民在一个小村子(西班牙语) →在一个小村子是一个牧民

(17) 我只用三分钟从宿舍到教学楼(俄语) →从宿舍到教学楼只用三分钟

(18) 以前我听说长城能看到从宇宙(俄语) →从宇宙能看到长城

介词结构出现位置不当的例子很多,从总体上看,印欧语背景的学生在初级阶段喜欢把介词结构放在主要动词的后边,这大概是由于受了母语的影响。有时介词结构的位置会跟其他的偏误纠缠在一起,形成复合型偏误,我们下面会说到。

2.2.4 结构错位。结构错位包括以下一些情况:修饰语与介词结构彼此之间的顺序问题、介词结构与主语的顺序问题、宾语和补语的顺序问题、双宾语的问题、否定副词与介词结构的相对位置问题等。

修饰语:修饰语与介词结构的位置问题也是一个比较常见的偏误类型,一个句子以动词为中心可以分为前后两个部分,前面的部分有状语,可以不止一个,介词结构如果出现在句子主要动词的前面也是状语,那么

它们与其他状语的位置关系就是困扰学习者的一个大问题；后面的部分也一样，补语和宾语的位置关系也常常出问题。请看实例：

(19) 应该跟父亲或母亲常常在一起。(英语)→应该常常跟父亲或母亲在一起。

(20) 我从卧室的窗口刚才看到了圣诞老人！(法语)→我刚才从卧室的窗口看到了圣诞老人！

(21) 如果夫妻爱自己的父母他们的爱情一天比一天会深的。(西班牙语)→如果夫妻爱自己的父母他们的爱情会一天比一天深的。

(22) 我们俩通过一个十字路口的时候，从旁边有一个中国青年开(骑)自行车过来了。(塞尔维亚语)→我们俩通过一个十字路口的时候，有一个中国青年从旁边开(骑)自行车过来了。

(23) 父亲还给我不慌不忙地，详细地说了一些中国情况。(塞尔维亚语)→父亲还不慌不忙地，详细地给我说了一些中国情况。

介词结构与主语：介词结构可以出现在主语之前，也可以出现在主语之后，但是这种结构上的安排并不自由，它要受到语义的制约。

(24) 从海边上海藻的香味吹来。(德语)→海藻的香味从海边上吹来。

(25) 他的旁边在路上放着他的礼帽。(德语)→在路上他的礼帽放在他的旁边。

否定词语：否定词语与介词结构的相对位置也是比较固定的，否定词语在介词结构之前。但是我们还是经常能看到这样的例子：

(26) 比如说他能在什么别的地方住几天，但是把一个电话给他的父母没打。(俄语)→但是没给他的父母打一个电话。

(27) 这样我把我的语法不完全忘记。(德语)→我没把我的语法完全忘记。

2.2.5　结构不完整。介词不能单独充当句子成分，介词结构不能单独成句(除非做标题)。下面的例子或者有介词没有宾语，或者有宾语没有动词。我们知道介词结构在句子中的作用是做状语或者做补语，它们都不是核心成分，状语是动词的状语，补语是动词的补语，核心成分是动词。

(28) 所以如果丈夫或者妻子死了，别人就在一个人住在。(法语)

（介词没有宾语）

（29）另外，在树林里，谈恋爱的人在树丛的遮蔽下。（法语）（没有谓语动词）

2.2.6 体貌标记错误。体貌问题对于欧美学生来说是个比较棘手的问题，对于其他学习者来说也不简单。在现代汉语中，如果介词结构出现在动词之后，动词与介词之间几乎是不能插入任何成分的，包括体貌成分。例如：

（30）古时候，有一个财主人，住了在城市里。（英语）→住在城市里

（31）爸爸骑车，妈妈坐着在后面和他们的孩子坐着在前面。（英语）→坐在后面/坐在前面

（32）两年以前，我父母住了在别的城市。（俄语）→住在别的城市。

体貌问题还有下面的偏误：

（33）我从法国给过我的妈妈打电话。（英语）→给我的妈妈打过电话

（34）人可能老被朋友们包围了。（法语）→包围着

2.2.7 词语搭配问题。词语搭配不当是典型的偏误形式，而且是具有广泛意义的偏误形式，无论什么语言背景的人，都会在词语搭配上犯错误，即使是说母语的人，也会犯词语搭配方面的错误。

（35）因为他们的势力根据（盘踞）在东北。（英语）

（36）可是忽然我们看（到）一个男人，他向我们的船游泳（游来）。（法语）

上面的例子都是直接跟介词搭配或者配合使用的词语有问题。下面的例子除了词语搭配的问题以外还有结构方面的问题：

（37）住在北京的情况比以前很（更）方便。（意大利语）

（38）虽然一向的美国人给父母告诉问题，但是我的家离这个学校远。（英语）

（39）因为在路上和晚会（上）有人要（会）泼给你水、酒和花束。（西班牙语）

例（37）中比较句"A 比 B＋（程度副词）形容词"的程度副词只能是"更"，不能是"很"、"比较"、"挺"、"真"、"太"、"最"等。例（38）"给……告诉"的

搭配不可接受，应该改为“把问题告诉父母”或者“把问题讲给父母”，这个句子应该改为“美国人虽然一向把问题讲给父母，但是……”。例(39)“泼给你水、酒和花束”在搭配上有两个问题：一个是“泼”与“花束”的搭配问题，这与介词无关，一个是“泼给”的搭配问题，“泼给你水”应该改为“往你身上泼水”。

2.2.8　语句意义模糊或错误。还有一些偏误属于表达的问题，例如有些句子语义表述有问题，难以理解。

(40) 在松树朋友上经验到松森林里制度和松树看法的广大想象。(德语)

(41) 因为让给我高兴，心里很安静，所以不愿意回去。(西班牙语)

这两个句子意义模糊，听话人不容易了解说话人真正想表达的语义。

2.2.9　介词混用。介词混用是一个比较常见的偏误类型，虽然不同的学习者混用的介词项目不同，但是基本上可以看出混用主要集中在一些意义上有联系的介词之间。例如：

(42) 我在(到)那去接你，行不行？(德语)

(43) 除了对帝国主义给(对)东南亚的影响以外，还对华人给(对)东南亚的影响很感兴趣。(英语)

(44) 小妖精们给(让)他了解她们的生活。(英语)

(45) 小妹给(对)我们表示感谢。(英语)

(46) 他结束以后我给(跟)他打了个招呼。(西班牙语)

(47) 他好多次给(跟)我们说对不起。(俄语)

(48) 来北京以后我发现了北京的天气比(跟)莫斯科的不一样。(俄语)

(49) 我母亲的脾气比(跟)父亲的相反。(法语)

(50) 我们对(就)过圣诞节的事儿一起讨论了两个小时。(俄语)

我们发现混用主要发生在以下一些介词之间：“跟～向”、“在～到”、“给～让”、“给～对”、“给～跟”、“比～跟”、“对～就”等。

归纳起来看，欧美学习者介词习得的偏误主要集中在三个方面：1) 结构问题：如框式介词的问题、介词位置的问题、介词结构内在结构要求的问题、体貌标记的问题(位置和意义)、修饰语与介词相对位置的问题、介词结构与主语的位置问题；2) 使用问题：如介词冗余、介词混用、回避使用或过度使用某些介词的问题等；3) 表达问题：如词语搭配问题、语义模糊问题等。除了我们以上所分析的偏误类型以外，还有一些偏误是复合型的，两种以上的偏误纠缠在一起。限于篇幅，这里就省略了。

三　针对欧美学习者的教学策略

针对欧美学生在习得汉语介词时出现的种种偏误倾向，我们可以为汉语第二语言教学提供一些有意义的参考意见。我们的考察所得到的偏误率可以提醒教师和教材编写者哪一个介词是他们的学习难点；我们的考察所得到的偏误类型可以提醒教师或教材编写者每一个介词在学习过程中会有什么样的问题。当然我们还会从句法和语义甚至认知的角度来探讨如何解决这些问题。

3.1　针对不同的学习者确定不同的学习难点

我们已经看到了，不同母语背景的学习者对于各个介词项目在频率、偏误率和偏误类型上的反应是有区别的，因此不同母语背景的学生碰到的问题可能是不一样的。比如"在"在不同的人群中出现的频率是不同的：

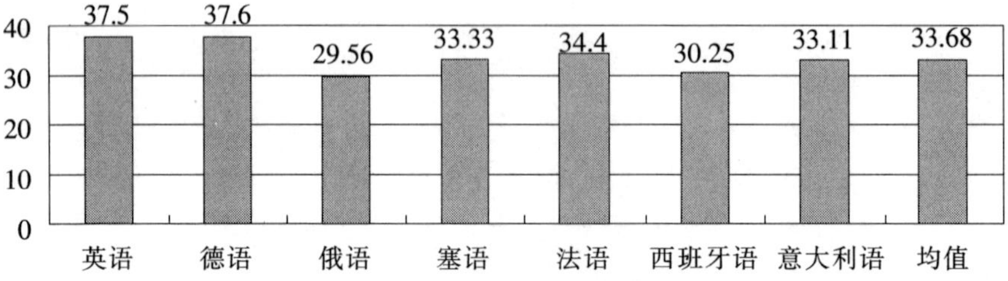

图 6　"在"的使用频率对比

我们再看偏误率，不同的学习群体在不同的介词项目上表现不同：

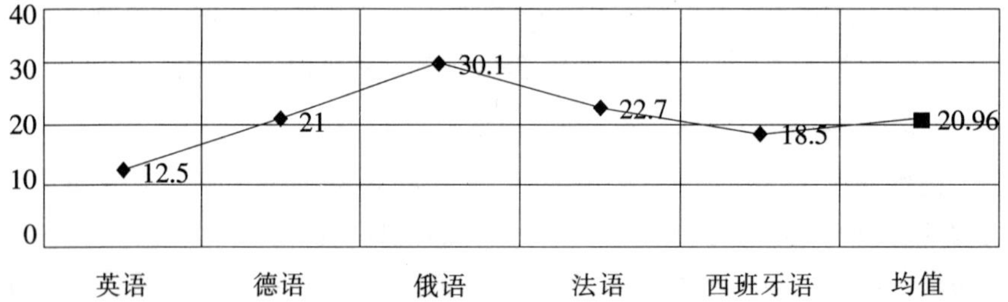

图 7　"在"的偏误率比较

3.2　整体把握欧美学生学习汉语介词过程中遇到的问题

如果我们把欧美学生的中介语语料与其他学习人群的语料放在一起进行比较的话，就会发现欧美学习者在习得汉语介词的过程中具有相当大的一致性，比如说过度使用介词的情况在欧美学习者那里是一个普遍存在的现象。在一般的情况下，欧美学生使用介词的冲动比日韩学生大一倍。从偏误率上看，欧美学生各个介词的偏误率比较平均，波动不大。也就是说，对于欧美学生来说，没有哪一个介词是特别难学的，也没有哪一个介词是特别容易学的。由于汉语语法的结构方式在很多方面有别于印欧语系的语言，所以欧美学生在学习介词的过程中所遇到的问题往往不单纯是介词本身的问题，还有搭配问题、结构不完整问题、结构错位问题、语序问题（介词结构在主要动词之前做状语还是在主要动词之后做补语）、副词的位置问题、否定词语位置问题等等。比较重要的结构包括以下几个方面："把"字结构的问题、被动结构的问题、比较句的结构问题、多重介词结构的顺序问题、空间方位关系句的结构问题、位移事件句的结构问题等。

3.3　用认知图式来阐释结构和语义的问题

汉语介词在学习中主要有这样一些问题：1）该不该用的问题，比如说"把"这个介词什么情况下必须用、什么情况下不能用？2）怎样用的问题，假如一个介词结构既可以做状语又可以做补语，如何选择？3）介词结构的表达功能问题，即每一个具体的介词用来表达什么意义？该不该用的问题是由表达需要决定的。说话人先有一个想要表达的意思，然后才是选择一个恰当的形式来表达他的意思。例如：

(51) 我们三个人被两个女学生请了跟她们一起过新年。（俄语）

(52) 那个晚会被两个俄罗斯学生举行（举办）。（俄语）

(53) 当时君主政体跟天主教会还不是分开的，所以教学系统是被教士们管理的。（法语）

(54) 这教学系统是被法国的第一个皇帝发明的。（法语）

例(51)—(54)都是用介词"被"表达的被动句，我们可以看出说话者心目中的被动句跟我们心目中的被动句是有一定的差距的。其实说话人并非真想表达被动的意义，他们只是想通过使用介词"被"引出句子的施事(Agent)。例(51)应该用主动句来表达，"两个女学生请了我们三个人跟她们一起过新年"是非常好的句子；例(52)"被"换成"由"，减少被动色彩；例(53)和(54)都不应该用“被”，而应该换成“由”。从中介语语料库所反映出来的倾向看，欧美学生过度使用被动句或者不恰当地使用被动句是一个比较普遍的问题，另外，他们喜欢用“被”引出施事，不太会用“由”引出施事。

再举一个例子：“在院子里晾衣服”和“衣服晾在院子里”两个句子，介词结构的位置不同，表达的现实场景也不同，我们可以用不同的意象图式来阐释(崔希亮，2003)。不同的场景实际上反映不同的意象图式在语言表达和语言理解层面上的语义映像，有的场景映像的是容器隐喻图式(container schema)，有的场景映像的是路径隐喻图式(path schema)[①]：

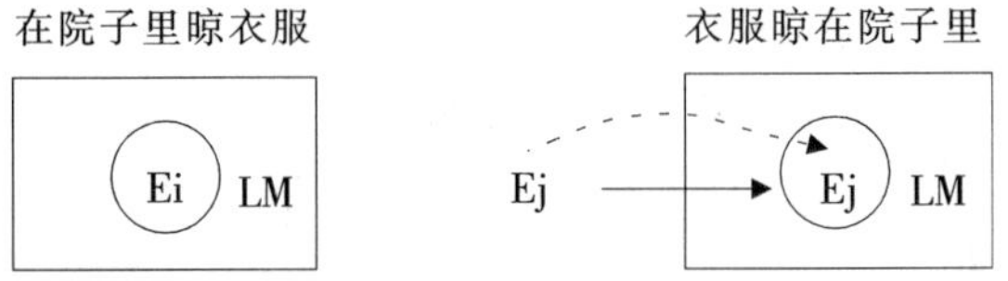

a. 容器隐喻图式　　b. 路径隐喻图式

a 描述的是一个活动事件，“院子里”标示的是 Ei 活动的场所，这个场所是一个有边界的容器；b 描述的是一个位移事件，“院子里”标示的是移动元 Ej 位移的终点。这两个意象图式可解决大部分与“在”和空间方位有关的问题，如：

(55) 他在船上跳～他跳在船上

(56) 他在树上砍一刀～他一刀砍在树上

(57) 他在沙发上坐～他坐在沙发上

(58) 他在黑板上写字～他把字写在黑板上

当然，对于像“他在北京住”和“他住在北京”这样的例子，很难用图式的区别来说明。每一个介词都有它所隐喻的意象图式，如“从”标示位移事件的“起点”(时间起点、空间起点、刻度起点)，“到”标示位移事件的终点(时间终点、空间终点、刻度终点)、“向”标示位移事件的方向或者目标(“向”有两个位置，所标示的图式有差别(Chu，2000；柯润兰，2002))、“跟”的起点指向和终点指向的不对称现象(古川裕，2002)等等。如果我们把每一个介词的意象图式都理清楚了，在教学的时候就可以走一些捷径了。

---

① “E”为实体，“LM”为地标。

参考文献

储泽祥（1998）动词的空间适应性情况考察，《中国语文》第 4 期。

崔希亮（2001）“在”与空间方位场景的句法表现及语义映像，《中国语言学报》第 10 期，商务印书馆。

崔希亮（2003）日朝韩学生汉语介词结构的中介语分析，《中国语言学报》第 11 期，商务印书馆。

范继淹（1982）论介词短语“在＋处所”，《语言研究》第 1 期。

方经民（2003）现代汉语空间方位参照系统认知研究，上海师范大学博士学位论文。

古川裕（2002）〈起点〉指向和〈终点〉指向的不对称性及其认知解释，徐烈炯、邵敬敏主编《汉语语法研究的新拓展》，浙江教育出版社。

柯润兰（2003）对“向”所组成的介词词组的认知考察，北京语言大学硕士学位论文。

刘丹青（2002）汉语中的框式介词，《当代语言学》第 4 期。

齐沪扬（1998）《现代汉语空间问题研究》，学林出版社。

Chu, Chengzhi（储诚志）2000. The Semantics of the Mandarin Preposition *Xiang*: A Cognitive Approach. In *Proceedings of the Twelfth North American Conference on Chinese Linguistics*. San Diego State University.

第六章　否定词“不”和“没有”的习得状况

第一节　否定词“不”的习得状况[①]

○　引言

现代汉语否定副词“不”，主要用在谓词性成分之前，表示否定；还可以作为回答问话的答句而单用，表示跟问话的意思相反。[②] 相对来说，“不”的意义和用法比较简单，说本族语的人一般不会用错。但是，学习汉语的外国人就不一样了。他们一开始会经常出错，并且还常常错得千奇百怪，甚至令人莫名其妙。如果认真地分析这种偏误，无疑可以帮助我们更好地从反面认识“不”的意义和用法限制。为此，我们仔细地分析了从中介语语料库抽取出来的 1017 个带“不”的句子，[③]把跟“不”的意义或用法方面的错误相关的 100 多个句子都挑出来，逐个进行分析，归到不同的偏误类别中，并做出简要的说明。希望对于“不”的第二语言教学有所帮助，同时对于“不”的意义和用法限制有更加细致和切实的认识。

一　句法方面的问题

为了方便和简单，我们把跟语序位置、结构形式和用法限制等相关的偏误都归入“句法方面的问题”这一大标题之下，底下再分成九个小类。

1.1　否定词位置不当

否定词位置不当的通常表现是，否定词“不”不恰当地落在某些成分之后，从而使这些本该被否定的成分处于否定的辖域（the scope of

---

① 本文以《试析中介语中跟“不”相关的偏误》为题发表在《语言教学与研究》2005 年第 6 期，作者袁毓林。

② 详见吕叔湘主编（2001：90—93）。

③ 这些句子均是由陈小荷先生从北京语言大学对外汉语研究中心的中介语语料库中检索出来提供给我的，在此谨向陈小荷先生致以诚挚的谢意。

negation)之外；当然，也有相反的情形，即否定词“不”不恰当地落在某些成分之前，从而使这些不该被否定的成分居然也处于否定的辖域之中。例如：[①]

(1) 为什么你对他们不说呢？〔736〕(为什么你不对他们说呢？)

(2) 但是儿孙子对她不关心。〔423〕(但是儿(子)、孙子不关心她。)

(3) 忽然我发现漠河是对外不开放的地区。〔297〕(忽然我发现漠河不是对外开放的地区。)

(4) 剥皮老爷又很生气了，让二虎不刨了。〔183〕(剥皮老爷又很生气了，不让二虎刨了。)

(5) 我们日本绝对穿着鞋不进家。〔445〕(我们日本人绝对不穿着鞋进家。)

(6) 我们两个人不相交日久。〔138〕(我们两个人相交不久。)

(7) 女人常常不想当家庭妇女跟林道静一样。〔211〕(女人常常跟林道静一样，不想当家庭妇女。)

(8) 我来北京还不到四个月，…… 对了解整个中国社会还不够。〔141〕(我来北京还不到四个月，…… 对整个中国社会还了解不够。)

(9) 连方言对她一点儿错误也不容忍。〔155〕(连方言也不容忍她有一点儿错误。或：方言对她的一点儿错误也不能容忍。)

(10) 直到现在汉语的语法书也还是不完全统一的。〔335〕(直到现在，汉语的语法书也还不是完全统一的。)

在现代汉语中，一般只有“不”后的谓词性成分才能成为否定的辖域；其中，像宾语、状语、补语等非核心成分(non-head constituents)又成为否定的焦点。因此，像例(1)—(5)都不恰当地让焦点成分落在否定的辖域之外。而像例(6)、(7)却又让本不该否定的成分置于否定的辖域之中。至于例(8)—(10)则属于一般的表达不清楚或不恰当，因为正好是否定句，所以顺便收进来。

---

① 所有例句多少都有一点儿问题，有的明显是不合语法、有的则可能只是不自然或不通顺。为了简单，一律不加星号、问号等标记。例句后面方括号中的数字是检索语料的编号。圆括号中的是经过修改的句子，由于不了解具体的语境和写者的准确的表达意向，因而改句只是一种可能的参考答案。另外，关于否定的辖域、焦点等概念，请看袁毓林(2000、2003b)及其所引有关文献。

1.2 谓词性结构类型的误用

谓词性结构类型的误用,包括把本该用述补结构表达的内容用述宾结构来表达或者相反、述补结构的粘合式和组合式的误用、宾语位置和类型方面的错误等内容。例如:

(11) 北京城市成了不好看。〔1017〕(北京这座城市变得不好看了。)

(12) 有些人待人处事,对待人得不热情,……〔143〕(……对待人不热情/不热情对待人,……)

(13) 生态学家宣称原子核的电能量生产不出为环境不好的污染!(例如酸雨等)〔361〕(生态学家宣称,原子核的电能量不会造成对环境不好的污染。)

(14) 自己的身体也不照顾的好。〔400〕(自己的身体也不能照顾好/照顾不好。)

(15) 除了一个国家以外都不愿意承担,好像都不愿意地球的和平似的。〔165〕(……,好像都不愿意见到地球上有和平似的。)

(16) 我不你告诉我你们做什么好吃的饭。〔9〕(我不告诉你,我给你们做什么好吃的饭。)

(17) 只知道不容易在中国当老外。〔277〕(只知道在中国当老外不容易。)

例(11)—(14)是谓词性结构类型的误用,例(15)是宾语类型不当("愿意"应该带谓词性成分做宾语),例(16)是宾语位置不当。而这些错误多少跟"不"的使用有一点儿关系。例(17)的问题在于,虽然"(不)容易"可以像助动词一样带谓词宾语,但是有着严格的句法、语义限制条件;这限制条件就是作为宾语的谓词的施事或受事等强制性的论旨角色(obligatory thematic role)必须在这个述宾结构之前做主语。例如:①

(17′) a. 汽油容易挥发　　b. 老年人不容易接受新事物

c. 象棋比较容易学　　d. 这句话不容易懂

显然,例(17)不能满足"(不)容易"的这种限制条件,所以读上去比较怪。像"(不)容易"对谓词宾语的这种限制条件,差不多只有碰到这种中介语偏误时才会促使我们去探究的。因为说本族语的人,一般谁也不会说出例(17)这样的句子。

---

① 参见吕叔湘主编(2001:67),例子也引自该书,但作了改动。

1.3　否定式述补结构能否带宾语等问题

现代汉语否定式述补结构，有的能带宾语，有的不能带宾语。到底哪些能带？带什么样的宾语？哪些不能带？其中有没有规律可循？这类问题，一般的语法书或教材上都不作交代。留学生经常在这方面出错。例如：

(18) 而在这方面，林黛玉和出身四大家族之一的薛宝钗，根本比不上。〔15〕(……林黛玉和出身四大家族之一的薛宝钗，根本不能比。或：……林黛玉根本比不上出身四大家族之一的薛宝钗。)

(19) ……我们找不到出租汽车把我们送到码头，我们免不了走路去。〔345〕(……我们找不到出租汽车把我们送到码头，我们只能走路去。)

(20) 她很想占有方言的一切所以受不了方言跟别人在一起谈话，说开玩笑什么的。〔156〕(……，所以不愿意方言跟别人在一起谈话、开玩笑什么的。)

(21) 那时候，我看出来这个中国人明明想站起来，受不了坐着五整个小时。〔271〕(……，整整五个小时坐着不动使他受不了。)

(22) 中国人认不出来我是外国人。〔961〕(中国人认不出我是外国人。)

(23) 幸亏我是新学生所以老师们看不出来我的《身份》。〔1014〕(……老师们看不出我的"身份"(来)。)

(24) 记不了生词，不明白语法。〔484〕(记不住生词，不明白语法。)

(25) 这是为什么呢？我自己也说不准原因。〔162〕(……我自己也说不准是什么原因。)

(26) 天神看这个样子很忍受不了，……〔577〕(天神看到这种样子忍受不了，……)

(27) 病得厉害，整夜不能睡觉。〔502〕(病得厉害，整夜睡不着觉。)

例(18)—(23)都跟能不能带宾语、带什么样的宾语相关。比如，"比不上"是需要带宾语的，"免不了"后面的谓词宾语中通常要求有"要、会"等助动词，"受不了"的宾语通常是体词性的、一般不能是谓词性的，"V不出来"是不能带宾语的。另外，例(24)、(25)是补语选择不当。例(26)的不自然在于双音动词构成的"V不了"一般不受程度副词修饰。例(27)则是如果改用否定式述补结构，那么比原句要来得自然。这些跟能否带宾语无关的问题，顺便也放在这里讨论。

1.4 否定表达式缺少或时体虚词多余

当否定式用于表示状态变化的场合，通常需要表示时体意义的助词或语气词来铺垫。如果缺少相应的这种虚词，句子就给人一种语意未完的感觉。对于这种比较虚灵的意义及其表达方式，留学生一下子不易掌握，因而常常出错。例如：

(28) 这时候在食堂里边不热闹。〔38〕(这时候食堂里边就不热闹了。)

(29) 现在我们六个人不住在一起。〔944〕(现在我们六个人不住在一起了。)

(30) 这样写的话，这句话是不是太空虚。〔158〕(这样写的话，这句话是不是太空洞了。)

(31) 谁也不闲，……〔62〕(谁也不闲着，……)

(32) 这个姑娘扔采臣一块金采臣也不要了。〔917〕(这个姑娘扔采臣一块金子，采臣也不要。或：这个姑娘就是扔采臣一块金子，采臣也不会要了。)

(33) 他爸爸……还不知道禾苗已经活不了的。〔697〕(……还不知道禾苗已经活不了了。)

(34) 她说这不是白白送我来北京了。〔784〕(她说这不是白白送我来北京的。)

例(28)—(30)属于缺少句末语气词“了”，造成语意未尽、文气不足。例(31)缺少时体助词“着”，使句子独立性欠佳。例(32)要么删去“了”，要么在动词之前加助动词“会”。例(33)、(34)是语气词“的”和“了”误用，一般来说，“了”跟时间副词“已经”相配合，“的”跟强调标记“是”相配合；也就是说，“已经 VP 了”和“是 VP 的”分别是惯用的格式。

1.5 助动词有无失当

助动词可以帮助句子表示情态意义，因此缺少必要的助动词就使句子本来要传达的情态意义得不到很好的表示；相反，助动词的冗余会使得句子语义的传达变得模糊不清、或节外生枝。这方面，留学生难免会经常出错。例如：

(35) 姑娘想给宁采臣钱所以他不能明白她真的要是什么。〔23〕

(……他不明白她真的想要什么。)

(36) 我真不能理解这两个朋友的行动。〔72〕(我真不理解这两个朋友的行动。)

(37) 我盼望大家尽所有的努力维护和平，再不造成像我家这种悲剧。〔154〕(……，再也不要造成像我家这样的悲剧。)

(38) 可是那段婚姻不算是笑语欢歌。〔226〕(可是那段婚姻不能算是欢歌笑语。)

(39) 我在自己一生中不忘记母亲。〔412〕(我在自己一生中不会忘记母亲。)

(40) 大夫说需要休息个把星期、所以这个星期不上课。〔884〕(……，所以这个星期不能上课。)

例(35)、(36)如果并不想传达一种婉转的语气，那么其中的“能”应该删去。例(37)—(40)则是加上助动词“能、会”等更妥帖。对于这种语义表达的精细微妙之处，通常不是靠查词典或看语法书所能掌握的；而是需要多读多体会，逐渐地培养对于汉语情态表达的语感。

1.6　并列式的否定表达失当

现代汉语谓词性并列结构的各个项目，通常不能置于同一个否定词之下；或者说，否定的辖域内不能是谓词性的并列结构。① 对于这种细微的限制，一般的语法书上不会提及，老师一般也不会专门提醒，因此留学生就经常出错。例如：

(41) 气候也正好。不冷也不热，不常刮风，下雨。〔95〕(……不常刮风，也不常下雨。)

(42) 他认为自己是个了不起的人，也不喜欢收拾屋子，做饭。〔218〕(……不喜欢收拾屋子，也不喜欢做饭……)

(43) 因为他们不需要花钱制造新武器，和保护自己的国家。〔334〕(因为他们不需要花钱制造新武器来保卫自己的国家。)

(44) 要想当成真正的科学家，千万不要骄傲，自满自足，应该忠于人民和科学。〔50〕(……千万不要骄傲自满，……)

(45) 他不习惯这天气，吃，住。〔984〕(他不习惯这(儿的)天气，也不习惯这儿的吃和住。)

---

① 详见袁毓林(1999)的有关讨论。

(46) 不管别人的意见，闲话，父母的批评。〔248〕(不管别人的意见和闲话，也不管父母的批评。)

(47) 我说得不太流利，也写得不太快，也听得不太清楚。〔415〕(我说得不太流利，写得也不太快，听得也不太清楚。)

从例(41)、(44)可以看出，谓词性并列结构就是前面有状语修饰、或有述语支配，跟否定词隔了一个层次，也仍然不自然和不可接受。例(45)、(46)则是做宾语的几个并列项词类不同或构造不同，造出的句子比较奇怪。例(47)是几个否定式述补结构的并列表达，安排得不太妥帖。

1.7 否定格式"不是"的误用

否定格式"不是"的误用，包括用"不是"去代替了有关的其他动词、用"不"直接修饰名词性成分、"不"后缺"是"或多"是"、"不是"的后续小句中用了跟"不是"不配套的形式等问题。例如：

(48) 妇女自古以来不是个完全的人格。〔108〕(妇女自古以来缺少独立的人格。)

(49) 她的态度又不显得爱管闲事而是显出她对我的了解和关心。〔987〕(她的态度又不是显得爱管闲事，而是显出她对我的了解和关心。)

(50) 想到这个的时候，开始感到留学生活的困难，就说是苦不是生活很艰难，也不物质生活的问题再说感到了寂寞。〔159〕(……也不是物质生活的问题，……)

(51) 可是，现在不是爱好。〔487〕(可是，现在不喜欢了。)

(52) 可能是因为不是到时候。〔556〕(可能是因为还不到时候。)

(53) 家里不太大也是不太小。〔339〕(家里不太大，也不太小。)

(54) 但我却不是学习的。整天在屋里玩玩。〔124〕(但我却不好好儿学习，整天在屋里玩。)

(55) 我们还有希望——因为不都年轻人要选择很有钱的工作。〔356〕(……不是所有的年轻人都想选择很有钱的工作。)

(56) 他面貌并长的不什么吸引人的样子。〔395〕(他的外貌长得并不怎么吸引人。)

(57) 一个地方是为你给好处不是那么好的条件。〔147〕(……，条件不是那么好。)

(58) ……我不是中文系的学习，……〔110〕(我不是在中文系学习的/我不是中文系的学生。)

(59) 他也终于上了大学。但不是中医系，就是生物学系。〔126〕(……但不是中医系，而是生物学系。)

(60) 他不是多心的人，不是凶恶的人，不是贪财的人、也是直爽的人，从来没戳脊梁骨。〔215〕(……不是贪财的人；而是直爽的人，从来没被人戳脊梁骨。)

例(48)属于用"不是"去代替了有关的其他动词。例(49)、(50)属于"不"后缺"是"，例(51)—(54)属于"不"后多"是"。例(55)、(56)是用"不(都)"直接修饰名词性成分，例(57)、(58)涉及有关成分的语序不当等问题。例(59)、(60)属于在"不是"的后续小句中，用了跟"不是"不配套的形式等问题。这种场合，一般应该用"不是……而是……"这种固定的搭配形式。

1.8　疑问格式"是不是"的误用

疑问格式"是不是"的误用，包括该用的地方不用、不该用的地方用了，以及用了跟"是不是"格式不匹配的副词或语气词等问题。例如：

(61) 他非常喜欢跟人谈话的，不管你是他的好朋友或者不是。〔303〕(……不管你是不是他的好朋友。)

(62) 可是他根本不知道，他真正地得到他自己的目的或者没有。〔313〕(……他是不是/有没有真正地达到他自己的目的。)

(63) 是不是因为这个招待所不是国营的还是她们偶然是热情的服务员。〔558〕(是因为这个招待所不是国营的，还是碰巧她们是热情的服务员？)

(64) 我也不清楚，是不是什么时候开始喜欢春天、绿色。〔96〕(我也不清楚，是从什么时候开始喜欢春天、绿色的。)

(65) 一看着被太阳反射的水光后，我愣了一会儿这儿果然是不是天上的一个地点。〔140〕(……这儿到底是不是天上的一个地方。)

(66) 这样情况是不是真的吗？〔511〕(这种情况是不是真的呢？)

例(61)、(62)属于在该用较具综合性的"是不是"或"有没有"的地方，用了较具分析性的正反并列式选择形式。例(63)、(64)属于在该用"是"的场合用了"是不是"形式。例(65)、(66)用了跟"是不是"格式不匹配的副词或语气词。一般来说，修饰“是不是”的语气副词是“到底”，而不能是“果然”，跟“是不是”等选择形式相配合的语气词是“呢”而不能是“吗”。[①]

1.9 修饰语中的否定表达不当

修饰语中的否定表达不当，包括否定式做状语时缺少后附成分“地”、或者用了不能直接做状语的否定形式等问题。例如：

(67) 随着风刮湖水的浪也不停朝着岛边冲来。〔1012〕(风不停地刮着湖水，浪也不停地朝着岛这边冲来。)

(68) 我爷爷看着我，不眨眼说：……〔981〕(我爷爷看着我，眼睛一眨也不眨地说：……)

(69) 我也不说地吃饭。〔630〕(我也不说话，只顾吃饭。)

(70) 孟娜帮不上忙丽丽不高兴地走了。〔1006〕(孟娜帮不上丽丽的忙，很不高兴地走了。)

(71) 能体谅别人的话，国家之间也很不容易起摩擦。〔646〕(能体谅别人的话，国家之间也不容易发生摩擦。)

(72) 虽然吐鲁番的别称是火洲，但是一早一晚却是想不到地凉快。〔105〕(……，但是一早一晚却是意想不到的凉快。)

例(67)、(68)在否定式修饰语之后缺少“地”，例(69)用了不能做状语的否定形式；例(70)用“不高兴地”做状语，显得不太自然。例(71)的问题在于，助动词用法的“容易”可以分别受“不”和“很”修饰；但是，同时叠加上去形成的“很不容易”作助动词就显得不自然。例(72)的问题在于，“是”后面用谓词性的形式不如用名词性形式来得自然。

二 语义方面的错误

为了方便和简单，我们把跟焦点类型、助动词选择、多重否定、综合性表达与分析性表达颠倒等方面的偏误都归入“语义方面的问题”这大标题之下，底下再分成六个小类。

2.1 句式误用造成焦点类型错误

为了表示辩证的正反对立，可以用肯定式和否定式相并列对照的表达形式。但是，这种形式不能用“是……的”结构来包装。留学生不明白这一点，就会出错。例如：

---

① 详见朱德熙(1982：202—203)。

(73) 这个看法又是对的，又是不对的。〔843〕（这个看法既对又不对。或：这个看法既有对的一面，又有不对的一面。）

袁毓林(2003a)指出，“是……的”结构标记排他性的焦点；因此，用“是……的”肯定了“对”，那么其对立面“不对”、甚至焦点域中一切“对”之外的元素都自动地被否定了。① 没想到袁毓林(2003a)中生造出来的句子“(51)a. 你这样说，对，也不对。～b. ＊你这样说，是对的，也是不对的。”中错误的(51)b 居然在中介语中找到了绝妙的翻版。

2.2 “不”后助动词选择不当

现代汉语中不同的助动词在意义和用法上有细微的差别，有些助动词在肯定式中意义和用法差别不大，但是一到否定式中就差别很大，以至不能互相替换。这种情况，说本族语的人一般不一定能意识到，不过倒也不会用错。但是，对于第二语言学习者就不同了，他们如果稍不注意，马上就会出错。例如：

(74) “爷爷，我不要你像他们一样。……”〔980〕（爷爷，我不希望你像他们一样。……）

(75) 因为我喜欢锻炼身体但要早起床我就不要了。〔1010〕（……我喜欢锻炼身体，但要早起床我就不愿意了。）

(76) 我们在这地方见面因为我不要家里的人发现我有这两位朋友。〔977〕（我们在这个地方见面，因为我不想让家里的人发现我有这两位朋友。）

(77) 一个不可以正点下班，只想吃个痛快的丈夫，我也觉得不合适。〔279〕（一个不能正点下班，只想吃个痛快的丈夫……）

(78) 1个月时间我每天不能出去。不能买东西。水也不能买好像动物的生活。〔43〕（一个月时间，我都不敢出去。不会买东西，水也不会买，……）

例(74)—(76)是助动词“要”误用。“要”固然可以表示希望（即做某件事的意志），但是表示否定通常不说“不要”，而是要说成“不想、不愿意、不希望”等形式。② 例(77)、(78)是助动词“可以、能”误用。“可以”固然

---

① 关于排他性焦点、焦点域等概念，请看袁毓林(2003a)；更详细的关于焦点理论及相关概念的介绍，请看袁毓林(2003b)及其所引有关文献。

② 对此吕叔湘主编(2001：592)作了非常准确而清楚的说明。

能够表示可能，但是表示否定通常不说“不可以”，而是要说成“不能”等形式。[①] 因为“不可以”是不许可、不应该的意思。[②] “能”可以表示有能力（即主观能力做得到），但是如果是用来说某种要经过学习或练习获得的技能，应该用“会”。[③] 像留学生初到中国，通常需要经过学习或练习才能用汉语来跟人交流和购买东西。因此，例(78)中的“能”换成“会”更好。

2.3 “不”和“没有”误用

当否定已经发生的动作或状态时，应该用“没有”，而不是“不”。留学生有时不能掌握这一点，造成否定词误用。例如：

(79) 不战胜悲痛的时候哈累和撒累觉得互相爱。〔115〕（没有战胜悲痛的时候，哈累和撒累觉得是互相疼爱的。）

(80) 他拿着鸡羽什么都没想，不把它往墙上扔起来了。〔129〕（……，没把它往墙上扔。）

(81) 但是她从不曾在我的眼前流过泪，或者说过什么悲伤的话。〔130〕（但是她从没在我的眼前流过泪，……）

例(79)、(80)是在该用“没有”的场合用了“不”。例(81)中用“不曾”来表示过去发生的动作或状态是可以的，但是在口语中还是用“没有”更自然。

2.4 跟“不太/太不”相关的问题

“不太＋形容词”和“太不＋形容词/动词短语”，在意义和用法上有比较微妙的差别，留学生往往不能细加辨别，造出不太自然、甚至太不自然的句子。例如：

(82) 对象的长相不太好看的话，那有点不太容易保护。〔116〕（……，那么（恋爱）不太容易保持。）

(83) 他是律师，不过他太不喜欢他的工作。〔922〕（……，不过他太不喜欢他的工作了/不太喜欢他的工作。）

“不太”可以减弱否定的程度，含有婉转的语气；[④]并且，可能由于“太不”的语义中已经包含了程度不高的意思，因而前面不能再受“有点儿”修

---

① 对此吕叔湘主编(2001：337)作了非常准确而清楚的说明。

② 详见朱德熙(1982：62)

③ 详见朱德熙(1982：62)。

④ 详见吕叔湘主编(2001：526)。

饰。例如：

(82′) a. 爸爸不太满意＝爸爸有点儿不满意

b. ？爸爸有点儿不太满意

相反，“太不”可以加强否定的程度，①含有夸张的语气；并且，“太不＋形容词/动词短语”后面往往有语气词“了”来呼应。例如：

(83′) 太不好了　　　太不恰当了　　　太不体谅别人了

2.5　误用多重否定造成的错误

误用多重否定造成的错误，包括在该用双重否定的场合用了三重否定、在该用单重否定的场合用了双重否定等情况。例如：

(84) 她告诉了我们怎么还不能不说我汉语说的不错。〔432〕(她告诉我们，为什么还不能说我汉语说得不错。)

(85) 不到这时他英语一点也不会。〔440〕(到这时，他英语还一点也不会。)

(86) 但是也有欢快的，相信的心，深交不是不会变的吗。〔306〕(……，深交是不会变的吗？)

(87) 不要能不对你们弹钢琴。〔935〕(？不想/？只能给你们弹钢琴。)

(88) 我想，学习汉语的留学生要特别注意，特别关心自己的身体和健康，假如不是他一直到自己的死亡就不会学好汉语，连汉语的初步知识都不会了解。〔208〕(……，直到死也不一定能学好汉语，可能连汉语的初步知识都不能掌握。)

(89) 因为水饺味道很清淡，而且非得趁热吃不行，所以我不知不觉吃得太多……〔718〕(……，而且非得趁热吃才行，……)

例(84)属于在该用双重否定的场合用了三重否定，例(85)—(88)属于在该用单重否定的场合用了双重否定。例(89)属于在不该用否定词的场合用了否定词。

2.6　分析性表达使用不当

粗略地说，意义相反的一对形容词，肯定了一个等于是否定了其反义词(比如，“好”约等于“不坏”)。为了方便，可以把肯定式的形容词(“好”)

---

① 详见吕叔湘主编(2001：526)。

称为综合性表达,相应的意义相同的否定式("不坏")就是分析性表达。什么时候该用分析性表达、什么时候该用综合性表达是大有讲究的。留学生往往一下子不能领会,在该用综合性表达的场合也尝试使用分析性表达。例如:

(90) ……当然他不是个仙人,也有自己的不好的品质。〔216〕(……也有自己的缺点。)

(91) 有很多很多不能忘的天。〔416〕(有很多很多难忘的日子。)

(92) 把身体上不好的部分放在那沙漠上,就治好了病。〔548〕(把身体上有病的部分放在那沙漠上,就治好了病。)

(93) 因为他很健忘,他越来越忧虑他不好的记忆。〔934〕(因为他很健忘,他越来越担忧他(那糟糕)的记忆力。)

一般来说,分析性表达比综合性表达在语义强度上要减弱一些,因而可以表示委婉的语气,便于比较婉转地表达对事物的评价。显然,上面这些例子用不着委婉语气,自然也不需要用这种比较折绕的分析性表达。

第二节 否定词"没有"的习得状况[①]

○ 引言

在现代汉语中,否定词"没"和"没有"有两种意义和用法,[②]第一种是对"有"的否定。例如:

小华没有零花钱/房间里没有家具/离暑假没有几天了/条件没有他说的那么好

这种"没有"的词类属性,大家公认是动词,在句子中可以做谓语核心。"没有"的第二种意义和用法是:否定动作或状态已经发生。例如:

大卫没有来上课/她的头发还没有干/你们开学了没有/问:他结婚了吗?~答:没有。

① 本文以《试析中介语中跟"没有"相关的偏误》为题发表在《世界汉语教学》2005年第2期,作者袁毓林。

② 关于这两种意义和用法的说明和举例,参考吕叔湘主编(2001:382—384)。为了行文的简单,我们一般用"没有"来代表"没"和"没有"。

这种“没有”的词类属性，传统语法认为是副词，做动词性成分的修饰语(即状语)。但是，描写语法学认为是动词。比如，赵元任(1968：293)认为这种“没有”是表示未完成的助动词。朱德熙(1982：71)认为这种谓词性成分前头的“没”和“没有”是动词。尽管有这种理论上的分歧，但是就说本族语的人的实际使用来说，这两种用法都是比较简单和容易掌握的，一般也不会用错。但是，学习汉语的外国人就不一样了。他们一开始会经常出错，并且还常常错得千奇百怪，甚至令人莫名其妙。如果认真地分析这种偏误，无疑可以帮助我们更好地从反面认识“没有”的这两种意义及其在用法上的限制。为此，我们仔细地分析了从中介语语料库抽取出来的815个带“没”和“没有”的句子，[①]把跟“没有”的意义或用法方面的错误相关的100多个句子都挑出来，逐个进行分析，归到不同的偏误类别中，并做出简要的说明。希望对于“没有”的第二语言教学有所帮助，同时对于“没有”的意义和用法限制有更加细致和切实的认识。

一　时体方面的问题

作为否定词，“没有”和“不”都能修饰动词性成分；但是，二者的差别在于“没有”除了有否定的意义之外，其中还包含体态(aspect)方面的意义。粗略地说，这种体态意义跟完成体相关。把这两种意义组合起来就是对于完成体意义的否定，即赵元任(1968：293)所谓的“表示未完成”，吕叔湘(2001：383)所谓的“否定动作或状态已经发生”；或朱德熙(1982：61)所谓的“没有来”的“没有”文言说“未”。

留学生初学汉语，对于“没有”这种体态方面的意义，往往不易一下子领会；一开口、一落笔难免会出现各种各样的错误。下面分四个方面进行讨论。

1.1　体态助词“了”的多余或残缺

1.1.1　体态助词“$了_1$”多余

留学生一不小心就会把“没有”当做一个单纯的否定词来使用；于是，在要表示否定完成体意义的场合，免不了要在动词之后用上体态助词“了”(记作“$了_1$”)。例如：

(1) 他们一定迷路，至直到今天没有一个人来接受了这一挑战。

① 这些句子均是由陈小荷先生从北京语言大学的中介语语料库中检索出来提供给笔者的，在此谨向陈小荷先生致以诚挚的谢意。

〔204〕(他们一定是迷路了,直到今天还没有一个人来接受这一挑战。)

(2) 从那第一次见面以后,一直到现在数了约十年的交往,没有变了为人。〔440〕(从第一次见面以后,一直到现在约有十年的交往,没有改变为人。)

(3) 中国自然的发展没有给资本主义造成了需要的客观条件和可能性。〔775〕(中国的自然发展,没有给资本主义的产生创造必要的条件和可能性。)

(4) 因从来没有一个非洲队进了八分之决赛过。〔209〕(因为从来没有一个非洲队进过八分之一决赛。)

在例(1)—(4)中,"没有"所修饰的动词性结构中的体态助词"了$_1$"都是多余的,应该删除。

当"没有"作动词,用以否定后面的名词性成分时,通常不能加体态助词"了$_1$",除非是表示假设、推理等非现实的(irrealis)情况。但是,对于这种细微的用法限制,留学生一般不容易马上掌握;于是,相关的偏误也就在所难免。例如:

(5) 你去过新疆的饭馆,没有了新疆的小饭馆很有意思。〔125〕(你去过新疆的饭馆,没有新疆的小饭馆那样有意思。)

(6) 没有了包,也就没有证件,没有了钱,他们就没有办法租房间了。〔792〕(没有了包,也就没有证件,没有钱;没有了钱,他们就没有办法租房间了。)

例(5)叙述的是一种现实的(realis)情况,所以"没有"后面的"了$_1$"是多余的。例(6)叙述的是一种假设、推理等非现实的情况,因此"没有"后面可以出现"了$_1$";但是,原句在表达上有问题,现在我们尝试作上述修改。

1.1.2 语气词"了$_2$"多余或残缺

一般地说,用在动词性成分后边的体态助词"了$_1$"表示动作的完成;用在句尾的语气词"了$_2$"表示新情况的出现①,也包含了完成体的意义。跟"了$_1$"一样,用"没有"否定动作、行为的发生时,这种"了$_2$"也是多余的。有的留学生不明白这一点,常常会出错。例如:

(7) 我找了很久,可是没有找到了。〔670〕(我找了很久,可是没有

① 详见朱德熙(1982:68—71,209)。

找到。)

(8) 上星期三到星期五没有不一般的事发生了。〔5〕(上星期三到星期五没有特别的事发生。)

(9) 我的朋友什么嗜好都没有了,就是她过于认真。〔616〕(我的朋友什么嗜好都没有,就是过于认真。/我的朋友现在什么嗜好都没有了,……)

例(7)、(8)动词性成分后面的"$了_2$"是多余的。例(9)的情况比较复杂,如果是叙述一种状态"没有什么嗜好",那么这个"$了_2$"是多余的;如果要叙述变化,那么这个"$了_2$"可以保留,但是需要添加"现在"等时间参照词语。

不过,语气词"$了_2$"并不是绝对不能跟"没有"共现。相反,由于"$了_2$"表示事态在某个参照时刻(现在或将来)出现了变化;因此,在有特定的时间参照的情况下,它还是非出现不可的。对于这种意义和用法上的复杂精细的限制条件,留学生大都不能很快地领悟。于是,语气词"$了_2$"残缺的偏误势必出现。例如:

(10) 好长时间没有给你写信,我真对不起。〔668〕(很抱歉,好长时间没有给你写信了。)

(11) 他原来是一位造车师,但是那时候已经没有人坐马车去。〔124〕(他原来是一位造车师,但是那时候已经没有人坐马车了。)

(12) 风景挺漂亮,可惜一闻红叶,没有什么香的。〔605〕(风景挺漂亮,可惜一闻红叶,没有什么香味了。)

例(10)有时间词语"好长时间"作参照,例(11)有时间词语"那时候"和时间副词"已经"作参照,例(12)有动词性词语"一闻红叶"作时间参照;因此,都需要"$了_2$"来煞尾结句。

1.2　体态助词"过"的残缺或多余

体态助词"过"表示曾经发生某事或曾经经历某事,跟"VP 过"相对应的否定形式是"没有 VP 过"。[①] 也就是说,"过"的体态特征是过去完成,不像"了"那样单纯表示完成。"了"表示的单纯完成的体态意义跟"没有"中的完成意义相重复而成为不必要的冗余,在句法上二者不能共现。

---

① 详见朱德熙(1982:72)。

但是,“过”的过去完成的体态意义跟“没有”中的完成意义并不完全重复;如果光用“没有”而不用“过”,就不能传达过去完成体中所包含的过去曾经这种体态意义。因此,在句法上二者可以共现。留学生一开始并不能做出这种精细的辨别,把“过”的用法跟“了”一比附,就会出现体态助词“过”残缺的偏误。例如:

(13) 我来北京快三年了没有掉滴眼泪。〔541〕(我来北京快三年了,没有掉过一滴眼泪。)

(14) 从此后我就没有跟我爸爸吵架,我爸爸也跟我特别好。〔300〕(从此以后,我就没有跟我爸爸吵过架,我爸爸也跟我特别好。)

(15) 我来北京以前,从来没有我一个人生活,一直跟父母一起住。〔479〕(我来北京以前,从来没有一个人生活过,一直跟父母一起住。)

(16) 刚来两三个月以内,除了上课去吃饭以外别的地方没有去。〔259〕(刚来的两三个月中,除了去上课和吃饭以外,没有去过别的地方。)

(17) 我没有被他抱的记忆,连从他那儿领了一分钱的零用钱都没有。〔419〕(我没有被他抱过的记忆,连从他那儿领过一分零用钱的记忆也没有。/我没有被他抱过的记忆,连一分零用钱也没有从他那儿领过。)

这些句子叙述的都是过去曾经发生过的事情,光用“没有”就无法表达出过去曾经这种体态意义;所以,体态助词“过”是不可缺少的。例(17)稍微复杂一点,动词“没有”否定的是存在着一种关于过去曾经发生过某事的记忆,因此其宾语的定语从句中需要“过”出场。

但是,在不是叙述过去曾经发生某事的场合,“过”的出现就成为多余。例如:

(18) 还没有到过知道的年龄那时候还觉得特别高兴。〔301〕(还没有到懂事的年龄,那时候还觉得特别高兴。)

(19) 中国人以前没有过这样的要求,认为这样肯定对中意两方都能有好处。〔650〕(中国人以前没有这样的要求,认为这样肯定对中意双方都会有好处。)

(20) 说起来我的长相并不那么吸引人,也没有听过别人夸我长得漂亮。〔82〕(说起来我的长相并不那么吸引人,也没有听别人夸过我长得漂亮。）

体态助词"过"表示的是一种过去曾经经历过的、并且是不延续到现在或某个参照时间的经历，所以对于例(18)这种年龄的持续增长的情况来说，不适合用"过"。对于例(19)来说，不拥有（即"没有"）是一种持续的状态，所以也不适合用"过"。对于例(20)来说，它的确说的是一种过去曾经有过的经历，可以用"过"。但是，汉语体态助词的使用受句子的焦点结构的影响，通常把时态助词用在处于焦点短语中的动词性成分之后。① 在例(20)中，焦点性成分是"别人夸我长得漂亮"，因此，体态助词"过"应该置于动词"夸"的后面。

1.3　句末助词"的"的多余或误用

名词化标记"的"用在谓词性成分之后，可以把谓词性成分表示的事件(events)转变为一种相应的事态(state of affair)，并使句子获得表示加强肯定、已经完成等意义。② 例如：

(21) a. 我去过德国。→a′. 我去过德国的。

(22) b. 他哪一天走？→b′. 他哪一天走的？

比较起来，(21a′)比(21a)表示肯定的语气更强一些，(22b)问的是没有（但是即将）发生的事，而(22b′)问的则是已经发生的事。③ 对于这种跟时体相关的"的"，留学生往往不能很好地掌握，会出现各种各样的偏误。例如：

(23) 原因是我事先没有考虑过病虫害的。〔495〕（原因是我事先没有考虑过病虫害。）

(24) 那天我去她家没有什么大事儿发生的。〔765〕（那天我去她家，没有发生什么大事儿。）

(25) 从这个饭店远远地看到碧绿的大海。环境再好没有的。〔441〕（从这个饭店远远地可以看到碧绿的大海。环境再好没有了。/从这个饭店可以远远地看到碧绿的大海。环境是再好没有的。）

---

① 刘勋宁(1999)指出：如果句子中有一系列动词性成分，那么体态助词"了"一般用在焦点性成分中。本文受他启发，认为体态助词"过"也有这种分布特点。

② 详细讨论请参看袁毓林(2003a)。

③ 关于句尾"的"的意义和用法及用例，参考吕叔湘(2001：162)。

(26) 我在家的时候，家里的人没有那么安安静静了。〔568〕(我在家的时候，家里的人就没有那么安安静静的。)

例(23)、(24)中的“的”是多余的，因为这些句子并没有强调语气，并且已经有“没有”来表示完成体意义了。例(25)是把“的”误用作语气词“了”了，修改的方法是把“的”改成“了”，或者索性加上强调标记“是”来跟“的”配合。例(26)是把“了”误用作语气词“的”了，叙述的是过去的事情，并且有强调语气，应该用“的”。

1.4 跟时体相关的副词或助词的缺少或误用

由于“没有”中包含体态方面的意义，因而对句子的体态有选择限制；有时候，句子的体态要求有某种副词或其他成分配合才能满足“没有”的要求。这方面的偏误有：

(27) 我想一想有没有事情写了。〔686〕(我再想一想还有没有事情写了。)

(28) 虽然是个 32 岁的人，但并没有找到对象。〔453〕(虽然是个 32 岁的人，但还没有找到对象。)

(29) 韩中两国一九九〇年前大约 40 年间没有建立外交关系。〔56〕(韩中两国一九九〇年前，大约 40 年间，一直没有建立外交关系。)

(30) 她整三年继续一心一意的努力，决不死心，虽然这三年一场演出都没有。〔430〕(整整三年来，她继续一心一意地努力，决不灰心，虽然这三年中/来，一场演出也没有。)

(31) 我以恋爱为家庭幸福的基础，可能没有人反对。〔148〕(我以恋爱为家庭幸福的基础，可能没有人会反对。)

例(27)、(28)叙述的都是跟现在相关的动作、状态的未完成，属于现在完成体；如果加上副词“还”作铺垫，那么语义就更为完整和通畅，因为“还”表示动作或状态持续不变。[①] 其中，例(28)中的“并”应该改为“还”，因为“并”可以用在否定词之前，表示转折关系，并含有否定某种看法、说明真实情况的意味。[②] 但是，这个句子是一种一般的叙述，在语气上跟“并”不般配。例(29)、(30)叙述的是一种过去(未)完成进行体的状态，所以，例

① 关于“还”的意义，详见吕叔湘(2001：252)。

② 关于“并”的意义，详见吕叔湘(2001：86)。

(29)应该加上副词"一直"作铺垫，并跟"一九九〇年前，大约40年间"相呼应；例(30)的表示过去时段的"这三年"之后最好加上方位词"中"或助词"来"，来强调这过去进行的一个时段。例(31)叙述的是一种假设的可能，因此应该加上"会"来强调这是一种非现实的体态或情状类型。

二　"没有"和"不"混用

"没有"和"不"都是否定词，都可以用在谓词性成分前面；留学生刚学汉语，往往不能分辨它们在意义和用法方面的细微差别，结果就把它们给混用了。

2.1　把"没有"错误地当做"不"来用

初学汉语的留学生通常会忽略"没有"中所包含的体态方面的意义限制，简单地把"没有"当做一个跟"不"一样的否定词来使用。例如：

(32) 所以从十月一日到十月三日我没有上课。〔41〕(所以，从十月一日到十月三日，我们不上课。)

(33) 真的是他们对什么东西都没有感兴趣，不能茁壮成长。〔442〕(真的是他们对什么东西都不感兴趣，不能茁壮成长。)

(34) 我心里真的没有准备跟这一些街头顽童成交。〔756〕(我心里真的不准备跟这些街头顽童交往。)

(35) 林黛玉没有，所以虽然她爱宝玉但没有希望跟宝玉结婚。〔174〕(林黛玉没有……，所以，虽然她爱宝玉，但不希望跟宝玉结婚。)

(36) 我最不爱的老师是给学生没有关心，又没有爱的老师。〔60〕(我最不喜欢的是对学生不关心、又没有爱心的老师。)

(37) 要是没有这样生活，无聊，一点儿也没有意思但是有是有引起发现各种各样的问题。〔425〕(要是不这样生活就无聊，一点儿也没有意思。但是，有时会引起/发现各种各样的问题。)

(38) 我觉得他一点儿也没有浪漫。〔454〕(我觉得他一点儿也不浪漫。)

(39) 但是，我以为我的选择最好，没有后悔。〔62〕(但是，我以为我的选择最好，所以不后悔。)

(40) 因为没有小心点儿我的骑术而且不太好。〔50〕(因为不小心，而且我的骑术不太好……)

(41) 这个是重要的因为的意思是我没有单独是不是？〔609〕(这个是

重要的，原因是我不孤独，是不是？）

(42) 今天没有上课所以昨天我跟朋友们打算玩公园。〔296〕（今天不上课，所以昨天我跟朋友们已经做好去逛公园的打算。/今天没有课，所以昨天我跟朋友们已经做好去逛公园的打算。）

(43) 没有(上)课的时，我们帮他们的工作。〔287〕（不上课的时候，我们帮他们做一些工作。/没有课的时候，我们帮他们做一些工作。）

例(32)给人的感觉是：从十月一日到十月三日学校上课，但是“我”没有去上课；事实上，说的应该是从十月一日到十月三日学校放假（国庆节），“我”也不用去上课。例(33)—(36)中的心理、感觉动词是一种状态动词，一般只能用“不”否定，因为这种状态通常跟完成体意义不相协调。例(37)是假设句，叙述的是一种非现实的情况，自然跟完成体不般配。例(38)—(41)中的谓语核心都是形容词，是表示状态的，和状态动词一样，跟动作的完成这种体态无关，所以一般不用“没有”来否定。例(42)、(43)都是属于表达不清晰。

2.2 体态助词“过”或语气词“了”的残缺

在有些情况下，误用作“不”的“没有”句可以有两种改正方法：a. 把误用作“不”的“没有”改成“不”就可以了，b. 有趣的是，如果保持用“没有”，那么只要在动词之后加上体态助词“过”或语气词“了”，也能把句子救活。例如：

(44) 爸爸的性格很顽固并且保守，但是他从来没有对我们大发脾气。〔116〕（爸爸的性格很顽固并且保守，但是他从来不对我们大发脾气。/爸爸的性格很顽固并且保守，但是他从来没有对我们发过脾气。）

(45) 他从来没有拒绝帮助我。〔143〕（他从来不拒绝帮助我。～他从来不拒绝我的帮助。～他从来不愿意帮助我。/他从来没有拒绝过我。～他从来没有拒绝过我的帮助。～他从来没有帮助过我。）

(46) 那个中国青年最初说了一句话以后他一直一句话也没有说。〔544〕（那个中国青年最初说了一句话以后，一直一句话也不说。/那个中国青年最初说了一句话以后，一句话也没有说过。）

(47) 有时候整天没有吃东西。〔258〕(有时候整天不吃东西。/他一整天没有吃过东西)

(48) 学生七天都没有放假。〔311〕(学生七天都不放假。/学生已经七天没有放假了。)

从上面的例子及其改正后的句子,可以看出:“从来/一直不＋动词……”可以有条件地等同于“从来/一直没有＋动词＋过……”或者“从来/一直没有＋动词……＋了”。因为在过去的一段时间中一直没有发生过某种事情,也就等于在过去的一段时间中一直处于不发生某种事情的状态中。

三 差比表达方面的问题

“没有”的一种用法是用在比较句中,表示不及,即造成一种差比句。差比句的构造有其特别的地方,留学生一开始不一定能很好地掌握,难免会出现各种差错。

3.1 比较对象或比较项目表达不当

复杂的比较句,其构造也比较复杂,通常有比较对象(谁跟谁比)、比较项目(比什么)和比较基准(性质、状态及其程度)。[①] 例如:

(49) a. 小张英语比小刘好
a′. 小张的英语比小刘好
b. 小张英语没有小刘好
b′. 小张的英语没有小刘好
c. 小张英语没有小刘那么好
c′. 小张的英语没有小刘那么好

(50) a. 东京人口比北京多
a′. 东京的人口比北京多
b. 东京人口不如北京多
b′. 东京的人口不如北京多
c. 东京人口不如北京那么多
c′. 东京的人口不如北京那么多

其中,a是平比句,b和c是差比句。比较对象一定有两项,其中做主语的是比较主体,简称主项(subjective item);做介词宾语的是比较客体,

① 详见袁毓林(1998:116)。

简称客项(objective item)。在例(49)中,比较对象是"小张"和"小刘",即是拿小张和小刘作比较;其中,"小张"是主项,"小刘"是客项。比较项目是"英语"这一科目,即是拿英语作为比较的方面。比较基准是"好",即听、说、读、写的某一个或几个方面的水平的高低。在差比句中,还可表示比较结果的程度,即用"那么、那样"等代词来指示差别的程度。值得注意的是,比较对象中的主项可以和比较项目组合成一个偏正短语,形成一个宏主项(macro-subjective item),当然,比较对象中的客项也可以和比较项目组合成一个偏正短语,形成一个宏客项(macro-objective item)。例如:

(49′) a. ? 小张的英语比小刘的英语好
a′. * 小张的英语比小刘的好
b. ? 小张的英语没有小刘的英语好
b′. * 小张的英语没有小刘的好
c. ? 小张的英语没有小刘的英语那么好
c′. * 小张的英语没有小刘的那么好

(50′) a. ? 东京的人口比北京的人口多
a′. * 东京的人口比北京的多
b. ? 东京的人口不如北京的人口多
b′. * 东京的人口不如北京的多
c. ? 东京的人口不如北京的人口那么多
c′. * 东京的人口不如北京的那么多

事实上,像(49′)、(50′)a—c这种笨拙的句子的可接受性是很差的,一般没有人会这么说。而(49′)、(50′)a′—c′这种把宏客项省略为"的"字结构的句子则根本是不合语法的。但是,留学生不了解这一点,活生生地造出了不少这类病句。例如:

(51) 中国的生活没有日本的那么好。〔464〕(中国的生活没有日本那么好。/中国的生活不如日本那么好。)

(52) 英国的历史没有中国的那么长。〔781〕(英国的历史没有中国那么长。/英国的历史不如中国那么长。)

(53) 那时候妹妹很瘦小,没有一般小孩儿那样可爱。〔576〕(那时候妹妹很瘦小,没有其他小孩儿那样可爱。/那时候妹妹很瘦小,不像其他小孩儿那样可爱。)

(54) 非常有意思，我觉得没有黄山的风景那么漂亮。〔119〕(非常有意思，我觉得这儿没有黄山的风景那么漂亮。/非常有意思，我觉得这儿的风景没有黄山那样漂亮。)

例(51)、(52)是错误地用“的”字结构来充当比较对象中的宏客项，例(53)是客项的表达不太合适，例(54)是缺少比较对象中的主项。

3.2　缺少表示比较结果程度的指示代词“那么/那样”

根据上一小节的讨论，当比较两个相关事物的性质、状态时，差比表达一方面要用形容词性成分做谓语核心，另一方面需要用指示代词“那么/那样”来做状语，表示比较结果所达到的程度。留学生往往会遗漏这种表示程度的指示代词，造成句子的别扭或不通顺。例如：

(55) 今年学习汉语没有以前的困难，但是还是觉得汉语很难。〔155〕(今年，我学习汉语没有以前困难，但是还是觉得汉语很难。/今年，我学习汉语没有以前那样困难，但是还是觉得汉语很难。)

(56) 我母亲的脾气比父亲相反，她比父亲爱聊天，没有我爸爸的严肃。〔185〕(我母亲的脾气跟父亲相反，她比父亲爱聊天，没有我爸爸那样严肃。)

(57) 上海没有北京的新建筑也没有北京的街 dao 宽。〔3〕(上海没有北京的建筑新，也没有北京的街道宽。/上海没有北京那样的新建筑，也没有北京那么宽的街道。)

上面的例(55)、(56)都有上一小节讨论的用“的”字结构来充当比较对象中的宏客项的失误，把其中的“的”去掉以后，句子就合格了。但是，这两句去掉“的”字以后，跟例(57)一样，在语气方面还嫌不够通畅，如果加上表示比较结果所达到的程度的“那么/那样”就十分通顺，在语气方面也比较协调了。

3.3　比较对象中客项的位置

在比较句中，比较对象中客项的位置有一定的讲究；特别是在差比句中，客项必须在否定性词语的后面，即在否定的辖域之中。只有这样，才能使整个比较句显示出差别性比较的句式意义。留学生初学汉语，对于比较句中比较客体等功能项的位置不容易一下子掌握，造成了相关的错误。例如：

(58) 在日本发行的报纸之种类，比中国的没有那么多。〔418〕(在日本发行的报纸的种类，没有中国那么多。/在日本发行的报纸的种类，跟中国相比，没有那么多。）

(59) 在这样的农村，八十年代的经济改革让了发展，可是这样的农村的人民比勺园学生参观过的没有那么富的生活。〔729〕（在这些农村地区，八十年代的经济改革使它们得到了发展，可是这里的人民没有勺园学生参观过的地区那么富裕。/在这些农村地区，八十年代的经济改革使它们得到了发展，可是这里的人民不像勺园学生参观过的地区那么富裕。）

(60) 他的身体没有我那么好，可是比我健康多了。〔43〕（他的身体没有我那么结实，可是比我健康多了。）

例(58)、(59)中的错误较多，其一是用“的”字结构来充当比较对象中的宏客项，其二是句式杂糅，主要用的是差比句的格局，同时又用了把比较客项前置于否定词语之前的句式；结果，使得这个作为信息焦点的比较客体，逸出否定词的否定辖域之外。例(60)则是前面的差比句跟后面的平比句在语义上相矛盾。

四 “话题—焦点”结构方面的问题

“没有”作为否定词，属于焦点敏感算子，[①]所以，使用“没有”的句子自然会在话题结构或焦点结构方面有一些特别的限制条件。留学生掌握汉语还不熟练时，容易出现这样或那样的错误。下面分门别类，并把其他相关的问题也放在这里一起讨论。

4.1 话题结构表达不当

汉语是一种话题突出型语言(topic prominent)，[②]话题结构多种多样。对于初学汉语的留学生来说，稍不留心，就可能出错。例如：

(61) 人人都那天不没有工作人人都休息。〔694〕（那天人人都不工作，人人都休息。）

(62) 我知道大家都很累，可是连打招呼，也没有。〔409〕（我知道大家都很累，以至于连〔打〕招呼也没有打。）

(63) 即使老师让他们经常，复习，练习，做作业他们也没有做。

---

① 关于汉语否定词“不、没有”的逻辑语义学性质，详见李宝伦、潘海华(1999)，Lee & Pan (2001)和 Lee (2002)。

② 关于汉语的类型学特点，详见 Li & Thompson (1976)。

〔253〕(即使老师让他们经常复习、练习,但是他们作业也没有做。/即使老师让他们经常复习、练习,但是他们连作业也不做。)

例(61)中,时间论元“那天”的辖域最广,可以统辖后面的两个小句,在该句中具有最高的话题性(high topicality),宜于做整个句子的大话题。例(62)、(63)是拷贝式话题结构,[①]其中例(62)中“没有”之后的原生动词不能删除;而例(63)中拷贝式话题中的动词又是多余的。

4.2　语序和焦点位置不当

否定句中语序和焦点位置不当,从另外一个角度看就是否定词位置的不当,通常的表现是,否定词“没有”不恰当地落在某些成分之后,从而使这些本该被否定的成分处于否定的辖域(the scope of negation)之外;当然,也有相反的情形,即否定词“没有”不恰当地落在某些成分之前,从而使这些不该被否定的成分居然也处于否定的辖域之中。例如:

(64) 我的生活中除了学习以外特别的娱乐没有。〔405〕(在我的生活中,除了学习以外,没有特别的娱乐活动。)

(65) 我到了以后发现路上的人几乎没有了,车也少,而且路边儿的饭馆,商店,宾馆差不多都关门了。〔764〕(我到了以后发现,路上几乎没有人了,车也很少;而且,路边儿的饭馆、商店、宾馆差不多都关门了。)

(66) 成人了以后对父母的反抗差不多没有,而且产生对父母尊敬的感情?〔502〕(成人以后,差不多没有反抗父母的举动,而且产生了对父母尊敬的感情。/成人以后,差不多不再反抗父母,而且产生了对父母尊敬的感情。)

(67) 从小到现在,我没有对他的好印象。〔421〕(从小到现在,我对他没有好印象。)

(68) 刚来两三个月以内,除了上课去吃饭以外别的地方没有去。〔259〕(刚来的两三个月中,除了去上课和吃饭以外,没有去过别的地方。)

(69) 食物也没有吃。〔255〕(什么东西也没有吃。/也没有吃什么东西。)

---

① 关于汉语中的拷贝式话题结构,详见徐烈炯、刘丹青(1998)。

(70) 这些都是因为考试快要来了，却以前没有一直那么认真地学习。〔264〕(这些都是因为考试快要到来，但以前却一直没有认真地学习。)

例(64)—(67)中的“没有”用作动词，用以否定其后的名词性成分。其中(64)—(66)中“没有”前面的名词性成分都是不定指的(indefinite)，传达的是新信息，是句子中的信息焦点，应该是落入否定词的辖域中。除非是把它们改变为定指性的(definite)成分，[①]否则不能置于“没有”之前。相反，例(67)中的介词结构“对他”通过代词来表示旧信息，应该不是焦点，也就不应该处在否定的辖域之中。例(68)—(70)中的“没有”用作副词，用以否定其后的动词性成分。其中例(68)—(69)中“没有”前面的名词性成分本来应该是“没有”所否定的动词性成分的一部分，它们都是不定指的，传达的是新信息，是句子中的信息焦点，应该落入否定词的辖域中。除非是把它们改变为定指性的成分，否则不能置于“没有”之前。相反，例(70)中的副词“一直”是跟前面的时间词“以前”相照应的，应该不是焦点，也就不应该处在否定的辖域之中。

4.3 否定极项表达不当

在否定句中，表示全称否定有不同的方式，其中常用的有两种：一种是通过否定某个论域(universe of discourse)中的最小量，来达到对整个论域中相关元素的全部否定；另一种是通过否定某个论域中的都具有某种属性的任一元素，举一反三、依此类推，来达到对整个论域中相关元素的全部否定。[②] 例如：

(71) 老王可是一滴酒也不沾。

(72) 小吴可是什么酒也不喝。

连“一滴酒”也不喝，那么自然是两滴三滴、三杯两盏，不管多少，都是不喝的；“什么酒”也不喝，那么自然是啤酒、黄酒、烧酒、葡萄酒、白兰地，不管什么酒都是不喝的。像这种“一滴酒”、“什么酒”说的都是一些极端的情况，在语义学文献上称之为极性项目(polarity item)。在否定句中，极性项目跟否定词具有较强的亲和力，可以在语义上优先组合，成为优先否定

① 关于名词性成分在指称性上的差别，详见陈平(1987)和徐烈炯(1995)。

② 关于疑问代词表示周遍性意义的语义机制，详见杉村博文(1992)和袁毓林(2004)中的讨论。

的对象。因此，又称之为否定极性项目（negative polarity item），简称否定极项。

有否定极项的句子，对各构成成分的形式和语义以及各成分的语序，都有特别的要求。留学生刚开始学习汉语，在这些方面往往不能一下子掌握，从而出现各种偏误。例如：

(73) 他有一点儿善良。但是，一点儿也没有理解力。〔49〕（他比较善良。但是，一点儿理解力也没有。）

(74) 平时他们被工作缠身，忙得要命，一点儿也没有余地。〔496〕（平时他们工作缠身，忙得要命，一点儿余地也没有。）

(75) 一点儿也没有什么像样儿的家庭的！〔507〕（一点儿家庭的样子也没有！/一个像样儿的家庭也没有！/没有什么像样儿的家庭！）

(76) 请你想一想，对东方人差别，折磨东方人，和在军队受到很多污辱的地方，对这样的地方，我一点好感了没有，不能勾起来。〔97〕（请你想一想，那里歧视东方人，折磨东方人，军人污辱老百姓；对这样的地方，我一点好感也没有/不能勾起来。）

(77) 好像他们都懂了现在学习的内容，一个人也没有不懂的。〔384〕（好像他们都理解了现在学习的内容，没有一个人不懂的。）

(78) 经常这时街上有很多学生，而现在谁也没有。〔137〕（往常这时候，街上有很多学生，而现在一个人/什么人也没有。）

(79) 好像一个人也没有动过他们。〔221〕（好像谁也没有动过他们。/好像也没有一个人动过他们。）

(80) 我们三个人的汉语水平不太高又太累在飞机里吃的小吃以外，吃的东西没有。〔77〕（我们三个人的汉语水平不太高，又太累，除了在飞机上吃过一点儿小吃以外，一点儿吃的东西也没有。/我们三个人的汉语水平不太高，又太累，除了在飞机上吃过一点儿小吃以外，没有吃过其他/什么东西。）

(81) 如果你的船翻倒，没有什么大的事，但是如果汽车压死你啊？〔149〕（如果你的船翻倒，没有什么大不了的事；但是，如果是汽车，就会压死你啊！/如果你的船翻倒，不会有什么大不了的事；但是，如果是汽车，就会压死你啊！）

(82) 以前，我们常常在一起玩儿，常常到海边去谈话，常常互相帮助，而从来我们之间没有怨言。〔304〕(以前，我们常常在一起玩儿，常常到海边去聊天，常常互相帮助，而且我们之间从来没有怨言。)

(83) 现在老人什么问题几乎也没有，但是恐怕十年或二十年以后“一点儿”，退休的年龄被拖延。〔186〕(现在，老人几乎什么问题也没有，但是恐怕十年或二十年以后，退休的年龄将要延迟。)

例(73)—(75)都属于把否定极项词语生硬地分裂开了，即把由数量词“一点儿”跟受其修饰的中心语分置于动词性成分“没有(VP)”的两边，应该统统移到“没有”之前。联结否定极项和否定词“没有”应该用副词“也”，但是例(76)误用了助词“了”。例(77)是双重否定句，否定极项应该置于两个否定表达“没有……不”的中间。例(78)、(79)都是误用了极项词语，并且二者正好是互相用倒了；要说明其中的原因，还真不是一件容易的事，这儿姑且录以存疑。例(80)属于在该使用极项词语的情况下没有使用。例(81)属于极项词语使用不当，即没有使用该用的熟语形式。例(82)、(83)属于不恰当地在极项词语和否定词之间插入了其他成分，应该让极项词语和否定词尽可能紧挨在一起。

五 “没有”之后体词/谓词性成分误用

否定词“没有”之后既可以出现体词性成分，又可以出现谓词性成分；但是，在特定的语境中、在特定的语句中，该用体词性成分还是谓词性成分、用什么样的体词性成分和谓词性成分，都是大有讲究的。留学生初学汉语，不可能对此做出精细的分辨，于是，千奇百怪的错误也就在所难免了。下面，我们分类条陈。

5.1 “没有”之后谓词性成分误用作体词性成分

在有些情况下，“没有”之后应该用体词性成分，但留学生却用了谓词性成分，即把有关的谓词性成分误用作体词性成分了。例如：

(84) 因为我们都是公司派来的没有那么多放假，所以我们的旅行很紧张。〔324〕(因为我们都是公司派来的，没有那么多假期，所以我们的旅行很紧张。)

(85) 一旦我碍她的面子，她马上就把事情说出来。没有什么抹不开。〔195〕(一旦我碍她的面子，她马上就把事情说出来。没有什么抹不开的。）

(86) 这次他没有大失望，因为一次就考上自己理想的大学的人不多。〔371〕（这次他没有太大的失望，因为一次就考上自己所希望的大学的人不多。）

(87) 因为没有孩子笑，没有爱人了解，没有人帮助，没有人关心他，和最重要的是没有知心朋友。〔534〕（因为没有孩子的笑声，没有爱人的理解，没有别人的帮助，也没有别人的关心，和最重要的是没有知心朋友。）

(88) 跟这篇课文比较的话，我参加的婚礼感觉到非常轻松，没有什么拘束，紧张。〔455〕（跟这篇课文比较的话，我参加婚礼时，感觉到非常轻松，没有什么拘束、紧张的感觉。/跟这篇课文比较的话，我参加婚礼时，感觉到非常轻松，并不拘束和紧张。）

(89) 他在泰国开了一家报社，使人们感到很惊讶，因为从来没有过贵族开报社。〔559〕（他在泰国开了一家报社，使人们感到很惊讶，因为从来没有过贵族开报社的事儿。）

对这种偏误，改正的方法是设法把这些谓词性成分改成相应的体词性成分。或者是寻找相应的名词，如例(84)；或者通过在谓词性结构后面或中间加名词化标记“的”，来把它转换成相应的体词性成分，如例(85)—(87)；或者在谓词性结构后面加名词化标记“的”，把它转换成相应的体词性的“的”字结构，再在后面加上一个名词性的成分做中心语，如例(88)、(89)。

5.2　“没有”之后体词性成分本身出错

在有些情况下，“没有”之后应该用体词性成分，并且留学生也的确使用了体词性成分；但是，这个体词性成分在表达上还是有问题。例如：

(90) 但别的地方对我来说没有那么感情。〔570〕（但别的地方对我来说，没有那么多感情。）

(91) 况且我也没有方法说服他们，只好我我自己偷偷也准备了中国留学。〔108〕（况且我也没有办法说服他们，只好自己偷偷地准备去中国留学。）

(92) 回家后就睡觉，没有夫妻的谈话，结果他们的生活越阴沉越冷清清了。〔427〕（回家后就睡觉，夫妻之间没有谈话，结果他们的生活越来越沉闷，越来越冷清了。/回家后就睡觉，夫妻之间也不谈话，结果他们的生活越来越沉闷，越来越冷清了。）

在例(90)中，谓词性代词“那么”不能修饰名词“感情”；在例(91)中，“没有＋NP＋VP”格式中的NP不能是“方法”；在例(92)中，“夫妻的谈话”是一个非常生硬的表达。

5.3 “没有”之后体词性成分误用作谓词性成分

在有些情况下，“没有”之后应该用谓词性成分，但留学生却用了体词性成分，即把有关的体词性成分误用作谓词性成分了。例如：

(93) 她们虽然非常好看，可是肯定不太聪明，肯定没有教育文化水平不高。〔648〕(她们虽然非常漂亮，可是肯定不太聪明，肯定没有受过教育，文化水平不高。)

(94) 但是他没有眼镜还看得见，所以他总能驾驶帆船。〔188〕(但是，他没有戴眼镜还看得见，所以他总能驾驶帆船。/但是，他不戴眼镜还能看见，所以他总能驾驶帆船。)

对于这类偏误，只要加上相应的动词就可以了。

5.4 “没有”之后谓词性成分本身出错

在有些情况下，“没有”之后应该用谓词性成分，并且留学生也的确使用了谓词性成分；但是，这个谓词性成分在表达上还是有问题。例如：

(95) 我父亲没有毕业大学、是公务员。〔365〕(我父亲上过大学，但是没有毕业。他现在是公务员。)

(96) 他说你为什么还没有大学毕业，你要去中国了。〔252〕(他说，你为什么大学还没有毕业就要去中国了。)

(97) 美红：在家里休息，没有工作。〔68〕(美红在家里休息，没有/不用去工作。/美红没有(找到)工作，在家里歇着。)

(98) 我们八点动身，骑自行车的人没有那么多。〔261〕(我们八点动身，骑自行车的人没有平时/想象的那么多。)

(99) 我没有机会说得多，还遗憾的事情是我没有中国朋友。〔29〕(我没有机会多说(一些)，还有一件遗憾的事情是：我没有中国朋友。)

(100) 于是土耳其军队经常来我国开始战争，但是总是没有成功攻克。〔268〕(于是，土耳其军队经常对我国发动战争，但是总是不能攻克。)

(101) 不过做梦的事却没有。〔53〕(不过做梦的事却没有发生过。)

例(95)中"毕业大学"这种述宾表达是不合格的。在例(96)中"没有"之后应该不能带一个主谓结构。在例(97)中,在"没有"和动词之间加上一个趋向动词"去"更合适。例(98)属于差比表达,但是缺少比较的基准。在例(99)中,"没有+NP+VP"格式中的VP不能是述补结构。在例(100)中,"成功"做状语修饰述补结构,应该加上后缀"地"。而例(101)则是"没有"之后缺少动词性成分。

六 跟"没有"相关的其他偏误

为了方便,我们把上文几节没讨论到的各种偏误统统归到这一节来讨论。底下按照类型,分为若干小节。

6.1 "没有"在某些情况下多余

在特指问句、极项否定句等格式中,有时"没有"完全是多余的,应该删去。例如:

(102) 在北京冰球赛很少,和我不知道什么时候有没有冰球赛。〔328〕(在北京,冰球赛很少,而且我不知道什么时候有冰球赛。)

(103) 他用很长年月写的书没有一个人也看不懂。〔339〕(他用很长时间写的书,一个人也看不懂。/他用很长时间写的书,没有一个人能看懂。)

(104) 南岸的人没有一个也不知道他。〔340〕(南岸的人一个也不知道他。/南岸的人,没有一个知道他。)

(105) 可是他也根本不知道,他真正的得到了自己的目的或者没有。〔227〕(可是,他也根本不知道,他真正地达到了自己的目的没有。)

(106) 人人都那天不没有工作人人都休息。〔694〕(那天人人都不工作,人人都休息。)

(107) 如果没有这样的事情怪不得没有那么幸福的生活。〔755〕(如果没有这样的事情,就不会有那么幸福的生活。)

例(102)是特指问句,其中已经用了"什么时候"作为疑问项目,所以不必要再用"有没有"这种反复问形式了;也就是说,其中的"没有"是多余的。例(103)、(104)的主体格局是"一个……也不……"这种极项否定句,因此没有必要再加上否定词"没有"。例(105)的主体格局是反复问形式,所以选择问连词“或者”是多余的。例(106)、(107)中的否定词“没有”跟另一个否定词“不”重复。

6.2 用“没有”错误地替代其他动词性成分

汉语有一些谓词性词语和表达形式，在意义上表示空缺、减少、消失等等，跟“没有”的意思相近，但是并不相同，在许多情况下不能互相替换。留学生不明白这一点的话，就会随便用常用词“没有”去替代，造成表达不当。例如：

(108) 苦和乐都是重要的，如果没有了一个，我的生活就没意思了。〔483〕(苦和乐都是重要的，如果缺少了一个，我的生活就没意思了。)

(109) 她进去这间屋子，靠着窗，就忽然没有了她。〔596〕(她进了这间屋子，靠着窗，就忽然不见了。)

(110) 辛亥革命的改革也不彻底，所以没有人民或者军队的支持。〔772〕(辛亥革命的改革也不彻底，所以得不到人民或者军队的支持。)

(111) 在休息处卖的吃的东西越来越没有了。〔57〕(在休息处卖的食品(吃的东西)越来越少了。)

(112) 不管外边内边，中国没有客气。〔676〕(不管在外边还是在家里，中国人不讲礼貌。)

对于这种同义、近义表达形式的正确选择，需要通过广泛阅读，增强对汉语的语感，才能逐步达到。

6.3 其他类型的跟“没有”相关的错误

还有一些零星的、难以归类的偏误，放在下面讨论。例如：

(113) 公共汽车已经不有了，没有法子坐着出租汽车去杭大。〔437〕(公共汽车已经没有了，没有法子，只能坐着出租汽车去杭大。)

(114) 但是上那个中国人一点儿也没有注意地，没往旁边看地开过来了。〔542〕(但是那个中国人一点儿也没有注意，没往旁边看就开过来了。)

(115) 我们住房是比较普通的，我没有关系。〔251〕(我们的住房是比较普通的，我不在乎/觉得没有关系。)

例(113)是在该用“没有”的场合，用了不正确的分析形式“不有”。例

(114)是用了"没有＋VP＋地"这种错误的形式做状语。例(115)是在"没有关系"前缺少高层动词。

参考文献

白　荃 (2000) "不"、"没(有)"教学和研究上的误区——关于"不"、"没(有)"的意义和用法的探讨,《语言教学与研究》第3期。

陈　平 (1987) 释汉语中与名词性成分相关的四组概念,《中国语文》第2期。收入陈平(1991)《现代语言学研究》,重庆出版社。

李宝伦　潘海华 (1999) "不"字句的焦点和语义解释,《现代外语》第2期。

刘勋宁 (1999) 现代汉语的句子构造与词尾"了"的语法位置,《语言教学与研究》第3期。

吕叔湘(主编) (2001)《现代汉语八百词》(增订本),商务印书馆。

杉村博文 (1992) 现代汉语"疑问代词＋也/都……"结构的语义分析,《世界汉语教学》第3期。

王建勤 (1997) "不"和"没"否定结构的习得过程,《世界汉语教学》第3期。

徐烈炯 (1995)《语义学》(修订本),语文出版社。

徐烈炯　刘丹青 (1998)《话题的结构和功能》,上海教育出版社。

袁毓林 (1998)《语言的认知研究和计算分析》,北京大学出版社。

袁毓林 (1999) 并列结构的否定表达,《语言文字应用》第3期。

袁毓林 (2000) 论否定句的焦点、预设和辖域歧义,《中国语文》第2期。

袁毓林 (2003a) 从焦点理论看句尾"的"的句法、语义功能,《中国语文》第3期。

袁毓林 (2003b) 句子的焦点结构及其对语义解释的影响,《当代语言学》第4期。

袁毓林 (2004) "都、也"在"Wh＋都/也＋VP"中的语义贡献,《语言科学》第5期。

朱德熙 (1982)《语法讲义》,商务印书馆。

赵元任 (1979)《汉语口语语法》(吕叔湘节译本),商务印书馆。

Lee, Peppina P. L. 2002. Scope Properties of the Chinese Negator *Bu*, *Mei(you)* and *Bushi*: Are They Sentential Negators? (见徐烈炯、邵敬敏主编 (2002)《汉语语法研究的新拓展(一)——21世纪首届现代汉语语法国际研讨会论文集》,杭州:浙江教育出版社。)

Lee, Peppina P. L. & Pan Haihua 2001. Chinese Negation Marker *Bu* and Its Association with Focus, *Linguistics* 39(4), 703—731.

Li, Charles N. & Thompson, Sandra A. 1976. Subject and Topic: A New Typology of Language. In Li, Charles N. (eds.), *Subject and Topic*. Academic Press. (李谷城摘译成中文,刊《国外语言学》1984年第2期)

第七章　程度副词的习得状况*

○　引言

汉语副词具有特殊的功能、意义和用法，情况十分复杂。以程度副词为例，从意义上看，既有相对程度和绝对程度之分，主观程度和客观程度之分，更存在语义区别和等级差异。近年来，许多学者都对汉语副词进行了宏观的探索或微观的分析。从宏观的角度看，主要是对副词的性质、归属、范围和分类的探讨；从微观的角度看，主要是针对个别易混淆的副词进行功能、用法和特征上的辨析。（张谊生，2000）无论是从宏观的角度，还是从微观的角度，这些研究都是从汉语本体出发所做的工作。

在对外汉语教学中，在副词教学方面，由于汉语副词存在词义不容易掌握、词义易于混淆等特点，以及用法上常有一些特殊的要求和制约因素，因此往往出现各种偏误现象。有学者对此进行过细致的分析，如胡云晚（2005）以外国学生使用程度副词“非常”的病句为例，归纳了五种常见偏误类型，并分析、论证了偏误成因；何一薇（2003）对日本学生时间副词的偏误情况做了考察，指出偏误现象，分析偏误产生的原因；又如佟慧君（1986），程美珍、李珠（1997）对外国留学生使用副词时的偏误进行了个案分析。这些研究都是从对外汉语教学的体验出发所做的局部分析。

以上两个方面的研究还没有对汉语副词，特别是较常用的程度副词进行全面的考察，其研究结果不能完全满足对外汉语教学的需要。

汉语中介语是母语非汉语者从开始学习汉语，到最终接近或达到目的语水平的过程中所说的汉语。大规模的汉语中介语语料所表现出的普遍性和群体性的各种问题，不仅可以为教学提供参考，还可以反映出汉语词汇和语法本身的某些特征。本研究利用“汉语中介语语料库”，发掘并探讨汉语程度副词的有关问题，希望能为汉语副词研究提供一个新的视

---

* 本文以《中介语中程度副词的使用情况分析》为题发表在《汉语学习》2006 年第 6 期，作者郑艳群。

角，也为探索程度副词的教学策略提供研究基础。

一　本研究的依据

本研究提取了“汉语中介语语料库”(100 万字)中使用 HSK 程度副词的所有例句共 10957 句(见表 1)；通过建立用例分析数据库，标注各属性，我们可以对每一个例句进行分析，判断其使用是否正确；然后，按词形、HSK 等级，统计程度副词用例的数量、正误用数量及比例以及在 HSK 中的分布情况(见表 2)。

表 1　HSK 程度副词清单

等级	程度副词	数量
甲级	比较、多、多么、非常、更、还、好、很、十分、太、挺、尤其、真、最	14
乙级	不大、更加、极、极其、较、稍、稍微、有点儿	8
丙级	顶、格外、怪、过、万分、有一些	6
丁级	分外、过于、何等、极度、略微、颇	6
合计		34

表 2　HSK 程度副词使用情况一览表

	使用程度副词情况		语料中用例情况		正确用例情况		错误用例情况	
	大纲程度副词数	语料中使用大纲程度副词数	用例数(a)	占总用例数的百分比(a/10957)	正确用例数(b)	正确率(b/a)	错误用例数(c=a−b)	错误率(c/a)
甲级	14	14	10780	98.38%	10369	96.19%	411	3.81%
乙级	8	7	141	1.29%	125	98.65%	16	11.35%
丙级	6	3	28	0.26%	22	78.57%	6	21.43%
丁级	6	3	8	0.07%	7	87.5%	1	12.5%

二　程度副词使用的基本情况

通过表 2 我们可以看出留学生 HSK 各等级程度副词使用的基本情况。

2.1　分等级统计的正误用情况

1) 统计结果显示，程度副词使用的错误率不高。

程度副词是表示事物性质或状态所达到的程度的副词，程度副词内部的语义特征、语法功能大致一样。表 2 显示，程度副词总用例数为 10957，错误用例共 434 例，错误用例占 3.96%；各个等级的错误率分别是：甲级 3.81%、乙级 11.35%、丙级 21.43%、丁级 12.50%。总体来看，程度副词使用的错误率不高，因此“在对外汉语教学中一般不作为难点对待”（徐晶凝，1998）。实际上，与其他类型的副词（如否定副词等）相比，程度副词的错误率也是比较低的（我们将另文讨论）。

从表 2 可见，程度副词甲级错误率最低，丙级错误率最高。究其原因，我们认为甲级错误率低是因为学习者掌握的词汇量还不大，使用程度副词的概率还不太高所致；而丙级错误率最高，正说明从基础汉语阶段到中级汉语阶段所遇到的词汇爬坡现象。一个零起点的学习者，在学过基础阶段的甲级和乙级词共 3051 个以后，进入中级汉语阶段面临的不再是句式的错误，而主要是词语使用上的问题。程度副词主要用于修饰语，于是出现了大量的搭配上的偏误。

2）甲级程度副词使用率最高，乙、丙、丁级使用率逐渐降低。

表 2 显示，各个等级程度副词的使用率是不同的，使用率分别为：甲级 100%、乙级 87.5%、丙级 50%、丁级 50%，其中甲级使用率最高（全部使用），乙、丙、丁级使用率逐渐降低。我们认为有两个方面的原因：一是留学生掌握甲级词后，往往对难度大的乙、丙、丁级词语采取回避策略，如“顶”可以用“很”、“非常”代替；二是表 1 程度副词清单中有些词本身不常用，如“分外”、“格外”。

2.2 甲级程度副词正误用情况

我们把甲级程度副词的用例数、正确用例数及正用百分比、错误用例数及误用百分比，按每个程度副词的用例数由高到低的顺序排列，具体情况如表 3 所示。

表 3 甲级程度副词使用情况统计表

词形	总用例数	总用例百分比	正确用例数	正用百分比	错误用例数	误用百分比
很	6286	58.31%	6140	97.68%	146	2.32%
最	1169	10.84%	1124	96.15%	45	3.85%
太	732	6.79%	688	93.99%	44	6.01%
非常	626	5.81%	589	94.09%	37	5.91%
比较	485	4.50%	459	94.64%	26	5.36%
真	414	3.84%	366	88.41%	48	11.59%
更	340	3.15%	317	93.24%	23	6.76%
好	245	2.27%	236	96.33%	9	3.67%

续表

词形	总用例数	总用例百分比	正确用例数	正用百分比	错误用例数	误用百分比
还	168	1.56%	156	92.86%	12	7.14%
十分	71	0.66%	61	85.92%	10	14.08%
多么	70	0.65%	69	98.57%	1	1.45%
挺	70	0.65%	68	97.14%	2	2.86%
尤其	68	0.63%	60	88.24%	8	11.76%
多	36	0.33%	36	100%	0	0
总计	10780	100%	10369	（平均）94.09%	411	（平均）5.91%

从表3中的统计数字我们可以得出以下几条结论。

1）“很”是一种表程度较深（高）的副词，在形容词谓语句中程度意义比较虚化，但又必不可少，故用量相当大。在全部的10957个程度副词用例中，“很”的用例有6286例，占总用量的57.37%；在甲级程度副词中，“很”的用量也是最大的，占58.31%。

2）“太”和“非常”口语化程度很强，在实际语言中常用，故使用频率也较高。这与徐晶凝(1998)的研究结果相同。

3）“最”表程度最高，容易与其他程度副词区别开意义，因此容易掌握。

4）“最”和“比较”与印欧语系中表最高级、比较级的词相类似，意义和用法容易掌握。

5）“多”后面加形容词表感叹，学生掌握得不好。程度副词“多”后面常加形容词，如“多冷”、“多美”，表感叹，一般没有把它作为教学重点，因此学生不太会用，故用例较少。但在所有的36个用例中，没有发现错误用例。这大概是因为在第二语言学习中常有这样的现象，即成绩好的学生或专门重视过该语言点特殊用法的学生，掌握了这一使用规则，因此使用正确率高。中介语其他词汇和语法学习用例的规律中也呈现出这样的特点。

2.3 乙、丙、丁级程度副词正误用情况

我们将各级程度副词使用情况按等级、语料中的用量排序如表4所示。

表 4 乙、丙、丁级程度副词使用情况按等级、用例数排序表

词形	等级	语料中的用例数	正确用例数	正用百分比	错误用例数	误用百分比
有点	乙	50	50	100%	0	0
较	乙	37	34	91.89%	3	8.11%
更加	乙	28	20	71.43%	8	28.57%
极	乙	14	11	78.57%	3	21.43%
稍微	乙	6	4	66.67%	2	33.33%
不大	乙	5	5	100%	0	0
稍	乙	1	1	100%	0	0
极其	乙	0	0	0	0	0
格外	丙	15	14	93.33%	1	6.67%
怪	丙	11	7	63.64%	4	36.36%
顶	丙	2	1	50%	1	50%
过	丙	0	0	0	0	0
万分	丙	0	0	0	0	0
有一些	丙	0	0	0	0	0
过于	丁	4	3	75%	1	25%
分外	丁	2	2	100%	0	0
颇	丁	2	2	100%	0	0
何等	丁	0	0	0	0	0
极度	丁	0	0	0	0	0
略微	丁	0	0	0	0	0
总计		177	154	(平均)87.01%	23	(平均)12.99%

从表 4 中的统计数字我们可以得出以下几条结论。

1) “有点”在教材中作为专门的语法点讲解过，故使用率高，正确率为 100%。这是因为，“有点”与“有一点”在一般的教材中作为专门的语法点讲解过，并且与“一点”作过专门的区别，因此，学生能够理解不能说“一点头疼”，必须说“有点头疼”(副词做状语)。看来，只要把问题归纳清楚，并在教学中有重点地进行强调，就会产生良好的教学效果。

2) “不大”的等级高，但使用率低，是因为不容易把握其程度。“不大”在 HSK 词汇等级大纲中属乙级，但用例少，这显示出“不大”作为一种凝固结构，与“很”、“比较”相比，不容易把握其比较的程度或比较的等级，因此，留学生在使用中常采取回避的策略。《现代汉语词典》中并未收入“不大”，也许它不是词，更像词组；而且它只能与积极意义的词相匹配，如“不大干净”，不能说“不大脏”，所以掌握起来不容易。

3）“稍”的等级高，但使用率低，是因为不容易把握其用法。“稍”表示量小，其程度应该说比较好把握，与“有点”的意思相近，但用法不容易掌握。因为“稍”必须用在形容词前，有时也可用“稍微”，前面常有“比”，后面有时加“点”或“一点”。

4）“万分”、“颇”、“极其”、“过”、“何等”、“极度”、“略微”属于书面语或具半文言色彩，使用范围很小，故用例少（在语料中的用例均为零）。如“万分”表程度高，属书面语，与之搭配的形容词很少，如“高兴”、“悲痛”、“焦急” 基本上可以被其他程度副词代替。

2.4　既可用于口语，又可用于书面语的程度副词，使用频率总体偏高。有些程度副词多用于口语，如“好、挺、顶、怪”，有些程度副词多用于书面语，如“极其、何等、过于、极度、十分、万分、格外、分外”，有些程度副词属于通用语，如“多、多么、太、真、很、非常、最、尤其”。（徐晶凝，1998）既可用于口语又可用于书面语的程度副词，使用频率总体偏高。

三　调查结果

与以往的研究成果相比较，通过考察我们得出以下几项结论。

3.1　以往文献中所归纳出的程度副词的偏误类型，在本语料库中都出现了。例如：

类型一：程度副词后边所加动词短语的语义类型有错误。

例：我【很】道歉你，我不得不告诉你。

类型二：程度副词和形容词一起修饰名词时，在形容词和名词之间没有“的”。

例：于是，我花了【比较】长时间看电视。

类型三：程度副词后面加状态形容词。

例：电视里的比我做的【更】绿油油。

类型四：程度副词与形容词的重叠形式连用。

例：来中国的时候我发现了路上【非常】热热闹闹。

这在一定程度上说明，本语料库内容比较丰富、全面，表现出群体性特征，值得信赖。

3.2　以往汉语中介语论著或论文中重点并广泛讨论的某些偏误用例，在语料库中的出现频率并不高。以往的偏误分析由于受条件和研究者掌握语料的限制，一般只能就某一个词或某个小类进行分析，这说明经验型的研究往往反映的是局部问题，或者是教师教学问题的某个侧面，带有一定的主观片面性。基于中介语语料库的研究，可以全面把握偏误类型，防止避重就轻的问题出现。以下两类偏误在文献中多有涉及，但在语料中出现得却不多。

一是程度副词连用。关于"程度副词连用"类偏误，程美珍、李珠(1997)、佟慧君(1998)、徐晶凝(1998)、胡云晚(2005)等已有讨论，但语料显示这类用例不多，只有如下6例：

例1：正在看这个【多么】好美丽啊的建筑。

例2：这些三十年经过了【真】很快啊！

例3：这些三十年经过了【真】很快啊！①

例4：中国的万里长城也是在世界上【最】很有名的一个地方。

例5：我【很】特别喜欢小妹妹。

例6：可是很多人知道在原子核的电能量生产用的燃料几年以后【很】非常危险！

二是与程度补语或表示程度加深的词连用。这个问题许多学者都有所论及，如程美珍、李珠(1997)、佟慧君(1998)、胡云晚(2005)，但语料显示其用例并不多，只有如下4例：

例1：交谈后我妹妹【更】生气极了，然后她决定直接去校长那儿。

例2：她一直流了眼泪，越来越声音【很】大。

例3：我走回去我的房间，但是因为风刮【很】大极了，门被风关了。

例4：我兴奋说"这个风景【真】美极了"！

3.3　通过对语料中程度副词用例的分析，我们发现以往未提及的三种偏误类型。

一是"非常"、"很"等与"又……又……"结构连用，用例如下：

例1：北京冬天的天气又【非常】冷又非常干。

例2：他们也在课堂上采取【非常】又谦虚又严肃的态度。

---

① 例2和例3在语料中重复出现，但上下文不同，很可能是学生模仿课文造出的句子。

例 3：我带来的东西又【很】多又很重。

例 4：吐鲁番为什么叫葡萄王国，是因为吐鲁番葡萄又【很】多又有名。

一般来说，"又"本身有"再"、"更"等意思，因此在"又"前不必再加程度副词。

二是"很"、"十分"后面跟并列结构，用例如下：

例 1：她的朋友欺骗她了，所以她【很】悲痛和伤心。

例 2：有一年他抢的姑娘不但漂亮，而且还【很】聪明和勇敢。

例 3：结果报纸虽然包括【很】多消息而方便，但我们要知道报纸存在的意思。

例 4：这使小伙子【十分】矛盾和痛苦。

以上用例应分别改为"很悲痛、很伤心"，"很聪明，很勇敢"，"很多消息，很方便"，"十分矛盾，十分痛苦"。也就是说，"很"、"十分"后如果跟并列结构，就不能用"和"、"而"等连词连接；另外，"和"常常用来连接两个名词，"很"、"十分"应分配到每一个成分中去。

三是"太"与"又……又……"结构连用，用例如下：

例：中国人用的筷子是又长又粗、但是日本人用的筷子是又不【太】长又细。

3.4　语料中存在的一些错误，在已有论著或论文中很难找到相应的解释。

这促使我们从一个新的角度去挖掘隐藏在表面背后的习焉不察的规律，从而推动对外汉语教学的发展。

一是"程度副词＋'忙地生活'"。用例如下：

例：到北京以后，我【非常】忙地生活。

这个句子中的"我非常忙地生活"明显有问题。我们可以说"工作很忙"、"生活很忙碌"，但不说"非常忙地生活"。这是因为"忙"很少单独做状语，涉及修饰语与中心语搭配的问题。

二是"程度副词＋'少'＋双音节动词"。用例如下：

例：汉英英汉翻译【最】少吸引我。

我们可以说"最不/极少/很少吸引我"，但不说"最少吸引我"。只有个别单音节动词可进入这个格式，如“这种天文现象最少见”。这时，这种句式含有与其他事物相比较的意味。

四 结语

由于受语料库规模、采样时间等方面的限制，本文也许不能反映出留学生汉语程度副词中介语的全貌，我们在教学中可能随时发现新的偏误类型，也有可能发现与本研究的统计结果有出入之处，这都属于正常的现象。另外，有些不同母语背景的语料，反映出偏误类型与母语迁移有关，今后我们还拟有针对性地开展面向不同国别的汉语程度副词的中介语研究。

总之，只有全面把握了运用规律，通过开展面向对外汉语教学的汉语本体研究，给教学中出现的误用现象做出合理的解释（如“非常忙地生活”错误原因），才有可能找到相应的教学对策（如明确告诉学生哪些是表情绪和心理的动词，哪些是表状态的形容词），从而系统、全面地解决对外汉语教学中出现的问题。

参考文献

程美珍 李 珠（1997）《汉语病句辨析九百例》，华语教学出版社。
韩容洙（2000）现代汉语的程度副词，《汉语学习》第4期。
何一薇（2003）时间名词、时间副词之偏误分析，《温州师范学院学报》第2期。
胡云晚（2005）程度副词“非常”的有关偏误分析，《湖南大学学报》（社会科学版）第2期。
李大忠（1996）《外国人学汉语语法偏误分析》，北京语言文化大学出版社。
李晓琪（1995）中介语与汉语虚词教学，《世界汉语教学》第4期。
李晓琪（1998）论对外汉语虚词教学，《世界汉语教学》第3期。
李小荣（1997）谈对外汉语虚词教学，《世界汉语教学》第4期。
佟慧君（1998）《外国人学汉语病句分析》，北京语言大学出版社。
徐晶凝（1998）关于程度副词的对外汉语教学，《南开学报》第5期。
叶盼云 吴中伟（1999）《外国人学汉语难点释疑》，北京语言大学出版社。
张谊生（2000）《现代汉语副词研究》，学林出版社。

第八章　量词的习得状况*

○　引言

跟汉语相比，英语中没有与汉语个体量词相类似的词类，数词可以直接修饰名词，如汉语“一本书”，英语直接以数词“one（一）”加上“book（书）”，说成“one book”；日语跟英语不同，日语中有一类词跟汉语“个体量词”的功能比较接近，这类词在日语语法中叫做“助数词”，如“satsu（本）”和“hon/pon（根）”等[①]。既然日语和英语存在这种差别，那么日语母语者与英语母语者在习得汉语量词过程中会不会有不同的偏误状况出现呢？两个学习群体习得汉语量词的水平是否有差异呢？为回答上述问题，本文以北京语言大学开发的“留学生中介语语料库”（语料总规模为352万字）中带量词的句子为材料，从偏误类型的分布和偏误率等角度分析和描写日语母语者与英语母语者汉语量词的习得状况。

通过计算机自动检索，我们从中介语语料库中检索出英语母语者用量词的例句2628条，日语母语者用量词的例句4383条，共计7011条。为深入考察留学生量词习得中的偏误情况，我们对这7011条量词句逐条进行人工标注，标注项目主要有三个：1）该条例句中的量词是动量词还是名量词？2）该句中量词的使用是正确还是错误？3）量词偏误的类型。我们知道，偏误的确定跟研究者的语感和容忍度的高低等主观性因素密切相关，为尽可能降低这类主观因素对研究结论的影响，本文的语料标注工作全部由笔者一人完成，名词与量词的搭配是否正确以刘学敏、邓崇谟主编的《现代汉语名词量词搭配词典》（浙江教育出版社，1989年）为标准[②]，动量词的使用的正确情况以本人语感而定。

---

* 本文以《日语母语者和英语母语者汉语量词习得偏误分析》为题发表在《汉语研究与应用》第五辑，中国社会科学出版社，2007年，作者唐翠菊。

① 严格说来日语也不能算是有量词的语言，详细讨论见桥本万太郎（1978：85—91）。

② 这部词典以名词分列词条，所收名词共有8000多条，语料中出现的名词一般都收录其中。标注过程中如果遇到没有收入的名量词，以笔者个人的语感为判断标准。

一 偏误类型分析

1.1 根据朱德熙(1982:48—51),汉语量词可以分为7类:个体量词、集合量词、度量词、不定量词、临时量词、准量词和动量词,前6类可以统称为名量词。通过对提取出的7011条量词句进行人工标注,我们共得量词偏误句271例,其中名量词偏误句有265例,占量词总偏误数的97.79%,动量词偏误仅有6例,占量词总偏误数的2.21%。这说明,日语和英语母语者的量词偏误以名量词偏误为主。在265例名量词偏误中,大多数都是个体量词偏误,不是个体量词的情况比较少,一共只有18例(约占7%),这18例非个体量词偏误主要集中在以下3个量词上:"种"(*一种种类)、"年"(*比我大十年左右)、"片"(*这片电影)。

以上量词偏误分析,是根据量词本身的语义特点划分的。量词在使用过程中要与数词、名词等搭配使用,从这个角度来看,名量词偏误又可以细分为几个小类,下边举例说明。

(1) 瑞士队要赢了这一次足球世界杯赛你要挣好多块(Ø)钱?(E3:9907)[①]

(2) 即使如此,第三天大伙都一个(Ø)大清早起来了,迅速背上背包朝山上的安徽电视台快步地出发赶日出去。(E5:11365)

(3) 孩子有一个疼牙,李想起来一件(个)好办法。(E3:10038)

(4) 桃太郎很快地走着,这时一头(只)狗来了桃太郎的旁边儿。(J4:5554)

(5) 还有我问了一位班里的西医大夫,……(J4:5469)

(6) 我有在高中认识的一个叫大头的朋友。(J4:5238)

(7) 每天除个复习,预习以外没有快乐的东西,……(J4:5330)

以上7个名量词偏误句可以细分为四类:1)名量词多余,即在无需使用量词的位置出现了量词,如例(1)、例(2);2)名量搭配不当,如例(3)、例(4);3)名量词短语的位置不正确,这种情况主要表现为名量词短语在多项定语中的位置不正确,如例(5)、例(6);4)其他名量词偏误,如例(7)的"个"。

---

① 括号内的大写字母"J"代表学生的母语是日语,"E"代表学生的母语是英语,大写字母后的数字代表学时等级,冒号后的数字代表例句的顺序号。

跟名量词偏误相比，动量词偏误不仅数量少(6 例)，而且偏误类型也比较单一，主要表现为动量词与相应的动词(或名词)搭配不当，没有发现“动量词多余”、“动量词短语位置不正确”等偏误类型，如例(8)是以动量词“遍”误代动量词“下”，例(9)是以动量词“次”误代名量词“届”。

(8)“嗵嗵”她敲了几遍(下)门，但没人应，于是轻轻推开房门。(J1：3349)

(9) 瑞士队要赢了这一次(届)足球世界杯赛你要挣好多块钱？(E3：9906)

鉴于动量词偏误数量少、类型单一，本文将动量词偏误算作第 5 类与 4 类名量词偏误并列讨论。从各类量词偏误的分布来看，在 271 例量词偏误句中，5 类量词偏误的分布是极不均衡的，表 1 是这各类量词偏误的数量及比例。

表 1　量词偏误类型及其分布情况

偏误类型	名量词多余	名量搭配不当	名量词短语位置不正确	其他名量词偏误	动量词偏误
偏误数	29	210	10	16	6
比例	10.70%	77.49%	3.69%	5.90%	2.21%

从表 1 可以看出，量词偏误主要表现为“名量搭配不当”，其次是“名量词多余”，前一类占总偏误数的 77.49%，后一类占 10.70%。下文在讨论量词偏误小类的分布状况时主要讨论这 2 类量词偏误。

根据偏误形式上的特点，“名量搭配不当”可以分为三个小类：1)泛用量词“个”造成的名量搭配不当，如例(10)、例(11)；2)误用某个专用量词造成的名量搭配不当，如上文例(12)、例(13)；3)名词误用或名量皆误用造成的名量搭配不当，如例(14)的“一个思想”是名词误用引发的名量搭配不当，例(15)的“一个烦恼”是名量皆误用引发的名量搭配不当，正确的表达应为“有一件烦恼的事情”。

(10) 耶稣复活节前夕，小孩子都把几个蛋在蛋壳外面画一个(幅)画。(E2：9386)

(11) 因为这个(条)裤子好像屁帘儿，所以小王觉得不好意思极了！(J3：4432)

(12) 过了一会儿我们发现一位(个)穷女人跟着我们。(E1：9219)

(13) 有一天她施了三件(个)手术后病倒了。(J8：7532)

(14) 我没有很多经历关于医院、医生和护士，可是我有一个思想(想法)……(E4：10944)

(15) 他跟我一样有一个(件)烦恼(烦恼的事情)。(J6：6860)

从这三类"名量搭配不当"的分布情况看，数量最多的是泛用"个"的情况，共有102例，占48.57%；其次是误用某个专用量词的情况，共有83例，占39.52%；再次是名词误用或名量皆误用的情况，共有25例，占11.91%。

根据多余名量词紧邻成分的性质，"名量词多余"也可以分为两个小类：1)时量词前量词多余，如例(16)、例(17)；2)非时量词前量词多余，如例(18)、例(19)。

(16) 那个(Ø)年完了的时候，二虎去得他的工钱。(E3：10489)

(17) 我们住在海边，所以在夏天每个(Ø)天我弟弟从早上八九点到晚上五六点去海边驾驶驾驶。(E2：9462)

(18) 第二天，结婚现场会，这个(Ø)三对都能参加了。(J6：6811)

(19) 但是左思右想，这次的留学真是个难得的好机会，并且有个(Ø)句话说，……(J3：4505)

"名量词多余"的偏误数虽然在各类量词偏误类型中排在第二位，但相对于排在第一位的"名量搭配不当"而言，总体数量非常小(总共只有29例)，其内部小类的分布也是不均衡的，时量词前量词多余有11例，占37.93%；非时量词前量词多余有18例，占62.07%。

以上是对量词偏误类型总体分布情况的描写和分析，虽然研究对象仅限于日语母语者和英语母语者，但就此得出的量词偏误类型的分布特征也具有一定的普遍意义。

1.2 上一节考察的是量词偏误类型总体的分布特征，本节将按母语类型来考察量词偏误类型的分布规律。

在本文检索到的271个量词偏误中，日语母语者的偏误有137例，其中动量词偏误有2例，名量词偏误有135例，名量词偏误中有95%(128例)都是个体量词偏误；在本文检索到的271个量词偏误中，英语母语者的偏误有134例，其中动量词偏误有4例，名量词偏误有130例，名量词偏误中有92%(119例)都是个体量词偏误。以上数据说明，日语母语者和英语母语者的量词偏误都是以名量词偏误为主，名量词偏误又都是以个体量词偏误为主（均在 90%以上）。下面我们进一步考察日语母语者与英语母语者在名量词使用过程中的偏误类型，详细情况如表 2 所示。

表 2　名量词偏误在日语母语者和英语母语者中的分布情况

偏误类型／母语背景		名量词多余	名量搭配不当	位置不正确	其他	合计
日语	偏误数（比例）	15（11.11%）	104（77.04%）	7（5.19%）	9（6.67%）	135
英语	偏误数（比例）	14（10.77%）	106（81.54%）	3（2.31%）	7（5.38%）	130

从表 2 可以看出，各类名量词偏误在日语母语者和英语母语者中都是存在的，并且各个偏误类型在两个学习群体中的分布情况也大致相同，比如在两个群体中居前两位的偏误都是“名量搭配不当”和“名量词多余”，且这两类偏误在各个群体中所占的比例也大体一致。如前所述，“名量词多余”和“名量搭配不当”内部还存在多种情况，下面我们进一步考察这两类名量词偏误在两个学习群体中的具体分布情况（详见表 3）。

表 3　名量词多余和名量搭配不当在日语母语者和英语母语者中的分布情况

偏误类型／母语背景		名量词多余		名量搭配不当		
		时量词前	非时量词前	泛用“个”	误用某个专用量词	名词误用或名量皆误用
日语	偏误数（比例）	2（13.33%）	13（86.67%）	56（53.85%）	36（34.62%）	12（11.54%）
英语	偏误数（比例）	9（64.29%）	5（35.71%）	46（43.40%）	47（44.34%）	13（12.26%）

从表 3 可以看出，“名量词多余”在日语母语者和英语母语者中的具体分布情况差别比较大，日语母语者多余的量词主要出现在非时量词前（86.67%），如例（20）；而英语母语者多余的量词主要出现在时量词前（64.29%），如例（21）。

（20）a. 她又很可爱的又柔和的话音，她是个我们的偶像了。（J5：6420）

b. 虽然日本也有挺多棵柳树，但是考虑到它们不发柳絮，柳树的种类显得跟中国的不同。（J2：3859）

c. 她悄悄地把块布揭下来，那只夜猫子仍旧转了一下眼珠子。(J1：3352)

(21) a. 胖子女人以为："瘦子女人每个天越来越漂亮，她比我最漂亮，……"(E2：9764)

b. 这个天有晚妈妈的朋友，做饭的时候我谈着跟朋友(E2：9817)

c. 那个年我八月回国、九月上学。(E4：11125)

二 偏误率分析

偏误率是了解一个语法项目习得水平的重要指标。一般认为汉语量词是留学生汉语学习中的一个难点，特别是对于母语中没有量词或类似量词成分的学习者而言。按照这种思路预测，留学生汉语量词习得的偏误率应该比较高，并且英语母语者的偏误率会比日语母语者高。语料库的统计数据是否如此呢？本节试图回答这一问题。

为使偏误率的分析更准确，我们结合学时等级来比较日语母语者和英语母语者的量词偏误率。北京语言大学的"留学生中介语语料库"中的语料可以细分为八个学时等级，这种学时等级是按学期来划分的，一个学期相当于一个学时等级。但是，学时如果划分得过细不利于我们考察偏误率跟学时等级的关系，因而，本节采取四个等级的划分方法，以一个学年为一个学时等级，这样本文的中介语语料可以分为四个学时等级。表4是日语母语者和英语母语者在四个学时等级的量词习得的偏误数和偏误率。

表4 日语母语者和英语母语者量词习得的偏误数和偏误率

母语 学时等级	日语母语者			英语母语者		
	总例句数	偏误句	偏误率(%)	总例句数	偏误句	偏误率(%)
一级	993	32	3.22%	747	38	5.09%
二级	1508	46	3.05%	1271	67	5.27%
三级	1261	40	3.17%	572	26	4.55%
四级	621	19	3.06%	38	3	7.89%
合计	4383	137	3.13%	2628	134	5.10%

从表4可以看出，1)日语母语者在四个学时等级的量词偏误率都比较低，并且偏误率没有随着学时等级的提高而有明显的变化，四个学时等

级的偏误率波动不是很大;2)英语母语者的偏误率虽然随着学时等级的提高而降低,[①]但这种变化并不明显,前三个学时等级的偏误率波动也不是很大; 3)从总偏误率来看,日语母语者和英语母语者量词习得的水平均比较高,两个学习群体的偏误率都没有超过 5.5%,相比较而言,日语母语者比英语母语者的偏误率低将近两个百分点(前者为 3.13%,后者为 5.10%),据此,我们可以初步断定,日语母语者汉语量词的习得水平略高于英语母语者。

由上文的分析来看,汉语学习者在各个学习阶段的量词偏误率都比较低,似乎量词学习并不像一般所说的那样是一个“难点”。我们认为,得出这种结论还为时尚早。实际上,仅从基于语料库的统计结果还不能完全评判量词习得水平的高低和量词习得的难度。这是因为我们检索的语料都是受限语料。从表达的角度看,量词的使用关乎三个层面的问题:1) 名词前或动词后需要不需要加上量词短语; 2) 如果需要用量词短语,那么应该选用哪一个量词与相应的名词或动词搭配; 3) 知道用哪一个量词以后,还得确定量词短语的句法位置。简而言之,第一个层面是“用不用”的问题,第二个层面是“用哪一个”的问题,第三个层面是“用在哪儿”的问题。这三个层面如果某一个层面发生使用上的错误,都会产生量词偏误,具体地说应该有如下四种偏误类型:

1) 量词漏用

2) 量词多余

3) 量词与名词(或动词)搭配不当

4) 量词短语的位置不正确

第一、二类量词偏误属于“用不用”的问题,第三类量词偏误是“用哪一个”的问题,第四类量词偏误是“用在哪儿”的问题。本文分析的偏误类型主要是后三种情况,不包括第一种情况,这是因为“量词漏用”在我们检索出的语料中无法作为条例直接提取出来。例如:

(22) 办事处有四个窗口,不知道哪 ^ 窗口办执照。(E2:9421)

(23) 第二天吃完早饭,爸爸先把手指头放在水里然后在桌子上写了一^字。(E2:9448)

(24) 那第二天我应该作很多东西:兑换钱,对居留证,照七八 ^ 照

---

① 英语母语者第四个学时等级的例句总数(38)和偏误数过少(3),统计学上的意义不大,因而我们着重分析前三个学时等级的偏误率。

片，买词典。(E2：9487)

(25) 一个朋友告诉我这^展览有很多画，再说都很有意思。(E2：9498)

(26) 她和她丈夫有三个孩子，一个儿子和两^女儿。(E2:9524)

例(22)—(26)都属于量词漏用的情况，但这些例句之所以能够提取出来是因为句中带有量词而不是漏用量词。本文所依据的语料是以“量词”为标记从中介语语料库中提取的，因而，所有例句都是使用了量词的句子，虽然在人工标注过程中经常遇到名量词漏用的情况，但这只能算是标注工作的一个副产品，无法在本文范围内进行定量分析。这样看来，基于语料库的偏误分析是有一定的局限性的，我们只分析了“用了量词但用得不对”的情况，而对于漏用量词的偏误却无法进行大规模的统计和分析。为弥补这种不足，还应该在语料库建设和研究方法上进行改进。语料库建设方面，可以对现有语料库进行深加工，在标注和提取方式上尽量保证留学生回避使用的语言现象也能够大规模地检索出来；研究方法上应该避免仅有语料库材料支持的单一局面，尽量在语料库材料的基础上辅之以问卷调查、跟踪调查等方法获得的语言材料。

三　结语

基于语料库的研究更着重分析偏误率，对于偏误类型一般只是分类并进行诊断式的分析(如为什么错、错在哪里等)。我们认为，偏误类型的研究应借助现今语料库技术的发展更进一步，即不仅要指出有哪些偏误类型，还应深入考察各偏误类型的总体分布情况、在不同母语背景中的分布情况、在不同学时等级的分布情况，等等。这种多层面的偏误类型分析更能体现基于语料库的偏误分析的优势，比如陈小荷(1996)就从母语背景和语境多个角度对副词“也”的各个偏误类型进行了定量分析，所用的分析方法值得我们借鉴。本文对量词偏误类型的分析也是一次对类型进行定量分析的尝试，但限于人力有限，我们比较的母语背景还比较少，仅有日语和英语两种母语类型，要真正了解量词习得的状况还应进一步扩大考察对象的母语范围。

基于语料库的偏误率分析有样本量足够大的优势，可以使我们在大规模语料中来观察某个语言现象的习得状况，同时也有一定的局限性，即无法反映留学生回避使用的语言现象。因而本文得出的日语母语者和英语母语者量词习得水平均比较高的结论还有待用其他的研究方法来进一步证实。

参考文献

陈小荷（1996）跟副词“也”有关的偏误分析，《世界汉语教学》第2期。

程美珍　李　珠（1997）《汉语病句辨析九百例》，华语教学出版社。

何　杰（2000）《现代汉语量词研究》，民族出版社。

陆俭明（1987）说“年、月、日”，《世界汉语教学》创刊号。

陆俭明（2001）现代汉语时量词说略，载《语言学论丛》（第二十三辑），商务印书馆。

陆丙甫　屈正林（2005）时间表达的语法差异及其认知解释——从“年、月、日”的同类性谈起，《世界汉语教学》第2期。

桥本万太郎（1985）《语言地理类型学》（余志鸿译），北京大学出版社。

朱德熙（1982）《语法讲义》，商务印书馆。

下　编

中介语视角的汉语句法研究

第九章　汉语差比句研究

第一节　汉语“比较”范畴的确立[①]

○　引言

本节试图通过考察汉语中关于“比较”的语法意义和语言形式，来为现代汉语确立一个“比较”范畴，并力图从认知语言学的角度，对这个“比较”范畴做出理论上的说明。

一　汉语表示比较的句式研究述略

“比较”是人类在认知领域中的一种思维过程和方法。“比较”的定义，据《汉语大词典》的解释，是根据一定标准，在两种或两种以上有某种联系的事物间，辨别高下、异同。汉语研究中寻求表示“比较”的语言形式，始自《马氏文通》。它比附印欧语中的“原级”、“比较级”和“最高级”，提出汉语形容词的“平比”、“差比”和“极比”。《文通》为“比”所下定义为：“凡色相之丽于体也，至不齐也。同一静字，以所肖者深浅不能一律，而律其不一，所谓比也。象静为比有三：曰平比，曰差比，曰极比。”这是指形容词程度的比较。黎锦熙《新著国语文法》沿袭马氏成说，并推广至复句之中，提出平比句、差比句和审决句。所谓平比，表示所比事项的类似或程度上是平等的，用“像、好像、似的、像……似的、好比”等词语；所谓差比，表示所比事项有强弱、轻重、高低、上下等差异，用“赛过、不如、不及、过于”等词语；至于审决句，则是就差比两端再从主观上加一番审查决断，实则说的是某些主从复句，如“与其……宁可”、“与其……不如”等。高名凯《汉语语法论》提出“比词”的概念，并解释说：“比较量度的语法范畴，我们

---

① 本文以《论汉语的比较范畴》为题发表在《中国语言学报》第十期，2001 年 5 月，作者赵金铭。

叫做比词。”并就表示比较的程度，分为表示差级和极级两类，首次将“比较”与“范畴”联系起来。最值得提及的是吕叔湘在《中国文法要略》中将表达论分为“范畴”和“关系”，并根据“两件事情之间可以有种种关系”，将句子关系分为六大类，其中标为“异同—高下”的一类，说的就是比较关系，下设“类同、比拟、近似、高下、不及、胜过、尤最、不如、倚变”等细目。此后的语法著作，在论及“比较”的表达方式时，再未超出吕书的范围。刘月华等为适应对外汉语教学的需要，从意义出发，将汉语中表示比较的句子分为两类，一类是比较事物、性状的同异，包括“跟……一样……”、“……有……那么……”等句式；一类是比较性质、程度的差别、高低，包括“比”字句、“……没有……那么……”、“……不如……”等句式。《汉语水平等级标准与语法等级大纲》将表示比较的句式共列出 16 种，按难易程度，分为甲、乙、丙、丁四级。吕文华将“比”字句按形式由简及繁，语义由浅及深，进行不同等级的层次切分，共切分为十级，递次排列。

综观各家所列表示“比较”的句式，不难看出，汉语里比较句的构成，不是采取词的形态变化的方式，而是使用程度副词或采用一定的结构方式来表达。而印欧系语言表示比较的方法大多是以词尾变化为手段，这是有着根本区别的。

二　现代汉语“比较”范畴的确立

基于语法学界对比较句的分析，我们拟把“比较”看做一个语法范畴。作为一个语法范畴，必须是某种语法意义和表示这种语法意义的形式手段二者的统一体。构成语法范畴的基础是对立关系。一个语法范畴必须包含两个以上处于相互对立关系的同类的语法意义。汉语中表示“比较”这一类的功能意义有几种，其中既有虚词所赋予的语法意义，也有某种句式所赋予的语法意义。比如“异同”和“高下”两个语法意义，就都生于“比较”，是“比较”所包含的两个对立的语法意义，它们又分别有各自的语言表达形式。吕叔湘说：“必须有相同的部分，又有相异的部分，才能同中见异，或异中见同，才能有比较关系。同中见异，如‘昨天热，今天更热’（高下）；异中见同，如‘你姓张，我也姓张’（类同）。”（吕叔湘，1944）[①]胡明扬从意义与形式相结合的角度来阐述语法范畴，他认为“语法范畴是一类语

① 本文只讨论一般语法书论及的表示“比较”的较固定的语言形式，类似这样的句子，常放在虚词“更”、“也”等的用法中讨论，本文将不论及。限于篇幅，本文也未涉及“极比”现象。

法意义的概括,而语法意义则是一定的语法形式所表达的意义。因此,要确立一种语法范畴,最关键的一步是要找到相应的语法形式或一系列语法形式”。并进一步申明,“汉语语法肯定有自己的语法范畴,至于有哪些语法范畴,每一种语法范畴包含哪些内容,这些都是需要深入研究的,也是完全可以有不同意见的”。(胡明扬,1992)语法范畴有选择性,这是毋庸置疑的。不同的语言有不同的语法范畴系统,往往在一种语言里有某种语法范畴,而在另一种语言里却没有这种语法范畴,即使某些语言有相同的语法范畴,它们在内容和形式上也不是完全一致的。对汉语语法范畴,赵元任说得很透彻:“汉语里大多数语法范畴都是隐藏的,不是有明白的标记的。”又说“大多数情况是形式类的语法性质只有在一定的框架中才显示出来,别无标记,只是隐藏着”。(赵元任,1979)这里所说的“标记”,大多是指印欧语的那种形态变化。我们认为,所谓语法范畴,不过是语法意义的分类,不过这种分类应该有语法形式的保证。“比较”是一种语法意义,我们把它看做是一个范畴,它的下位又可分为“近似、等同、胜过、不及”等,我们把它们看做是“比较”的次范畴,每个次范畴都有各自的语言形式与之对应。高名凯说得更直接:“把许多意义归成类,就叫做语法范畴。”(高名凯,1948)我们以此说为是,并以此为汉语确立了一个“比较”范畴。

三　以认知语言学的原型论认识汉语的“比较”范畴

近年来,认知语言学的观点被引进汉语语法研究之中,对不少过去认识不清的语言现象重新进行了审视。认知语言学认为,考察归入同一范畴的语言单位到底代表着哪些概念,一定会发现一个显而易见的趋势:属于同一形式范畴的语言单位在认知上也有相似之处。“将有相同认知特点的概念放入同一语法范畴,这是人类语言的一项相当普遍的特征,是语言象似性的一个表现”。(张敏,1998)以往经典的“范畴”定义为:一组拥有共同特性的元素组成的集合(set),元素隶属于集合的程度相等,没有“核心”和“边缘”之分。认知语言学对“原型范畴”的解释却与此大异其趣。Wittgenstein(1953)的研究显示:隶属于同一范畴的成员中,只有共同的家族相似性,隶属是个程度大小的问题。这种认为同一范畴诸成员只有资格的大小或优劣的观念,被称作“原型论”。(石毓智,1995)原型论又称作“原型范畴”,这是一种跟典型事例类比而得出的范畴,也即属于同一范畴的成员,不必具有一个/组为其他范畴成员所不具备的特征。袁毓林说:“范畴是建立在好的、清楚的样本(exemplar)的基础之上的,然后将其他实例根据他们跟这些好的、清楚的样本在某些/一组属性上的相似性而归入同一范畴。这些好的、清楚的样本就是原型(prototype),它们是非典型事例范畴化的参照点。”(袁毓林,1998)

用原型论的观点来看汉语的“比较”范畴,我们会发现,与汉语“比较”范畴的四个次范畴相对应的一系列句式,它们彼此之间都有某种相似性,我们可以把它们分别看成四个“家族”,我们为每个次范畴家族选择一个典型句式为样本:

1. 近似“家族”:……像…… 小王像小李(那么努力)。
2. 等同“家族”:……跟……一样…… 小王跟小李一样(努力)。
3. 胜过“家族”:……比…… 小王比小李(努力)。
4. 不及“家族”:……不如…… 小王不如小李(努力)。

以典型句式为首,每个“家族”的成员可以依次排为:典型句式——常用句式——次常用句式——文言遗存句式,它们之间所具有的明显的相似性,说明它们映照着同一个概念。

我们列表如下:

	近似	等同	胜过	不及
典型句式	……像…… ……好像…… ……像……这么…… ……像……似的 ……似的	……跟……一样…… ……跟……那么…… ……跟……一般…… ……跟……相同	……比…… ……比……还/更…… ……比……一点儿/一些	……不如……
常用句式	……跟……相近似 ……跟……差不多 ……跟……不相上下	……有……那么…… ……等于…… ……相当于……	……比……形+动+数量补语 ……比……动+得+程度补语 ……比……助动+动	……没有……那么…… ……不及……
次常用句式	……好似…… ……如同……	……不比…… ……比得上…… ……赶得上……	……比……还(名)	……比不上…… ……赶不上……

续表

	近似	等同	胜过	不及
文言遗存句式	……近似于…… ……犹如……	……无异于…… ……不下于…… ……不亚于……	……高/重/大/强于…… ……高/胜/长/强过……	……次于……

四　象似性原理与汉语“比较”范畴

认知语言学认为“语言不是直接反映客观世界，而是有人对客观世界的认识介于其间，即所谓‘心生而言立’”。（沈家煊，1993）从语言结构的象似性来看，则是语言结构直接映照人的概念结构，而不仅仅是一般地体现概念结构。张敏曾根据 Haiman(1985)对象似性概念的阐释下了一个更为具体明确的定义：“当某一表达形式在外形、长度、复杂性以及构成成分之间的各种相互关系上平行于这一表达方式所编码的概念、经验和交际策略时，我们就说这一语言表达式具有象似的性质。”(张敏，1998)

用这个观点来考察汉语中的“比较”范畴及其表达方式，的确存在着语言表达式对比较概念的临摹现象。汉语的比较用虚词或句式来表示，不同于英语用词尾变化来表达。汉语中两物相较，总是比项在前，被比项在后，次序不可颠倒，中间是比较句的“标记”，最后显示比较的结果，即说话人对比较的评价。其公式为：

比项＋“标记”＋被比项＋比较的结果

我们把它简化为：A＋(标)＋B＋(果)。这种线型的编码，正反映了人们的认知过程。人们在表达“比较”时，总是先有一物/事，然后用介于两物/事之间的标记引出另一物/事，然后做出比较的结果/评价。所以我们说，汉语比较句的排序框架与汉族人的思维习惯及思维方法是一致的。这就为句法结构象似概念的认知提供了证据，现代汉语比较句皆不出此框架。如：

1. 近似

他　像　老黄牛　那样工作
A　(标)　B　(果)

他　像　没吃饭　似的　O
A　(标)　B　(果)

苏州话　与　上海话　相近似　O
A　（标）　B　（果）

河里的灯　犹如　天上的星　映在水中
A　（标）　B　（果）

2. 等同

他　跟　他哥哥　一般　高
A　（标）　B　（果）

她　跟　她妈妈　一样　喜欢孩子
A　（标）　B　（果）

小虎　快　有　我　这么　高　了
A　（标）　B　（果）

祥子　一点也　不比　别人　差
A　（标）　B　（果）

3. 胜过

我的体重　比　上个月　轻了一些
A　（标）　B　（果）

小明　比　我　还睡得晚一点儿
A　（标）B　（果）

他　比　你　更会安排时间
A　（标）B　（果）

孩子　比　他爸爸　还会下棋
A　（标）　B　（果）

4. 不及

他　没有　你　那么努力
A　（标）　B　（果）

今年的收成　不如　去年　好
A　（标）　B　（果）

张强　赶不上　王钢　跑得快
A　（标）　B　（果）

至于文言在现代汉语遗存的句式，情况稍有不同。在古汉语中“君子之交淡若水”（《庄子·山木》）、“季氏富于周公”（《论语·先进》）、“退而禅颇，名重泰山”(《史记·廉颇蔺相如列传》)等都是常式，至于何以演变成现代汉语表示“比较”的句式，属历史语法研究领域，一时也难说清。在此只作古汉语遗存，不再赘述。

有的语法学家基于汉语句法里的证据，提出了“汉语是一种图画语言”的观点。(谢信一，转引自张敏，1998)语言的结构方式临摹现实的事态，正是源于语法结构所固有的象似性。也就是说，“语言的象似性指的是感知到的现实形式和内容(或者说，语言符号的能指和所指)之间的联系有着非任意、有理据、可论证的一面”。(张敏，1998)汉语的“比较”范畴在相当大程度上体现了句法的象似性质。

对于汉语比较范畴的四个次范畴，如果从认知顺序原则看，无论从哪一个次范畴出发，都可以与其他三个次范畴相关联，他们之间成为一个连续统。其实这是一个无始无终、浑然一体的结构系统，姑且称作“比较顺序原则”。这个系统可以是一条链，也可以是一个圆。

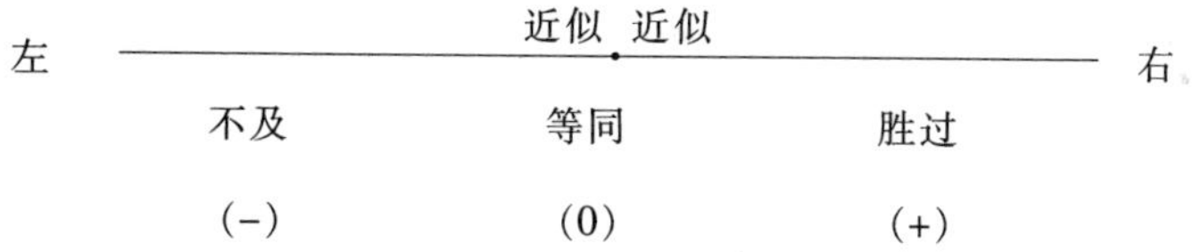

我们把“等同”记作(0)，把“胜过”记作(＋)正，把“不及”记作(－)负。只有在(0)点上是“等同”，也可以说“等同”是一个点。只要一离开(0)点，向右都是“胜过”(＋)，向左都是“不及”。而“近似”不过是人们的一种模糊概念，可以说“等同”附近的若干点都是“近似”，只不过是离(0)点越近，近似的程度越高；离(0)点越远，近似的程度越低，也就越接近“胜过”或“不及”，但这是个渐进的过程，中间并没有分界线。可以说，近似点是无数的，只是近似程度不同而已。我们也可以说，每一个近似点在绝对意义上都是“胜过”(＋)或“不及”(－)。从这个角度出发，在一个连续统中，只有一个次范畴是静态的，固定不变的，那就是“等同”(0)，其他三个次范畴“近似”“胜过”和“不及”都处于动态之中。

我们也可以把“比较”范畴看做一个圆。我们可以把这个圆切分为两个半圆，那两个切分点，我们把它看做是“等同”(0)。然后再横切分为两个半圆，把右切分点看做“胜过”(＋)，把左切分点看做“不及”(－)。除了“等同”之外，分布在圆上的介于“等同”和“胜过”之间或介于“等同”和“不及”之间所有的点，均可以视为近似，而近似是既具有“胜过”(＋)特征，又具有“不及”(－)特征的点。这样，我们就可以把比较范畴的四个次范畴分为两大类：一类是相同，辖“等同”次范畴，另一类是相异，辖“近似”、“胜过”、“不及”三个次范畴。在上面这个连续统的圆中，相同只有两点，相异有无数点。在这个圆中，我们无论从哪个次范畴点开始，也无论是顺时针方向旋转，还是逆时针方向旋转，除了“等同”外，都是难以截然分开的，而且是连续不断的。比如：因观察的角度不同，在“近似”和“等同”之间，既有“不及”，又有“胜过”。从“小王像小李那么努力”（近似），到“小王跟小李一样努力”（等同）之间，还有很多过渡点，在到达“等同”之前，必有“小李比小王努力”（胜过）和“小王不如小李努力”（不如）的阶段。所谓“过犹不及”，正是从两个不同的角度来观察同一现象时得出的两种结果，或“胜过”或“不及”。

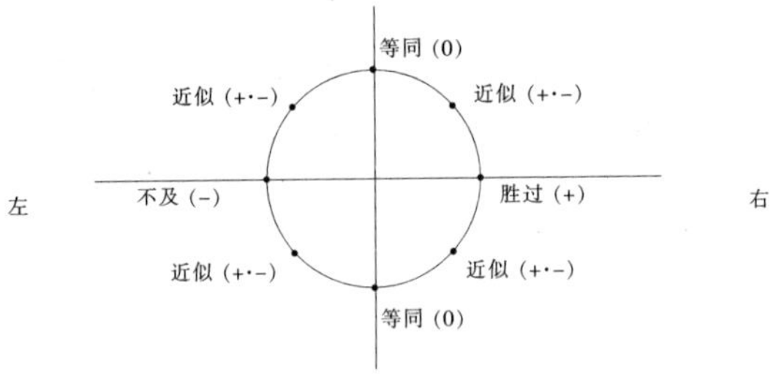

五　距离象似动因与汉语“比较”范畴

从认知角度看概念的成分之间是有距离的，故而反映所表达的概念成分的语言成分之间也有距离。也就是说，在功能上、概念上或认知上越接近的实体，其语言形式在时间与空间上也越相近。即意义联系越紧，其表层形式连接越近。说到底，形式关系是意义关系的临摹，概念之间的距离跟语言成分之间的距离相对应。（沈家煊，1993）这称为“距离象似原则”或“距离动因”。

“近似”次范畴是表示两物或两事之间的类似关系，如果二者完全相异，那就无从比较。这种类似一定是因为二者之间有相同的属性：形状、颜色、声音，以及更抽象的什么。这是自古就有的。《说文解字》中有：“虎，山兽之君。从虍，虎足象人足，象形。”（五篇上）“能，熊属，足似鹿，从肉㠯声。”（十篇上）又如《庄子·逍遥游》：“肌肤若冰雪，绰约若处子。”唐朝《义山杂纂》中列出十种相似的东西：“老鸦似措大，饥寒相吟；穷亲情似破袖肘，常自出；婢似猫儿，暖处便往；京官似冬瓜，暗长……”直至现代汉语表近似，依然如此：“七月的云……一会儿一个样，像狮子的，像老虎的，像马、像狗的。"(汪曾祺《异秉》)这都是两物相较,取其某一点相近似而已。"近似"本身就是一种"不及",如果二者接近到完全一样时,是为"等同"。两物相较,从"近似"开始,如果是越来越接近,而不是向相反的方向发展,最终必定达到"等同"。这之间并非是跳跃式的突变,而是一个行云流水的渐变过程。"等同"也可以说是"类同"。吕叔湘说:"类同关系是异中见同,类同之感建立在相同的部分之上。"(吕叔湘,1944)他又说:"表示均齐,所用句法一部分跟两物相比的比拟句差不多,在意念上,这两类句子也难于分清。"(吕叔湘,1944)我们试比较下列两组:

A	地上白得像下了雪似的	(近似)
	那条蛇像皮带这么长	(近似)
B	地上跟下了雪一样白	(等同)
	那条蛇有皮带这么长	(等同)

A组属"近似"次范畴,B组属"等同"次范畴,从连续统的角度看,它们既相邻近,又难于一刀切开。于是,概念上的相近似,反映在句式上也有形式上的相似之处。

两物相较超过了"等同"的界限,就进入了"胜过",这时,就某种属性来比较,二者必定会分出高下、长短、优劣、大小、难易等差异。不管是哪种属性有差异,就高者对下者,或大者对小者来说是"胜过";就下者对高者,或小者对大者来说是"不及"。"胜过"与"不及",犹如一枚硬币的两面,观察的方向不同,所得次范畴也不一样,无论如何,这两个次范畴是相关的。于是因为概念上的相关,导致了句式上的相似。试比较下列两组:

A	这儿比那儿安静	(胜过)
	实际行动胜过空洞的言辞	(胜过)
B	那儿不如这儿安静	(不及)
	那儿比不上这儿安静	(不及)
	空洞的言辞不如实际行动	(不及)
	空洞的言辞比不上实际行动	(不及)

A组属"胜过"次范畴,B组属"不及"次范畴,这两个次范畴是两个相关的概念。不难看出,概念上的接近,反映在表达它们的语言形式上亦有近似之处。

现在我们再来观察一下"胜过"与"等同",从连续统上看,这两个次范畴中间隔着一个"近似"次范畴,所以在认知或概念上是两个距离较远的实体,因此反映它们的典型的语言形式的差异也就比较大。试比较:

A{ 这块石头比那块石头硬得多 （胜过）
今年的产量比往年还高 （胜过）

B{ 她跟她哥哥一样聪明 （等同）
他衣服的款式跟我的相同 （等同）

我们可以看出A组两句均属“胜过”，句式自然相近；B组两句，均属“等同”，句式也彼此相近。但A组和B组分属两个有一定距离的次范畴，A、B两组句式就有较大的差异。

六 从象似性程度看“比较”的四个次范畴

语言形式可称作象似符，皮尔士按其复杂程度将象似符分为三小类。第一类是“影像”，符号与对象单纯是在某些属性上相似，如照片；第二类是“图样”，符号与对象是在结构或关系上相似，如地图；第三类是“隐喻”，即通过此物与彼物的平行性来反映所指事物特征的符号。（张敏，1998）据此观察“比较”的四个次范畴，我们会看到反映“等同”次范畴的两物或两事，因彼此相同或相等，故两个概念之间的象似性程度自然应该是最高的，我们把它看做“影像”类，“影像”犹如拍摄的照片，原物与照片应该等同，象似程度最高。反映“等同”次范畴的语言形式有“跟……一样……”、“……有……那么……”等，也应具有最高的象似程度。

反映“近似”次范畴的两物或两事，如果两个概念在某一点上相似，就可以在“像”与“不像”这一系列中进行比较。故而二者可能只在本质特征或某种相关属性上相似，也可称作“像”。我们唱了多年的歌“毛主席像太阳，照到哪里哪里亮”是为明证。太阳以阳光普照万物，毛主席以其思想“照亮”人们，这也是一种象似，我们把它看做“图样”类。“图样”只就一点就可以比较两个概念，象似程度应该次之。反映“近似”次范畴的语言形式有“……像……”、“……像……似的”，其象似程度亦次之。

反映“胜过”和“不及”两个次范畴的两物或两事，在两个概念之间，可以差异悬殊，如“一队比二队差十万八千里”，“现在的产量比那时不知高过多少倍”。我们把这种两个概念相距较远或甚远的两物或两事相比较，当做“隐喻”类。这是一种在心理类比的基础之上，以两种东西的相似性为基础进行类比的，也就是两物有可比性。“胜过”和“不及”都始源于两物之间的可见差异，差异可大可小。“胜过”和“不及”两个次范畴的语言表达形式“……比……”、“……没有……那么……”映现这种概念上的差异，差异为本，其象似性程度明显低于前二者。

这样，我们就把“比较”范畴的四个次范畴按象似程度大小依次排列如下：

等同＞近似＞胜过/不及

当然，这是一个连续的、渐变的、界限模糊的等级，其间的边界是无法划清的。

按照语言结构直接映照人的概念结构的原理，既然概念范畴存在着象似程度的差异，语言形式对概念结构具有临摹性，其象似程度自然亦应有所不同才是，试看典型句式的象似程度差异：

“……跟……一样……”＞“……像……”＞“……比……”/“……不如……”

由此略见端倪。然而，语言是发展变化的，回首文言遗存，却不尽如此，我们看不出有什么象似程度的差异：

“……无异于……”≈“……近似于……”≈“……重于……”/“……次于……”

这之中变化的轨迹本文难以论及。

七　认知上的“有界”和“无界”与“胜过”次范畴的“比”字句

人在感知和认识事物的同时也感知和认识它们的性质和状态。事物在空间有“有界”和“无界”之分，动作在时间上有“有界”和“无界”之分，性质和状态则在程度和量上有“有界”和“无界”之分。（沈家煊，1995）按照认知语法的观点，人的语言能力是人的一般认知能力的一部分，认知上“有界—无界”的对立必然在语言结构中有所反映。沈家煊进一步指出：“性状的‘有界’和‘无界’在汉语语法中就是形容词有性质形容词和状态形容词之分。”朱德熙在为汉语划分出性质形容词和状态形容词之后，指出：状态形容词“表示的属性都跟一种量的观念或是说话的人对于这种属性的主观估价作用发生联系”。（朱德熙，1956）沈家煊从认知语言学角度解释说，状态形容词总是表示一定的量段或量点，因而是“有界”的，而性质形容词表示的是量幅，因而是“无界”的。他并举例说明，比如性质形容词“慢”，有各种程度不等的“慢”，“慢”代表一个量幅，是“无界”的；而“慢慢地、慢腾腾、慢慢腾腾、很慢”等状态形容词则表示一定程度的“慢”，是“慢”的一个量段或量点，是“有界”的。（沈家煊，1995）用这个观点来观察表示“胜过”次范畴中的“比”字句，会看得更加清楚。

表示“胜过”的“比”字句，是用“比”来连接相比的两件事，以比出“高下”，高者在前，下者在后，最后用“无界”的词语来表示一个量幅。因此，可以进入“A 比 BX”句式中“X”位置的应该是性质形容词，这个性质形容词前可加“稍、更、还”，后可加“一点儿、一些、许多、不少”等表示量幅的词语。外国人在习得汉语过程中不明此理，于是出现下列句子：

* 她织布的技术比其他人很高

* 北京的冬天比日本名古屋十分冷

* 我现在比刚来北京时非常忙（李大忠，1996）

这些句子之所以不成立，是因为句子中的“很高”、“十分冷”、“非常忙”都带有较高的程度，是某个性质形容词的一个量段或量点，是“有界”的。如果以“十分冷”为例，与之近似的“有界”词语还有“冷森森、冷丝丝、冷飕飕、冰冷、干冷、很冷、非常冷”等，它们都表示一定程度的“冷”，故而都不能进入“比”字句。至于“＊今天比昨天冷得不得了 liao”、“＊今天比昨天冷极了”，（李大忠，1996）依然不能成立，是因为句中的“极了”、“不得了”都表示程度之极点，极点也是一个量点，依然是“有界”的，所以也不能放在“比”字句的框架之中。

八　对称性象似动因与“比较”范畴的三种情况

语言里有许多对称的概念要表达，比如互相依存的事件、同时发生的事件、交替出现的事件以及相互关系等等。这些对称的概念如果和对称的语言形式相对应，便是认知语言学所指的对称性象似动因。

比较范畴的肯定式与否定式基本上是一种正负对称的情况，即在原有的语言单位前边加上表示否定意义的词“不/没”，于是构成了对立的形式。这是一种有“标记”的对立，“标记”在布拉格学派的标记理论中有着特定的含义，它以对立为基础，指的是具有区别意义的语言特征。据此，我们把“比较”范畴的相关句式的对立情况划分为三种：

1. 对立并对称

肯　定	否　定
……像……	……不像……
……像……那么……	……不像……那么……
……跟……一样……	……跟……不一样……；……不跟……一样……
……跟……相同	……跟……不同
……跟……相似	……跟……不相似
……像……似的	……不像……似的

这是一种带有否定标记、形式对立、意义对称的一组形式。

2. 对立不对称

肯　定	否　定
……有……那么……(等同)	……没有……那么……(不及)
……比……(胜过)	……不比……(等同/不及)

这是一种形式对立而意义不对称的情况，有点儿像张斌在讲词汇“对立不对称”时的情况：“‘简单’的反义词是‘复杂’，可是‘不简单’是‘有能耐’的意思。‘怎么样’表疑问，‘不怎么样’并非对疑点的否定，而是‘不太好’的意义，这是另一种对立不对称的情况。”(张斌，1998)在比较范畴中，“……有……那么……”格式表示等同，而它的否定形式“……没有……那么……”则表示不及。“……比……”格式表示胜过，而它的否定形式“……不比……”则表示等同或不及。

3. 零位对立

一般说来，带否定词的语言形式是从其肯定形式派生出来的，二者构成对立。但是有一种带否定词的语言形式却没有其反义的对立的肯定形式。也有相反的情况，只有肯定式而无否定式。于是，我们把它们的对立形式看做“零”。(张斌，1998)张国宪称作“零位对立”(张国宪，1998)。在比较范畴中的表现如下：

肯　定	否　定
○	……不如……
○	……不及……
○	……不亚于……
○	……不下于……
……好像……	○
……犹如……	○
……好比……	○
……似的……	○

一般来说，肯定形式带上否定语素，应该看做是它的否定形式，而否定形式常常有一个否定焦点，这个焦点一般是末了一个成分。(吕叔湘，1987)这都是有定论的。但对“比较”范畴中表示“胜过”次范畴的“比”字

句来说，对它的否定形式却说法不一。李英哲等认为：虽然在“比”以前加“不”可以对这个句式进行否定，不过最常见的否定形式还是句型（A“没有”B“那么”状态动词），只是它的意思稍微有点儿不同罢了。例如：

a. 我比你高吗？

b. 你不比我高。（可能形式）

c. 你没有我这么高。（可取形式）

（李英哲等，1990）在此之后，吕文华讲得更明确：“‘……不比……’句在表达和使用的语境背景方面都与‘比’字句不同，它并不是‘比’字句的否定形式。《初级汉语课本》首次提出‘比’字句的否定式是‘……没有……’，很有见地。”（吕文华，1994）所以会有这种不同的看法，在我们看来，是把形式上的否定和意义上的否定纠缠在一起了。我们认为，“比”字句的否定形式，就是“不比”句，也就是带有“不”的否定句。这是形式上的否定，如“我比他大”，否定式就是“我不比他大”。至于对“我比他大”意念上的否定（或相反），不仅有“我没有他大”一种，还有“他比我大”、“我比他小”、“我不如他大”、“我不及他大”等，难道这些都是“我比他大”的否定式吗？所以，我们依然认为，“比”字句的否定式，就是“不比”句。这个“不”多在“比”之前，例如：

（1）（三个人）不比往日用力，也不比往日松懈。

（2）他不比我阔，不比我漂亮，不比我年轻。（引自侯学超，1998）

（3）他不比别的车夫好，也不比他们坏，就是那么个车夫样的车夫。（引自相原茂，1992）

“不”也可用在“比”之后，这种情形较少，大多为口语：

（4）你帮他学习，他比你还不耐烦。

（5）你跟我可是站在人群里比谁都不矮一头。（引自侯学超，1998）

至于这些否定句本身表示的意思，是可另当别论的。如例（1）（2）（3）（5）都属于“等同”次范畴，例（4）属“胜过”次范畴。吕叔湘早就说过：“我们又可以用否定差异的说法来表均齐，如：这孩子吃饭也不比别人少，不懂为什么老长不好。”（吕叔湘，1944）刘月华也正确地指出过：“A 比 B……”的否定形式是“A 不比 B……”。这一否定格式可以有两种意思：a. 相当于“A 没有 B……”或“A 不如 B……”。b. 相当于“A 跟 B 一样……”。例如：

这件衣服不比那件长。

我其实也并不比我所怕见的神经过敏的自尊的文学青年高明。（刘月华等，1983）

九　“比较”范畴对第二语言习得过程中偏误的解释

在汉语中一个句子只能表达一个比较次范畴，也就是说，一个比较次范畴只能用该次范畴所辖的一种句式来表达。如果一个句式包含了两个次范畴，势必成为杂糅，句子便不成立。我们从三种论及外国人学习汉语的书中（刘月华等，1983；佟慧君，1986；程美珍等，1997）摘出有关比较范畴的病句，发现两种比较次范畴杂糅在同一句子中的情况相当普遍，而值得注意的是在四个比较次范畴中，仅涉及到“等同”、“胜过”和“不及”三个，而“近似”次范畴并不与其他次范畴相混淆。例如：

(1) 玛丽有我高一点儿（程）（等同—胜过）
(2) 这个班学生有那个班学生多十人（程）（等同—胜过）
(3) 今年大米产量有去年一样多（程）（等同重叠）
(4) 这间屋子有那间屋子很大（程）（等同—胜过）
(5) 这课生词跟那一课生词没有多（佟）（等同—不及）
(6) 这件事情有那件事情更重要吗？（刘）（等同—胜过）
(7) 我的意见比他的意见完全不同（程）（胜过—等同）
(8) 这篇作品比那篇作品没有好（程）（胜过—不及）
(9) 他说中文比中国人一样流利（佟）（胜过—等同）
(10) 那个国家人口比我们国家一样多（程）（胜过—等同）
(11) 他家的生活比解放前完全不同（刘）（胜过—等同）
(12) 那里学习中文的方法比我们大学的方法不一样（刘）（胜过—等同）
(13) 我写的汉字不如他写的好看得多（程）（不及—胜过）
(14) 昨天晚上没有早上凉快一点（刘）（不及—胜过）
(15) 国光苹果没有富士苹果更好吃（殷志平，1995）（不及—胜过）

现在，我们将对上述例句中表示“近似”次范畴的句子何以不与其他次范畴的句子相混，做出解释。当人们比较两物或两事时，如果感觉它们近似，是说二者相近或相像但不相同，他们寻求的是某些共同点或形象上相同，关注的是“很像—像—不太像—有些像—不像—很不像—完全不像"这个"像"系列,因此与"等同"的象似性距离较远,故在语言形式上也难以相混。而"等同"与"胜过""不及"在概念上本相接近,"等同"只是一个"量点","胜过"和"不及"都是"量幅"。如下图所示:

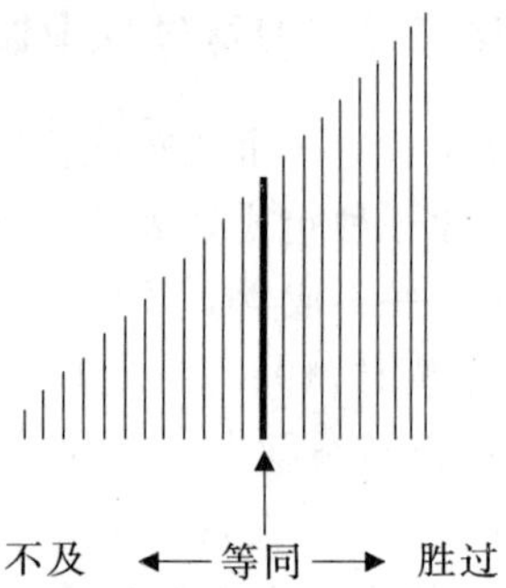

这个图就比长度来说,粗线与细线在一个点上等同,过了这一点,在其左侧,"粗线比每根细线都长"(胜过),"每根细线都不如粗线长"(不及);在其右侧,"每根细线都比粗线长"(胜过),"粗线不如细线长"(不及)。由图中可以看出,在"比较"范畴的连续统中,"等同"仅仅是一个"点",稍一过"等同",就是"胜过",可以胜过一点儿,也可以胜过许多,然而"过犹不及",不过是从正反两个方向观察的不同结果而已。概念上的接近,导致了反映它们的语言形式的相混,就是很自然的事情了。

第二节　汉语差比句的语义指向类型[①]

○　引言

本文通过北京话与方言中差比句类型比较研究,发现句中表示性状的词语其语义指向并不一样。如北京话"我比你大",其中"大"的语义是指向比项"我"的;而在浙江天台话中"小王是小李长"(意思为:小李比小王高),其中的"长"的语义是指向"小李"的。这种情况在某些南方方言中也有类似反映。本文把这种语言现象与汉藏语系诸亲属语言比较之后,发现天台话的差比句与藏语的表达方式具有类型上的相似性。初步结论

① 本文以《汉语差比句语义指向类型比较研究》为题发表在《中国语文》2002年第5期,作者赵金铭。

是：天台话中表示比较标记的“是”[zɿ]很可能类似于汉藏语系一些亲属语言中表示比较的格标记，这可以从语言类型学上寻求解释。

一　汉语方言中差比句的语义指向

现代汉语北方话差比句的一般形式为：“A＋比＋B＋ADJ”。其中的A为比项，B为被比项，“比”字为表示比较的标记，ADJ为比较的结果。如果我们考察一下ADJ的语义指向，一般说来，它总是指向比项A的。比如“我比他大”，其中的“大”在语义上总是指向比项“我”的。目前，尚未发现别的表达式。但在南方方言中，却不尽然。戴昭铭(1999)在揭示天台话的一些语法现象时说(只保留必要的注音，其余注音省略——编者)：

“天台话的比较结构用‘A＋是＋B＋ADJ’的格式表示。其中A和B表示两个比较对象，可以同为NP或VP，ADJ表示比较项目，通常用性质形容词。北京话的比较结构是‘A＋比＋B＋ADJ’。二者形式上近似，但意思并不同：北京话的ADJ是描述A的，天台话的ADJ是描述B的：

北京话　小王比小李高(＝小王高)
　　　　躺着比坐着舒服(＝躺着舒服)
天台话　小王是[zɿ]小李长(＝小李高)
　　　　倒阿是[zɿ]坐阿好过(＝坐着舒服)

动词谓语句用补语表示比较结果，北京话‘他比我跑得快’，天台话就是‘我逃勒是佢快’。二者补语的语义指向也不一致。”

戴文从两种方言格式中同一句法成分语义指向不同来思考问题，从中可见语法结构的直接成分关系与语义结构的直接成分关系，有时是不能一一对应的。从而认为，在汉语差比句中ADJ一般是指向A的，而在天台话中却是指向B的，因为语义指向不同，所以句式的意思就不一样。

现在，我们换一个角度来考察。既然在天台话中“小王是小李长”意思是“小李比小王高”，那么，我们有理由认为，在天台话中，处于“B”位置的“小李”其实是比项A，而处于“A”位置上的“小王”其实是被比项B，这样看来，ADJ在语义上依然是指向比项“小李”。从ADJ指向比项A这一点上看，天台话与北京话还是一样的，只不过这个比项所处的位置不同而已。

如果把北京话差比句中的“比”与天台话差比句中的“是”都看做差比句中表示比较的标记的话，我们特别注意到，在北京话中标记“比”不可轻读，而在天台话中标记“是”是不标调的，也就是说是轻读的。所不同者，在北京话中标记“比”的位置处在被比项之前；而在天台话中，标记“是”在被比项之后。我们可用下图来表示两种格式的异同：

北京话　比项+标记+被比项+结果

天台话　被比项+标记+比项+结果

如此看来，汉语方言差比句中标记的位置可以不同，于是，引发了我们的进一步思考。在闽南前路话中，有一种“A＋恰＋ADJ＋B”的差比句，其中的“恰”是一个表比较义的副词，它总是附在形容词的前面，如果把“恰”看做是表示比较的标记的话，这个标记总是处在表示比较结果的ADJ之前。这既不同于北京话，也不同于天台话，如：

汝恰悬我(你比我高)

鸭卵恰大鸡卵(鸭蛋比鸡蛋大)

即棵糗恰大许棵糗(这棵树比那棵树大)(陈章太、李如龙，1991:299)

这种差比句在古代文献中尚未见到相应的句式。

在闽南话和客家话中，还有一种差比句为“A＋比＋B＋(助)＋ADJ”的格式，如：

伊比我恰𫜊 ꜀i ꜂pi ꜂gua kʰaʔ ꜆ lo ꜄(他比我高)(陈章太、李如龙，1991:458)

我比汝恰大汉(我比你高壮)(陈章太、李如龙，1991:299)

你比佢讨高(你比他高)(湖南酃县客家话)

糖比梨子较甜(糖比梨甜)(湖南酃县客家话)

我比你啧[kɔŋ꜄]壮(我比你胖些)(湖南汝城话)(以上见黄伯荣，1996:681)

在方言描写著述中，一般都注明这类格式中的“恰”“过”“较”“啧”大多表示程度，语义上约略相当于“更”。这类词有时也可去掉，但保留下来语气更重些。① 因此，联系闽方言中尚存在“A＋ADJ＋B”格式的差比句，如：

① 在湖南汝城话中有一种比较句为“甲＋比＋乙＋啧[kɔŋ꜄]或较[kau]＋形容词”，作者说这种句式同浙南闽语的“甲＋比＋乙＋[kɐʔ^{53}](较)＋谓词”，也很像客家方言的“甲＋比＋乙＋过＋性状词”。见黄伯荣，1996:681。

我勇汝（我比你健壮）

伊大汉我（他比我高大）（黄伯荣，1996：685）

那么，有理由把“汝恰悬我”和“伊比我恰𬴂”中的“恰”看做一种羡余成分。在“汝恰悬我”中，如果把“恰”看成羡余成分，那么就可以说“汝悬我”。从另一角度看，也可以说“汝悬我”是“汝恰悬我”脱落了标记的格式。而在“伊比我恰𬴂”中，如果把“恰”看做是“语气成分”，那么也可以说“伊比我𬴂”，当然从另一个角度也可以认为，后者是前者脱落了语气助词“恰”所致。

在湖北大冶方言中，另有一种差比句格式，为“A＋ADJ＋B＋个”，这种格式通常是用来比较年龄、身体和体重等。如：

我细渠个，大渠老弟个（我比他小，比他弟弟大）

你两个伢［ŋai^{31}］带勒哈要长你个（你的两个小孩将来都会比你高）

渠老婆长倒果个胖法子的［ta^{33}］，肯定重渠个（他老婆长得这么胖，肯定比他重）（汪国胜，2000）

这种差比句中的“个”虽然是个表示比较的标记，但它是跟在被比项 B 之后的。我们也可以说这个“个”的作用就是指明哪个是被比项。而表示比较结果的 ADJ 的语义指向依然是比项 A。

下面，我们把上述几种类型的差比句格式中的标记与其所跟随项，比较结果 ADJ 的语义指向，列表如下：

方言名称	格式类型	例句
①北京话	A+标+B+ADJ	我比他大（我比他大）
②天台话	B+标+A+ADJ	他是我大（我比他大）
③闽南话	A+标+ADJ+B	汝恰悬我（你比我高）
④鄠县客家话	A+标+B+（助）+ADJ	你比佢过高（你比他高）
⑤大冶话	A+ ADJ+B+标	我细渠个（我比他小）
⑥广州话	A+ ADJ+标+B	佢细过我（他比我小）

从表中六种不同格式的汉语差比句中，我们可以看出：

1. 六种差比句的共同之处在于，表示比较结果的词语 ADJ 的语义均指向比项 A。只有在否定形式中，比较结果的语义才指向被比项 B。（本文不论及此）

2. 标记在被比项之前并与被比项相结合者为①北京话和④鄗县客家话。鄗县客家话差比句中的助词有脱落的趋势，脱落之后则与北京话格式相同。

3. 标记在表示结果的词语之前，如③闽南话。这是差比句中比较结果带标记的句子。联系到闽方言中还存在“伊大汉我”（他比我高大）的格式，这是“A＋ADJ＋B”式，是一种无标记差比句，于是我们也可以认为这是“A＋标＋ADJ＋B 式（汝恰悬我）”标记脱落的一种差比句。另外，闽方言中还存在“标记＋被比项”在 ADJ 之后的差比句，即：A+ADJ+标+B，如“伊兮力大于我”。⑥广州话中的“佢细过我”，亦如是。后来，“标记＋被比项”逐渐前移到 ADJ 之前，如“我比汝恰大汉”。而标记在比项之后的“A＋标＋ADJ＋B”（汝恰悬我），正是这种演进过程中的过渡形式或中间状态。

4. 最难解释的是②天台话和⑤大冶话，何以标记会出现在被比项之后？大冶话因比项处于格式之首，紧接的是表示比较结果的 ADJ，理解上不会有误。而天台话是被比项处手格式之首，然后紧接一个做比较标记的“是”，字面上很容易理解失误。为什么会是这样呢？我们试图通过语言类型的研究对此做出回答。

二　汉语亲属语言中差比句的语义指向

为了寻求答案，我们认真查找汉语亲属语言差比句的状况，结果发现天台话差比句的格式，在藏语中有同样的表达方式，具有相同的类型。在藏语中，无论是古代藏语还是现代卫藏方言和康方言均保有“比较格”，这个比较格都置于被比项之后。比如“次仁比顿珠年纪大”在藏语中表达如下：

卫藏方言（拉萨）　t^{h}øn^{11} tʂup-lɛ　ts^{h}e^{11} riŋ^{52}　lo^{12}　tɕ^{h}e^{55}-ki re
　　顿　珠（比较格）　次　仁　年纪　大

安多方言（拉卜楞）　tondʐəp- kə　ts^{h}eraŋ　lo　tɕ^{h}e ret
　　顿珠（比较格）　次仁　年纪　大（马学良，1991:206）

pɛː55 ma53　lɛ　tsʰe55 riŋ52　ɕuk52 tɕʰe55 ki54　re. 次仁比白玛力气大
白玛　比　次仁　力气　大　是

ta53　lɛ　tʂʰeː112　ɬiŋ55 ki54　re. 骡子比马稳
马　比　骡子　稳　是

ɕøn11 pɛː55　ɕuk52　lɛ　kɛn11 pɛː55　tɕʰyʔ132　saŋ132.
年轻人的　力气　比　老人的　计谋　好
老人的计谋比年轻人的力气强（胡坦，1985）

由此可见，藏语中的比项是不带标记的，只有被比项才带有格（比较）标记，而表示比较结果的词语 ADJ 的语义是指向比项的。这与天台话差比句的语序排列是完全一样的，也可以说类型是一样的。

在藏语中因为标记的位置是固定的，它总是跟在被比项之后，所以，藏语的差比句语序可以有另一种表达方式，即比项与被比项紧密相连，谁比谁在语义上是不会产生误解的。如：

tʰan11 tɛː55　tsʰo55 wa54　ŋɛn55 maʔ52　lɛ　jaː132 ru　ɕe11 tʂaː55　tɕʰin52　ɕa.
现在的　生活　过去　比 好　很　去　了
现在的生活比过去好多了

tʰa11 lo54　ta11 ȵin55　lɛ　tʂʰaŋ13 ŋaʔ 今年比去年冷
今年　去年　比　冷

ta53　jɑ52　le　ndʑo132 lə re 马比牦牛快
马　牦牛 比　快（胡坦，1985）

在藏缅语羌语支中也有格标记，其比格助词 s 表示前词所指事物为被比较的对象。如“你比我大十岁”则作如下表述：

kə qɑ s hodʑup bɹɛ-n.
你 我　十岁　大（马学良，1991:343）

语言在演变过程中，作为形态变化的格变，会逐渐趋简，甚至脱落，最后代之以虚词，当然演变过程中会保留若干中间状态，或留有明显的痕迹。属于藏缅语族的错那门巴语的差比句有两种表达方法：一种是比项与被比项紧紧相连，表示比较关系的标记词一定是跟在被比项之后，如：

lop53 tʂuʔ53　cer13 kʌn53　le31　tʰɔ55 po53　jin13 te31 学生比老师高
学生　老师　（助词）　高　是

另一种表达方式是比项与被比项由表示比较关系的标记词分割开，但因标记词依然是紧跟在被比项之后，这时表达的意义就相反了，如：

lop^{53} tʂuʔ^{53} le^{31} cer^{13} kʌn^{53} tʰɔ^{55} po^{53} jin^{13} te^{31} 老师比学生高
学生 （助词） 老师 高 是

这两种表达方法，在藏缅语族中是普遍存在的。在达让僜语中，表示比较关系的助词有 doŋ^{31}或 doŋ^{31} go^{31}，如：

tɕe^{55} xaŋ^{35} doŋ^{31} go^{31} lau^{55} dʑoŋ^{55} pɹa^{55} joŋ^{35} 他的学习比我好
他 我 （助词） 学习 好 （语尾助词）

在格曼僜语中，表示比较关系的助词有 năŋ xi。如：

ɲo^{53} ki^{53} năŋ^{53} xi^{55} dʑoŋ^{53}（或 ɬau^{55} dʑoŋ^{53}）kɯt^{31} sɯt^{53}
你 我 （助词） 学习 好
你比我学习得好（孙宏开等，1980）

在独龙语中，表示比较关系的助词有 mɯ^{31} dăm^{53}，虽处在比项与被比项中间，却是紧附于被比项之后的，如：

nuŋ^{55} ŋwa^{53} ɕa^{55} mɯ^{31} dăm^{53} ŋa^{55} plăʔ^{55} ɕa^{55} kăi^{55} sa^{55} găm^{53}
牛 肉 （助词） 鱼 肉 吃（后加） 好
鱼肉比牛肉好吃

ŋa^{53} mɯ^{31} dăm^{53} dɔ^{31} ăŋ^{53} mɹăŋ^{53} 他比我高
我 （助词） 他 高（孙宏开，1982）

只有珞巴语略有不同。在珞巴语差比句中，表示比较的助词是置于表示比较结果的 ADJ 之后，但是表示比较的两个名词项却有别的句法成分来表明哪个是比项，哪个是被比项，这就是 me 和 ɦəm，它们的位置是固定的，即永远跟在被比项之后。二者用法稍有差异，me 只用于指人的词语之后，而 ɦəm 除了用于指人的词语之后，也用于指物的词语之后。如：

kuŋtʂantaŋ mautʂuɕi anə abo ɦəm po joŋ da
共产党 毛主席 母 父 好 比较（尾助）
共产党毛主席比父母还亲

彝语支语言的差比句有些特别的表达方法，即通过句中比项与被比项先后排列来表示。傈僳语、哈尼语和怒语在被比项的后面加上“上面”或“下面”，如：

傈僳：ŋua^{33} nu^{33} t^{h}ɛ^{31} sɿ^{33} mo^{33} ŋa^{33} 我比你高
我　你　上面　高　（助）
nu^{33} ŋua^{33} ku^{33} sɿ^{33} ʑo^{33} 你比我小
你　我　下面　小
哈尼：ŋa^{55} no^{31} ɣ^{33} xu̱^{55} ta̱^{33} xɯ^{31} dze^{31} 我比你大
我　你　的　上面　大　多
no^{55} ŋa^{31} ɣ^{33} xu^{55} a^{33} ȵi^{55} dze^{31} 你比我小
你　我　的下面　小　多
怒：ȵu^{55} ŋa^{33} kə^{33} a^{33} mɛ^{33} 你比我小
你　我　下面　小
ŋa^{33} ȵu^{55} də^{33} a^{33} mɹə^{33} 我比你高
我　你　上面　高（马学良，1991：541）

彝语的差比句是一种特殊的格式，做比较标记的词语用“不止”，置于表示比较的词语 ADJ 之后，但因词序的先后已经确定了比项与被比项，所以语义也不会误解，如：

彝：ŋa^{33} nɯ^{33} mɿ^{33} a^{31} ts^{h}ɿ^{33} 我比你高
我　你　高　不止
nɯ^{33} ŋa^{34} a^{31} zɿ^{31} 你比我小（指身体）
你　我　不大

这是一种“A＋B＋ADJ＋标”的格式，因为比项 A 与被比项 B，已经具有了位置语法意义，谁比谁的问题已经解决，这个表示比较的标记就有点羡余色彩了。

总之，这些语言差比句中的表示比较的标记“上面”“下面”和“不止”都是置于被比项之后，我们可以认为，这是原来所具有的表示比较的格标记逐渐脱落、消失之后，代之以虚词化的成分，故而在句式的排列上仍可看出原来的范式。戴庆厦（1989）对此曾有透辟的说明：“古藏语的形态比较丰富，而到了现代藏语，形态变化不同程度地简化、消失了，这从古藏语和现代口语的比较中就能清楚地看到。有些形态变化少的语言（如缅彝语等），能够通过与形态变化丰富的亲属语言的比较，认识到现存残缺不全的形态变化是简化、脱落的结果。形态变化的简化、脱落，必然要用一种新的形式和手段去补偿，而这种新的形式和手段就是使用虚词。以结构助词代替某些实词的形态变化，是语言类型的一种转变。”

因此，我们可以说，早期的差比句是不以语序为手段的，因为有形态标志管着。后来，形态标志消失了，逐渐演化为虚词，因为原来表示比较的形态标志是跟在被比项之后的，所以，后来一些介于形态标志与虚词之间的成分，以至于完全意义上的虚词，依然跟在被比项之后，或跟在表示比较结果的 ADJ 之后，这时差比句的语序就固定了。从有标记到无标记之间有一些渐变现象，这种演变中的语言现象有些还保留在现代某些语言（方言）中。天台话差比句中的“是”[zɿ]可说是一种表示比较的格标记，它是由“是”这个常用多功能词发展出的比较标记的用法，只是句式的排列与表示结果的词语的语义指向类型，既不同于古代汉语，也不同于现代汉语，因此值得注意。沈家煊（1993b）曾说：“世界语言呈现的不是离散的三四个类型，而是类型的连续体。”天台方言差比句，可说是表比较的语言类型连续体中的一个。

有人认为，现在的藏缅语言是原始氐羌语的后代。有些还有着丰富的词缀（如嘉戎语、僜语），有的也丢失了不少形态。藏语的黏附形式还不少，动词的时态都用词缀表示。藏语虽也有语音交替的屈折方式，很可能是后起的。藏语保留着古老的句法结构。（李葆嘉，2000）我们上面所引的有关藏缅语族的差比句，是具有形态标志，或具有由形态标志演变而来的成分的简单句，还有一种较为复杂的差比句表达方式，当是更古老的语言类型。沈家煊（1993a）在论及语言具有象似性问题时，曾指出象似性有社会文化的因素是很明显的，“文化人类学的研究表明，在竞争的社会里通行的‘我比他高三公分’这种约定俗成的比较句式，在原始的平均主义的社会里要用较繁复的、象似性较高的句子来表达类似的比较概念，各民族的认知心理受社会文化的制约而表现出差异，而各种语言中普遍存在的象似原则又有共同的认知基础”。沈氏没有举出实例。

在藏缅语族中就存在着这种复杂的表达方式。如“次仁比白玛力气大”，就有两种表达方式：

1. 用两个并列的小句

ts^{h}e^{55} riŋ^{52}	ɕuk^{52}	tɕ^{h}e^{55} ki$^{:54}$	re，	pɛː^{55} ma^{53}	ɕuk^{52}	tɕ^{h}uŋ^{55} ki$^{:54}$	re
次仁	力气	大	是，	白玛	力气	小	是

次仁力气大，白玛力气小。

2. 用一个偏正复句

pɛː^{55} ma^{53} tʰaŋ tsʰe^{55} riŋ^{52} ȵiː^{55} ɕuk^{52} tsʰɛː^{55} na^{53},
白玛 和 次仁 二 力气 比的话,
tsʰe^{55} riŋ^{52} ɕuk^{52} tɕʰe^{55} ki^{54} re
次仁 力气 大 是
白玛和次仁二人比力气的话,次仁力气大。
pɛː^{55} ma^{53} tʰaŋ tsʰe^{55} riŋ^{52} ȵiː^{55} ɕuk^{52} tɕʰe^{55} tɕuŋ^{55}
白玛 和 次仁 二 力气 大小
tɛː^{55} na^{53}, tsʰe^{55} riŋ^{52} ɕuk^{52} tɕʰe^{55} ki^{54} re
看的话, 次仁 力气 大 是(胡坦,1985)
白玛和次仁二人要论力气大小的话,还是次仁力气大。

在墨脱门巴语中,“他比我大”的表达方式也很复杂:

roʔ daŋ dʑaŋ ʔa ȵi la, roʔ tɕʰilo gi la. 他比我大
他 和 我 论 如果 他 大 是(孙宏开等,1980)

这都是古老的语言格式的遗存。在汉语方言和汉语亲属语言中,挖掘这类语言现象,当属十分必要。美国著名历史语言学家马尔基耶尔(1984)曾说:“在中国,我认为一切有关方言的问题都是很重要的。”“在中国,认真的、创造性的语言研究应该包括(我不是说局限于)大量的方言研究和来自方言的每一个问题。就我能看到的,这是至关紧要的事,而且会大大提高研究的兴趣。”马氏的话是正确的。

我们注意到属于汉语吴方言的天台话的差比句的特殊表达方式,通过与其他汉语方言的比较,以及与汉语诸亲属语言的比较,发现不同语言之间格式的相同,往往是语言类型上的相同。天台话差比句中附在被比项后面的“是”[zɿ],并不是汉语北方方言差比句中的“比”。我们不妨把它看做一种表示比较的标记,因为它的位置固定,紧跟在被比项之后,我们有理由把它看做跟现代卫藏方言的比较格 lɛ、康方言的比较格 ke、羌语的比较助词 s、独龙语表比较的助词 mɯ^{31} dăm^{53}、错那门巴语表示比较的助词 le、僜语中的比较助词 doŋ^{31} go^{31}、naŋ^{53} xi^{55} 等等成分相近似的东西。也就是说把它看做一种表示比较的格标记,或看做表示比较的助词,它们具有类型上的相同。“而当代语言类型学强调的是某个具体的表达功能在不同的语言中是如何通过不同的手段和形式来实现的。”(陆丙甫,2001)这样我们才能解释天台话“小王是小李长”的意思是“小李比小王高”。

第三节　汉语差比句的南北差异及其历史嬗变①

○　引言

现代汉语差比句在汉语诸方言中，有不同的表现形式。北方话以“他比我小”（北京）为代表，南方话以“佢细过我”（广州）为代表，北南之间还有若干种介于这两种格式的不少中间现象。② 本文首先考察了汉语方言中不同形式的差比句，结果发现，越往北越接近普通话句式，越往南古汉语的遗存成分越多。差比句式的这种从南向北的变化，与汉语历史语法的发展正相吻合。古代汉语的差比句与现代汉语南方方言相接近，近代汉语的差比句则接近现代汉语北方方言。

一　汉语方言差比句的类型及演化趋势

本文在描写汉语差比句时，以“A”为比项，以“B”为被比项，以“标”为比词标记，以“果”为比较的结果。

按我们初步统计，现代汉语诸方言中差比句的主要类型有五种，依次描写如下：

1.1　A＋果＋标＋B③

伊兮力大于我（闽南话）　　佢细过我（广州话）

呢云我做起先过你嘞（广州话）　　阿个同志高过老个同志（广西客家白话）

伊大过我（广东汕头）　　北京寒过海南（海南）

大虾贵过大鱼（广西廉州）　　坐紧写好过企紧写（广东阳江）

笋子高过竹（湖南汝城）　　伊悬去我（福州）

日子多似狗毛（湖北黄冈）　　老二强似老三（湖北英山）

这个屋子暖和起那一个（山东牟平）

① 本文以《汉语差比句的南北差异及其历史嬗变》为题发表在《语言研究》2002年第3期，作者赵金铭。

② 本文所说的北方话指长江以北广大的官话区使用的汉语，南方话指汉语粤方言、闽方言和客家方言。

③ 本文所用方言材料分别引自袁家骅等，1983；詹伯慧，1985；黄伯荣，1996；陈章太、李如龙，1991；侯精一、温端政，1993；戴昭铭，1999。恕不一一注明。

在这种格式中，所用的比词标记是：于、过、去、似、起。“标＋B”在比较结果之后。

1.2　A＋果＋B

我勇汝我比你健壮（闽南话）　　伊大汉我他的力气比我大（闽南话）
他大你还是你大他呀（湖北随县）

这是一种失去标记的差比句。这种格式如果后面带上数量结构，则普遍存在于各方言之中，从南到北皆有分布。

伊大我四岁（广东汕头）　　你重我五斤（湖南临武）
小王长小李一寸（湖北黄冈）　　我多你两个孩子（湖北英山）
二姐大我三岁（四川）

在湖北随县话中，无标记差比句：A＋果＋B，与无标记带数量结构的差比句并存，如：

我小他，小他半岁（湖北随县）

1.3　A＋标＋果＋B

鸭卵恰大鸡卵（闽南前路）　　汝恰悬我（闽南前路）
伊较悬我（厦门）　　我〇笔较好汝〇笔（厦门）
阿母较想食婴仔（闽南）

在这种格式中，标记与被比项分离，出现在比较结果的前面，这是一种很值得注意的现象。

1.4　A＋标＋B＋（助）＋果

我比汝恰大汉（闽南前路）　　红柑比龙眼恰好食（闽南前路）
佢比我还过悬（福建永安）　　佢比俚过大（客家话）
〇比佢过高（广东梅县客家话）　　小弟并阿姐较仙（闽南话）
去广州并去泉州加较远（闽南话）　　我比你喷（[kɔŋ°]）壮（湖南汝城）①

在湖南酃县客家话中，差比句标记为“比”，助词是“较”和“过”，二者

① 文章作者在解释这种句式时说，这同浙南闽语的“甲＋比＋乙＋[καν°]（较）＋谓词”，也很像客家方言的“甲＋比＋乙＋过＋性状词”。

同时使用，如：

糖比梨子较甜(湖南酃县客家话)
今哺日比昨哺日过热(湖南酃县客家话)

这种格式可视为有两个标记，主要标记为“比”，而在“标＋B”之后“果”之前的成分为尚未完全消失的旧有的标记。正如在福建永安话中“佢比我还过悬”为差比句的常见形式，由于其中的“过”已趋于虚化，为了强调程度多加“还”。

1.5 A＋标＋B＋果

伊并我豪(闽南话)
伊比我悬一个头(福州)
今朝比昨冥热(福建绍武)
�个下比打前好很了(福建绍武)
即鼎水比许鼎水滚(闽南话)
小王是小李高(浙江天台)
店里向个白木耳比摊头浪卖个好(上海)
坐到吃比站到吃要好些(江南南昌)
电灯赶油灯亮(宁夏固原)
A＋(敢[kan^{54}]、特[$t^{ʻ}ai^{42}$])＋B＋果(河南南阳)
A＋(腿[$t^{ʻ}ei^{213}$])＋B＋果(河南罗山)
二姐比我矮(四川)
我比他大(北京)

如果我们从这五种类型的差比句中，每一个类型选取一个典型的句式，可以做出如下的排列：

1) 伊大过我(汕头)　　2) 我勇汝(闽南话)
3) 伊较悬我(厦门)　　4) 佢比倨过大(客家话)
5) 他比我大(北京话)

于是，我们可以看出从1)到5)的发展变化，是越来越接近普通话。

二　汉语差比句的历史嬗变与方言演化趋势的一致性

现代汉语诸方言中存在的五种类型的差比句，从南向北的演变，约略反映了汉语差比句的历史发展。

2.1 古代汉语的差比句式[①]

2.1.1 A＋果＋标＋B

这是目前能见到的有文字记载的汉语最古老的差比句式。据管燮初(1981)研究,在西周金文中尚未出现这类格式,而在《尚书·周书》才开始出现,其标记词是"于"如:

今日之事,不愆于六步、七步,乃止,齐焉。(牧誓)
别求闻由古先哲王,用康保民,弘于天。(康诰)

在先秦两汉古籍中,该格式已成为常见的差比句式,这时标记词除了用"于",也有用"过"或"倍"的,如:

德之流行,速于置邮而传命。(孟子·公孙丑上)
与人善言,暖于布帛:伤人之言,深于矛戟。(荀子·荣辱)
季氏富于周公。(论语·先进)
苛政猛于虎。(礼记·檀弓)
今吴不如过,而越大于少康,或将丰之,不亦难乎?(左传·哀公)
复曰:师少于我,斗士倍我。(左传·僖十五)
弟子名飞卫,学射于甘蝇,而巧过其师。(列子·汤问)
若能孝敬,富倍季氏也。(左传·襄二十三)
故死或重于泰山,或轻于鸿毛。(司马迁·报任安书)

2.1.2 A＋果＋B

在甲骨刻辞中,如果谓语是形容词的话,这种形容词谓语一律不带其他成分,也就是说,没有发现"A＋果＋B"式差比句。

最早的"A＋果＋B"式差比句,见于《战国策》:

敝邑之王所甚者,无大大王。(战国策·秦策二)

何乐士(1992)指出,在两汉时期,出现了一种形容词后面紧接着表对象的补语,这种补语往往代表比较的对象,其实,正是"A＋果＋B"差比句。《史记》表示甲甚于乙的比较句,何乐士共举出三句:

所斩捕功已多大将军。(卫将军列传)
子贱为单父宰,反命於孔子,曰:"此国有贤不齐者五人,教不齐

---

① 本文所用古代汉语和近代汉语语料,分别引自管燮初,1953、1981、1994;向熹,1993;杨伯峻、何乐士,1992;太田辰夫,1987;蒋冀骋、吴福祥,1997;祝敏彻,1996。恕不一一注明。

所以治者。”“子贱”是“不齐”的字，“贤不齐”即“贤于不齐”。(仲尼弟子列传)

专趋人之急，甚己之私。“甚己之私”相当于“甚于己之私。”(游侠列传)

又如：

退而让颇，名重太山。(廉颇蔺相如列传)

我们认为，这种格式实际上是“A＋果＋标＋B”格式，脱落了标记而形成的。这种格式一直沿用到宋代，还偶有发现：

但百遍自是强五十遍，二百遍自是强百遍时。(朱子语类卷八十)

2.1.3 “A＋果＋标＋B”格式的变体及“比”字的出现

用“于”做差比句的标记，从有文献记载，一直延续到唐五代(太田辰夫，1987)，如：

蜀道之难，难于上青天。(李白)
君不见黄鹤高于五尺童。(杜甫)
昔日贫于我。(寒山诗)

近代又出现用“似”和“过”做标记词的差比句，如：

今年衰似去年些。(刘克庄)
老子列子又细似庄子。(朱子语类)
更饶富似石崇家。(十二时)

太田辰夫认为，下面的例子可以认为和表示比较的大致相近：

贫于杨子两三倍，老过荣公六七年。(白居易)
直如富过石崇家，谁免身为坟下土。(十二时)

在六朝时期，表示“比较，比拟”义的动词“比”已见虚化端倪。如：

阿奴比丞相条达清畅。(世说新语·品藻)①

唐宋以后，“比”字差比句多起来，一直沿用至现代。如：

当时心比金石坚。(云溪友议)
色比琼浆犹嫩。(郎士元诗)

---

① 黄晓惠认为，汉魏六朝时的“(X)比 YW”是一种泛比连谓句式，该句式在历时演变中，由于古代差比句式“(X)W 于/如 Y”的衰落，又经历了一个重新分析的过程，于是才发展为今天的差比偏正句式“(X)比 YW”。(黄晓惠，1992)

人比黄花瘦。（李清照）
月比日大，故缓。（朱子语类）
细想吾一女，比它仪容美。（张协状元，45出）
比我只争些年纪，如今恰是一十三岁。（刘知远诸宫调，第二）
生的模样比旧时越又红又白。（金瓶梅，第八十六回）
故夫比我年大三岁。（西游记，第二十三回）
拔根毫毛比我们的腰还壮呢。（红楼梦，第六回）

总括起来，从古代到现代，汉语差比句的发展脉络，大致可以作如下排列：

1）季氏富于周公。（论语）
2）敝邑之王所说甚者，无大大王。（战国策）
3）阿奴比丞相条达清畅。（世说新语）
4）当时心比金石坚。（云溪友议）

三　汉语差比句横向与纵向演变轨迹分析与讨论

3.1　汉语差比句共时存在与历时演变概述

汉语南方方言差比句的典型格式是：A＋果＋标＋B（伊大过我），北方方言差比句的典型格式是：A＋标＋B＋果（他比我大）。广大中部地区的汉语诸方言的差别句格式，为南北之间的过渡地带，其典型的过渡格式为"A＋标＋B＋助＋果"（我比汝恰大汉）和"A＋标＋果＋B"（伊较悬我）。

综观五种差比句式在全国的地域分布情况，中部地区虽说是过渡地带，除了过渡形式外，也存在着典型的南方或北方的差比句式。在广大的北方方言区，虽以典型的北方差比句为主，但在个别地方也保留有南方方言的典型差比句式，如山东牟平、潍坊、平度、淄博等地，就使用"A＋果＋标＋B"式，如：

这个屋子暖和起那一个。（牟平）　这个好起那个。（平度）
他走路快起我。（潍坊）　他写的字好起我。（淄博）

南方方言区虽以典型的南方差比句为主，因受普通话的影响，有些地方也使用北方方言典型的差比句式，如：

今朝比昨冥热。（福建邵武）　即鼎水比许鼎水滚。（闽南话）

如果从南向北观察，各地普遍存在"A＋果＋标＋数量结构"的差比句式，如：

伊大我四岁。(汕头)　　　　你重我五斤。(湖南临武)

二姐大我三岁。(四川)

综上所述,汉语各方言中差比句句式的变换,呈现着从南向北的发展趋势,南部还保留着古代汉语的差比句式,越往北越接近北方方言的典型差比句,大体如是。而这种走势,与汉语差比句的历史发展正相吻合。汉语差比句从古代向近代,直至现代的句式变异,其发展过程与目前汉语方言中所存留的古代汉语的遗迹逐渐消失的情况正相一致。因此我们可以说,汉语诸方言中差比句从南向北的推移,正好反映了汉语差比句从古代、近代到现代的历史发展脉络。对差比句的全面观察,我们可以得出共时平面上的语法变异现象是历时演变的不同进程的反映的结论。

3.2　汉语方言差比句与历史语法的综合分析

3.2.1　A+果+标+B

这是汉语中最古老的差比句式,也是目前汉语南方方言中的典型的差比句式。如:

季氏富于周公。(论语)　　　　伊兮力大于我。(闽南话)

标记词"于"紧跟被比项,置于比较的结果,也就是形容词之后。不过,表示比较的标记,随着时间与空间的推移,已有所变化。古代汉语主要用"于",间或也用"过"或"倍",近代汉语中主要用"似"或"过"。在阳江、汕头、广州、海南、广西廉州等地的汉语方言中还保留有这种句式。其中大多数方言用"过"为标记,也有用"于""去""似""起"的。中部局部地区,甚至山东一些地区也使用这种句式,当属个别现象。

3.2.2　A+果+B

"A+果+B式"是"A+果+标+B"式的变式,应该是后者在先,顺序不可颠倒。因为"A+果+B"式是"A+果+标+B"式脱漏标记的形式,在古代典籍中用例虽不多,但不可忽视。如:

敝邑之王所说甚者,无大大王。(战国策)

被比项直接置于比较的结果之后,不使用标记词,这种格式目前仅存在于闽南方言中,如:

伊大汉我。(闽南话)

这种格式如果后面带上数量结构,则可被大多数地区普遍接受。自南至北，皆有存在。甚至普通话里也可以接受“他大我两岁”的格式。[①]

3.2.3　A＋标＋果＋B

当代汉语方言中存在的“A＋标＋果＋B”式差比句是一种很特殊的格式，到目前为止，我们在古代文献中尚未发现，目前也仅存在于闽南方言之中。其标记词用“恰”或“较”。如：

鸭卵恰大鸡卵。（闽南前路）　　　　伊较悬我。（厦门）

这是汉语差比句表标记的词在其逐渐语法化的过程中，标记与标记项（被比项）分离的一种句式，是非常式，值得重视。我们认为标记与标记项之所以会分离，原因则在于曾出现过/目前也仍存在着无标记差比句“A＋果＋B”，因为差比句的标记可以脱落，于是致使标记的位置不太固定。其常式或叫本式应该是“A＋果＋标＋B”，标记与被比项相连，置于形容词之后。现在标记移到了形容词前，出现了“A＋标＋果＋B”式，这就为“标＋B”整个地从谓词之后移到谓词之前创造了条件。

3.2.4　A＋标＋B＋（助）＋果

这种差比句格式与汉语普通话差比句的不同，只在于在比较结果的前面有一个“助词”（姑且如此称之）。标记与被比项连在一起出现在比较结果的前面，已与普通话差比句的句式排列一样。我们把这种格式看做是向“A＋标＋B＋果”格式发展过程中的一种过渡形式，当其中的“助词”脱落之后，即成目前典型的北方方言差比句式。这些尚未脱落的助词，从南向北有“较”“恰”“过”“喷”等。如：

小弟并阿姐较仙。（闽南话）　　　　红柑比龙眼恰好食。（闽南前路）

今哺日比昨哺日过热。（鄠县）　　　　我比你喷壮。（汝城）

这些助词已趋于虚化，重要的标记已在前面出现，所以在这个已经虚化的词前面，还可以加表示程度的副词，如“他比我还高”（北方话）在福建永安话中要说成“伹比我还过高”。

3.2.5　A＋标＋B＋果

这是广大北方地区典型的差比句，但影响所及，可说遍及全国。从南看，上海话中有此句式，在往南南昌话也用，甚至福州、闽南地区也有这种用法。可以预见，随着普通话的推广，这种格式的覆盖面会越来越广，不

---

① 我们曾就这一格式咨询过一些北京人，他们多数认为口语中也可说。

排除成为汉语主要差比句式的可能。

四 对共时平面的变异与历史演变进程的理论分析

早在20世纪70年代，日本学者桥本万太郎就把汉语在地理上表现出的类型推移，看做是语言历史演变各层次的投影，从而把"横"的区域考察，与"纵"的历史性比较有机地结合起来。他认为："真正耐人寻味的是，名词短语从南方语转向北方话句法（词序）类型的这一'横'的地区推移，很整齐地对应着从古到今的'纵'的演变。"（桥本万太郎，1985）

桥本也曾以汉语比较句为例，他认为北方话有把动词修饰语放在动词之前的趋势，而南方话则尽量放在动词之后，这以最南的粤语尤为显著。如：你高过佢（广州）；坐飞机快过坐火车（广州）。在闽语中，位于南端的海南岛方言和汕头方言，还完全是粤语式的。但北上到厦门方言，虽然被比项还在比较结果之后，但标记词（桥本称作比较前置词）却到了动词前面。如：你较高伊（厦门）。再往北，到平阳方言，如果没有标记词（桥本称为表示程度的副词），被比项直接在动词之后。如：你高伊（平阳）。一旦加上标记（桥本称程度副词），就变成了道地的北方语型。如：你较伊高一滴。于是这种句式就变得跟下面的客家话句式一样了。如：你比佢过高（客家）。桥本的结论是客家话正是粤语型和北方型的融合。（桥本万太郎，1985）[①]

由此看来，桥本认为粤话最古老，闽南话次之，而客家话更次之。这是一个有待于商榷的结论。桥本在其著述中所列汉语差比句在地域上自南向北的排列，与历史发展也不相吻合。在汉语历史语法中"A＋果＋B"句式，几乎与"A＋果＋标＋B"句式同样古老，也就是说"A＋果＋B"句式，并不是"A＋标＋果＋B"句式，因为"没有表示程度的副词，比较宾语放在动词之后"而形成的。可以说二者并无关系。再者，"A＋果＋B"句式，也并非是"加上程度副词就变成了道地的北方方言'你较伊高一滴'"，二者并无添加关系。其实，有时候在同一种方言中，也可能有两种或更多的差比句式相混用或共用，这也不足为奇，这完全可以从历史的或地域的推移过程中产生的过渡现象来解释。

---

① 桥本认为比较短语（比较前置词＋宾语）位于中心形容词后的最北方的方言，据目前所知为安徽省长江沿岸的安庆和东流（今属东至县）方言："这个好似那个。"这里显然不确，本文所举山东牟平等地也保存这一句式。

罗杰瑞与桥本的看法不同。他把闽语、客家话、粤语归总为南方方言。他认为，这三种方言很相近，可以认为来自同一祖先，即来自古代南方汉语。今天的吴语并不属于南方方言。至于客家话，他认为表面上和北方话相似，有些人（特别是台湾）就认为客家话和北方话关系密切。这种看法根据不足。他认为，客家话与北方话的关系，没有和广东话来得密切。他的结论是："现在扬子江南岸的方言，是在古代南方方言的基础上结合北方方言的结果。这种混合物已淹没了原来北方方言的成分。在更远的南方山区，闽语保留有古代南方方言的成分最多，客家话次之，粤语则只是一些遗迹了。"（罗杰瑞，1995）

1985 年戴浩一提出了有名的"时间顺序原则"。即"两个句法单位的相对词序决定于它们所表示的概念领域里的状态的时间顺序"（戴浩一，1988）。现代汉语差比句的排列方式，是"比项＋标记＋被比项＋结果"，正是遵循了这一原则。譬如，要判明两个人身材的高矮，显然是先进行比较，然后才有比较的结果。现代汉语里说"他比我高"，而不说"他高比我"。但是古代汉语中的"苛政猛于虎"（礼记·檀弓）和现代汉语方言中的"伊大过我"（汕头）是不是就没有遵循"时间顺序原则"呢？最近，蒋绍愚在论述汉语中"于＋处所词"在句中位置变动时，做了很好的解释：

> 从先秦汉语的"于＋L"置于动词之后，到现代汉语的"时间顺序原则"，汉族人的认知方式没有变，汉语的根本特性没有变，改变的只是在动作和处所的关系的语言表达上，从"抽象原则"变为"临摹原则"。这是由语言系统内部变化造成的。（蒋绍愚，1999）

这正是基于谢信一所阐述的，语言符号的组合可以根据两种原则：临摹原则和抽象原则。对这两种原则的关系，他认为：

> 在不同的语言之间，有的可能主要以临摹性为原则，抽象性居于次要地位，有的可能相反。在同一种语言里有些句子的临摹性可能高于别的句子。在一个语言表达特别是句子里，临摹原则和抽象原则是共同起作用的。因为临摹性有限度，为了使符号化完整，必须有抽象性来补充。（谢信一，1991）

至于句法上如何会发生位置的变化，蒋绍愚以汉语"于＋L"位置的变动，做了透辟的解释：

> 先秦汉语中"V＋(O)＋于＋L"的形式中，"于＋L"统统放在动词

后面，这是因为有“于”这个标记的缘故。

但到西汉，发生了一个变化：这种形式中的“于”可以不要，就成了“V＋(0)＋O＋L”。

“于”这个标记的消失，就动摇了“于＋L”一律后置于动词的这一“抽象原则”。“O＋L”可以置于动词后，也可以置于动词前。

这样，我们就可以看到，在“抽象原则”动摇后，“临摹原则”就代之而起，根据“时间顺序原则”，“在＋L”或放在动词前，或放在动词后。这就形成了现代汉语中的格局。(蒋绍愚，1999)[①]

现在我们回过头来再观察汉语差比句的演变就会十分清楚。古汉语中最早的差比句式是“A＋果＋标＋B”式，如：季氏富于周公(论语)。

后来，出现了省略标记的差比句，如：敝邑之王所说甚者，无大大王(战国策)。这个标记的消失，不可小视。[②] 由于差比句中比词标记可以不用，于是使得标记与被比项的结合体“标＋B”必须置于比较结果之后的原则发生了动摇，尽管“标＋B”置于动词之后的格式，一直沿用，并出现了新的标记“过”“似”等，但是，另一条线也在发展。魏晋六朝时期动词“比”开始呈现虚化的趋势，新兴的差比句标记“比”开始出现。受动词中心化的影响，加之原有标记位置的动摇，于是出现两可的局面。随着“比”字语法化的完成，逐渐发展成“比＋B”前置的句式成为汉语主流差比句，其他句式则不同程度地保留在地域方言之中。我们研究历史语言学，着眼于标记的消失和出现。汉语差比句标记的发展演变，可作如下表述：

1. 有标记：后置标记为“于”。
2. 无标记：标记可省略，与此同时，后置标记“于”依然发展，并占主流。
3. 新标记产生：动词“比”逐渐语法化，前置标记“比”开始产生，与此同时，后置标记“于”依然存在，并产生新的后置标记“过”“似”。

---

① 对于词序的变化，屈承熹在其著作中引用 Steete(1975)的观点，说：“有两种总战略在相互抗衡，促进了词序变化。这两种战略是(i)动词中心化；(ii)句首位置的首要性。”所以，他又认为“把古汉语与现代汉语比较结构的差异释为‘主题化’的体现比释为介词短语位移的结果，更为合理”。(屈承熹，1993)

② 对语言形式的省略，袁毓林认为，就语言成分的省略而言，汉语遵循着语义守恒的定律，一个成分缺省了，这个成分所表达的意义一定被其他成分(往往是谓语动词、形容词)所蕴涵，并能被另一个成分(往往是主语名词)所激活。(袁毓林，1994)

4. 标记换位：前置标记逐渐成为主流。新的前置标记“比”与旧的后置标记“于、似、过”并存。

这种变化错综复杂，变动不居，看似无序。如果我们用原型范畴的观点去观察、分析，就会豁然开朗。在上述四种标记中，总是有占主流的典型的差比句式，是为“核心”，其他则为“边缘”，二者共同组成一个时期/一个地区差比式存在的格局。（赵金铭，1999）如果从共时语言学与历时语言学的关系上看，则正如沈家煊所阐述的：

> 语言总是处在不停的变化之中，它的某个共时状态只存在于历时演变长河中的瞬间，稍纵即逝。因此有人大胆地提出，根本不存在什么共时的语法系统，存在的只是不断地形成过程中的语法。（见Hopper，1987）
>
> 这说明一个道理：语言共时的变异现象（Variation）是历时演变过程（Change）的反映。
>
> 语言的历时演变能对共时的语言结构做出进一步的解释。（沈家煊，1999）

参考文献

伯纳德·科姆里（1989）《语言共性和语言类型》（沈家煊译），华夏出版社。
陈章太　李如龙（1991）《闽语研究》，语文出版社。
程美珍　李　珠（1997）《汉语病句辨析九百例》，华语教学出版社。
大河内康宪主编（1993）《日本近现代汉语研究论文选》，北京语言学院出版社。
戴浩一（1988）时间顺序和汉语的语序，《国外语言学》第1期。
戴浩一（1990）以认知为基础的汉语功能语法刍议，《国外语言学》第4期。
戴庆厦（1989）缅彝语的结构助词，《语言研究》第2期。
戴昭铭（1999）天台话的几种语法现象，《方言》第4期。
高名凯（1948）《汉语语法论》（重印本），商务印书馆，1986年。
管燮初（1953）《殷墟甲骨刻辞的语法研究》，中国科学院出版。
管燮初（1981）《西周金文语法研究》，商务印书馆。
管燮初（1994）《左传句法研究》，安徽教育出版社。
国家对外汉语教学领导小组办公室汉语水平考试部（1996）《汉语水平等级标准与语法等级大纲》，高等教育出版社。
何乐士（1992）《史记》语法特点研究，见程湘清主编《两汉汉语研究》，山东教育出版社。
侯精一　温端政（1993）《山西方言调查研究报告》，山西高校联合出版社。

侯学超（1998）《现代汉语虚词词典》，北京大学出版社。
胡明扬（1992）《实用汉语语法·序》，北京语言学院出版社。
胡 坦（1985）论藏语比较句，《民族语文》第5期。
黄伯荣（1996）《汉语方言语法类编》，青岛出版社。
黄晓惠（1992）现代汉语差比格式的来源及演变，《中国语文》第3期。
蒋冀骋 吴福祥（1997）《近代汉语纲要》，湖南教育出版社。
蒋绍愚（1999）抽象原则和临摹原则在汉语语法史中的体现，《古汉语研究》第4期。
黎锦熙（1955）《新著国语文法》（校订本），商务印书馆。
李葆嘉（2000）中国语的历史和历史的中国语，《引玉集》，南京师范大学文学院编。
李大忠（1996）《外国人学汉语语法偏误分析》，北京语言文化大学出版社。
李向农 周国光（1991）儿童比较句和介词“比”习得状况的调查分析，《语文建设》第5期。
李英哲等（1990）《实用汉语参考语法》，北京语言学院出版社。
林书武（1995）《隐喻与象似性》简介，《国外语言学》第3期。
刘月华等（1983）《实用现代汉语语法》，外语教学与研究出版社。
陆丙甫（2001）从宾语标记的分布看语言类型学的功能分析，《当代语言学》第4期。
罗福腾（1992）山东方言比较句的类型和分布，《中国语文》第3期。
罗杰瑞（1995）《汉语概说》，语文出版社。
吕叔湘（1944）《中国文法要略》（重印本），商务印书馆，1982年。
吕叔湘（1987）疑问·否定·肯定，见《语文近著》，上海教育出版社。
吕叔湘 王海棻（1985）《〈马氏文通〉读本》，上海教育出版社。
吕文华（1994）《对外汉语教学语法探索》，语文出版社。
马尔基耶尔（1984）美国语言学家谈历史语言学，《语言学论丛》（第13辑），商务印书馆。
马学良（1991）《汉藏语概论》，北京大学出版社。
孟淑娟（2001）淄博话的形比句，《语文研究》第1期。
桥本万太郎（1985）《语言地理类型学》（余志鸿译），北京大学出版社。
屈承熹（1993）《历史语法学理论与汉语历史语法》，北京语言学院出版社。
沈家煊（1993a）句法的象似性问题，《外语教学与研究》第1期。
沈家煊（1993b）汉语特点研究和语言共性研究，见《中国语文研究四十年纪念文集》，北京语言学院出版社。
沈家煊（1994）R. W. Langacker的“认知语法”，《国外语言学》第1期。
沈家煊（1995）“有界”与“无界”，《中国语文》第5期。
沈家煊（1999）《不对称和标记论》，江西教育出版社。
石毓智（1992）《肯定和否定的对称和不对称》，台湾学生书局。
石毓智（1995）《女人，火，危险事物——范畴揭示了思维的什么奥妙》评介，《国外语言学》第2期。
孙宏开（1982）《独龙语简志》，民族出版社。
孙宏开等（1980）《门巴、珞巴、僜人的语言》，中国社会科学出版社。
太田辰夫（1987）《中国语历史文法》（蒋绍愚、徐昌华译），北京大学出版社。
佟慧君（1986）《外国人学汉语病句分析》，北京语言学院出版社。
汪国胜（2000）湖北大冶方言的比较句，《方言》第3期。
文 炼（1990）语言单位的对立和不对称现象，《语言教学与研究》第4期。
向 熹（1993）《简明汉语史》，高等教育出版社。
相原茂（1992）汉语比较句的两种否定形式——“不比”型和“没有”型，《语言教学与研究》第3期。
谢信一（1991）汉语中的时间与意象，《国外语言学》第4期。
邢公畹（1979）论汉藏语言的比较语法学，《南开大学学报》第4期。
杨伯峻 何乐士（1992）《古汉语语法及其发展》，语文出版社。
殷志平（1998）语境与否定比较句，见范晓编《语言研究的新思路》，上海教育出版社。
俞 敏（1984）汉藏虚字比较研究，见《中国语言学论文选》，日本光生馆出版。
袁家骅等（1983）《汉语方言概要》（第二版），文字改革出版社。
袁毓林（1994）一价名词的认知研究，《中国语文》第4期。
袁毓林（1998）《语言的认知研究和计算分析》，北京大学出版社。
詹伯慧（1985）《现代汉语方言》，湖北教育出版社。
张 斌（1998）《汉语语法学》，上海教育出版社。
张国宪（1998）语言单位的有标记与无标记现象，见邵敬敏主编《句法结构中的语义研究》，北京语言文化大学出版社。
张 敏（1998）《认知语言学与汉语名词短语》，中国社会科学出版社。
赵金铭（1999）论汉语“比较”范畴，中国语言学会第十届年会（福州）论文。
赵元任（1979）《汉语口语语法》（吕叔湘节译本），商务印书馆。
周小兵（1994）“比”字句否定形式的语用分析，见邵敬敏编《语法研究与语法应用》，北京语言学院出版社。
朱德熙（1956）现代汉语形容词研究，《语言研究》第1期。
朱德熙（1983）关于“比”字句，《语法研究与探索》（一），北京大学出版社。
祝敏彻（1996）《近代汉语句法史稿》，中州古籍出版社。

第十章　趋向补语研究

第一节　“动＋趋＋了”和“动＋了＋趋”比较*

○　引言

“动＋趋＋了”和“动＋了＋趋”这两种结构，范继淹和张健都曾作过专门的论述。范先生认为(1963)“动＋趋＋了”和“动＋了＋趋”的语法功能不同：前者后面可以带宾语，后者宾语只能出现在“动＋了”后；前者可以带“动量”和“时量”，后者不能；前者可以在后面加上“吗”或“没有”构成疑问句，后者不行；后者可以构成命令句，前者不行。张先生(1991)则考察了“了”在动趋结构中的句法分布条件，其结论是：否定副词“没(有)”出现在动趋结构前面的时候，“了”一般不出现在趋向动词的前面；“不”出现在动趋结构前面的时候，“了”一般不出现在趋向动词的前面，但可以出现在句末。能愿动词出现在动趋结构前面的时候，“了”一般不能出现在趋向动词的前面，但可以出现在句末。明确表示将来的时间副词出现在动趋结构前面的时候，“了”一般不能出现在趋向动词的前面，但可以出现在句末。不仅如此，他还认为“动＋趋＋了”强调趋向动词的“结果意义”，而“动＋了＋趋”则强调趋向动词的“存在意义”。

范、张两位先生的结论基本上符合语言实际，揭示了“动＋趋＋了”和“动＋了＋趋”语法功能的不同之处以及“了”分布的语法条件，他们的研究虽然角度不同，但却相得益彰。不过，笔者认为有些现象还没有注意到，有的结论需要修正或补充，个别看法还值得商榷。

---

* 本文以《“动＋趋＋了”和“动＋了＋趋”补议》为题发表在《中国语文》2001年第4期，作者杨德峰。

一　“动＋趋＋了”和“动＋了＋趋”语法功能上的区别

1.1　“动＋趋＋了”和“动＋了＋趋”语法功能上的区别，除了范先生提到的以外，还有以下几点。

1.1.1　“动＋趋＋了”可以单独用来提问或回答问题，例如：

(1) ——拿出来了吗？
　　——拿出来了。
(2) ——报纸送去了吗？
　　——送去了。

“动＋了＋趋”一般不能单独用来提问或回答问题，不仅如此，由该结构充当谓语或谓语主要成分的句子也不能用来提问或回答问题，例如：

(3) ——＊拿了出来？
　　——＊拿了出来。
(4) ＊钱要了回来？
(5) ——你把报纸送去了？
　　——＊我把报纸送了去。

例(3)(4)以及例(5)的答句，显然都不能说。

1.1.2　“动＋趋＋了”可以做主语，“动＋了＋趋”却不能，例如：

(6) 说出来了有什么不好？/＊说了出来有什么不好？
(7) 打起来了对谁都不利/＊打了起来对谁都不利

例(6)(7)的前一个句子都成立，后一个句子都不成立。

1.1.3　“动＋趋＋了”可以做动词的宾语，“动＋了＋趋”则不能，例如：

(8) 他告诉我寄来了/＊他告诉我寄了来
(9) 我记得送回来了/＊我记得送了回来

例(8)(9)前一个句子成立，后一个句子不成立。

1.1.4　“动＋趋＋了”还可以与“的”组成“的”字结构，“动＋了＋趋”不能与“的”字组合，例如：

(10) 带来了的就放在这儿/带了来的就放在这儿
(11) 送出去了的都得追回来/送了出去的都得追回来

以上二例中的前一句都成立，后一句则不成立。

1.2 范先生认为“动＋趋＋了”不能单独构成命令句，“动＋了＋趋”则可以单独构成命令句，并引下面书证为例：

(12) [王者说]“送了出去！”这才有人答应：“是！”说话就把他们带了出来，下了大殿，一直送到门口。(《陈士和评书》，天津通俗出版社，1955)

上例中的“送了出去”确实是一个命令句，但从我们统计的语料来看，这种命令句用得非常少，四位北京籍作家的160多万字的作品中只发现了3例，[①]而且全部是老舍作品中的句子。

单从语料来看，不但“动＋了＋趋”可以单独构成命令句，而且由该结构充当谓语或谓语主要成分的命令句也同样存在，例如：

(13) 噢，心正，路过诊所的时候，把欧阳小姐请了来！(文10，266页)(出处详见正文后的“语料来源”，下同)

(14) 再给他五块，给徐嫂带了去。(文10，191页)

(15) 看司令起来，把水端了来，就是一个锅。(文10，187页)

例(13)的“把欧阳小姐请了来”，(14)的“给徐嫂带了去”、(15)的“把水端了来”都是命令句，而且都包含着“动＋了＋趋”结构。

不过，我们的语料中只有老舍的作品中出现了这种用法，而且非常少，50多万字的作品中只发现了6例。

同为北京籍作家，为什么老舍先生的作品中既出现了“动＋了＋趋”单独构成的命令句，也出现了由该结构充当谓语或谓语主要成分的命令句，而其他作家的作品中却没有呢？原因就在于作品创作的年代上。我们统计的老舍先生的作品创作于20世纪60年代初以前，其他三位作家的作品创作于70年代末到90年代初，这说明老舍所处的时代北京话和普通话中有这种用法，但随着汉语的变化、发展，现在北京话中已经不常

---

① 我们统计的语料都是北京籍作家的作品，这些作品分别是：
文10：《老舍文集》第十卷，老舍，人民文学出版社，1986；
蒲：《蒲柳人家》，刘绍棠，人民文学出版社，1985；
皇：《皇城根》，陈建功、赵大年，作家出版社，1992；
文11：《老舍文集》第十一卷，老舍，人民文学出版社，1987；
我：《我的遥远的清平湾》，史铁生，北京十月文艺出版社，1985。

使用了，普通话中则完全不这么使用了。笔者调查的结果也证实了这一点。[①] 被调查者半数以上都认为被调查的句子都不能说，但也有不少人觉得有的句子可以说，但不常说，有的人甚至明确指出北京的老年人喜欢这么说。

1.3　张先生认为“不”“没(有)”出现在动趋结构的前面，“了”一般不出现在趋向动词之前。其实其他否定副词出现在动趋结构的前面，情况也一样，例如：

(16) 得，别问下去了，听这口气，又没戏。(皇，305 页)

(17) 甭站起来了！

(18) 千万不要说出去了！

例(16)的“别问下去了”不能说成“别问了下去”，例(17)的“甭站起来了”也不能说成“甭站了起来”，例(18)情况类似。

1.4　张先生指出，能愿动词出现在动趋结构前面的时候，“了”一般不能出现在趋向动词的前面，但从语料上来看，“了”也可以出现在趋向动词的前面，例如：

(19) 到了后方，准得锯了去。(文 10，174 页)

(20) 让日本人看见了，也都得抢了去。(文 10，56 页)

(21) 无论如何，我也得把饭弄了来。(文 10，255 页)

不过，这种用法非常少，在我们统计的语料中只出现了 4 例，而且都是老舍作品中的例子，其他北京籍作家的作品中都没有。可见过去北京话或普通话中有这种用法，现在的北京话，特别是普通话，一般不这么说。

---

① 笔者调查了 18 位北京人，他们最大的 50 岁，最小的 20 多岁，调查结果如表 1。

(表 1)

句　子	能说	不能说
扒下衣服，赶了出去！	8	10
路过诊所的时候，把欧阳小姐请了来！	9	9
再给他五块，给徐嫂带了去。	7	11
看司令起来，把水端了来。	5	13

从表 1 可以看出，半数以上都认为被调查的句子不能说，虽然有些人认为可以说，但同时又觉得一般不这么说，有 5 位还明确指出，老北京人爱这么说。

我们调查的结果也同样支持这一结论。[①] 被调查者虽然有人认为以上句子可以说，但是一般都认为这些句子中的“了”去掉以后显得更自然一些。

二 “动＋趋＋了”和“动＋了＋趋”表达功能上的区别

张先生认为“动＋趋”中的“趋”有两种语法意义，一种是“结果意义”，一种是“存在意义”，并且认为“动＋趋＋了”和“动＋了＋趋”的区别在于：前者强调趋向动词的“结果意义”，后者强调趋向动词的“存在意义”。

其实，“动＋趋＋了”和“动＋了＋趋”的区别不在于前者强调“结果意义”，后者强调“存在意义”，而在于“动＋了＋趋”的表达重心在动词上，它有突出行为动作的作用，但“动＋趋＋了”的表达重心有时在动词上，有时则在趋向动词上，[②]即使是表达重心在动词上，也没有突出行为动作的作用，试比较：

(22) 刚迈进一只脚，又缩了出来。(皇，7 页)
　　刚迈进一只脚，又缩出来了。

(23) 蔡春林见他厚颜无耻，火了起来。(蒲，528 页)
　　蔡春林见他厚颜无耻，火起来了。

例(22)的“缩了出来”突出的是行为动作“缩”，它的表达重心在“缩”上；而“缩出来了”则相反，它的表达重心在“出来”上。例(23)的“火了起来”突出的是“火”这一行为动作，它的表达重心在“火”上；“火起来了”的表达重心虽然也在动词“火”上，但却没有突出动词“火”的作用。因此“缩了出来”和“火了起来”中的“了”不仅起着表示时态的作用，同时也起着标记的作用，[③]“了”附着在动词的后面，就使得动词成为一个有标记成分，而“观

---

① 该调查的调查对象与 1.2 中一样，调查结果如表 2。

(表 2)

句　子	能说	不能说
到了后方，准得锯了去。	10	8
让日本人看见了，也都得抢了去。	14	5
无论如何，我也得把饭弄了来。	9	9

从表 2 中可以看出，半数以上认为被调查的句子都能说，但又认为一般不这么说，去掉“了”以后句子更自然一些，有 5 位还明确指出老北京人爱这么说。

② 参看范晓(1985)。

③ 参看张国宪(1995)。

念上的突显性信息在话语的结构上往往表现为有标记形式，而非突显性信息在话语结构上往往表现为无标记形式”。（项开喜，1998）正是由于“了”的这种标记作用，才使得动词无论在听觉上还是在视觉上都得到了突出。

如果说上面的对比还不够充分的话，那么下面的例子也许更能说明问题：

（24）一阵狂风刮来，路旁一座餐馆的招牌竟被从房顶上掀了下来，将张小姐撞倒在地，结果头部缝了三针。（《北京晚报》2000年3月24日3版）

该例“掀了下来”中的“掀”字生动地刻画出了狂风的狂暴，读到此处，狂风“掀”招牌的过程仿佛历历在目。但倘若把“掀了下来”改成“掀下来了”，这种效果就荡然无存了，只给人一种只见结果不见过程的感觉。

正因为“动＋趋＋了”和“动＋了＋趋”有这种区别，因此，它们常常不能互换，或互换以后句义发生了变化，例如：

（25）他大吃一惊，跳了起来。（蒲，493页）
他大吃一惊，跳起来了。

（26）他的话还没说完，金一趟已抡起手杖打了过去。（皇，52页）
他的话还没说完，金一趟已抡起手杖打过去了。

例（25）的“跳了起来”换成“跳起来了”以后，前后两个句子就有些连接不上；例（26）的“打了过去”换成“打过去了”以后，句子虽然还成立，但是意思却有些不同，前者突出动作，动感比较强，带有描写的色彩，[①]而后者则没有这种作用。

三 趋向动词在两种结构中的分布

普通话中趋向动词在“动＋趋＋了”和“动＋了＋趋”这两种结构中的分布情况，范、张两位先生也没有注意到。据我们考察，趋向动词在这两种结构中的分布是很不平衡的，能进入“动＋了＋趋”中的趋向动词都可以进入“动＋趋＋了”中，但能进入“动＋趋＋了”中的趋向动词，很多却不能进入“动＋了＋趋”中。趋向动词能否进入“动＋了＋趋”中，趋向动词的音节起着决定的作用。

---

① 参看《实用现代汉语语法》222页。

当趋向动词为单音节时，除“来”“去”以外，一般只能进入“动＋趋＋了”中，例如：

(27) 哄来了　哄了来　　(29) 放开了　＊放了开
(28) 抢去了　抢了去　　(30) 蹲下了　＊蹲了下

例(27)(28)的前后两个结构都成立，例(29)(30)则前一个成立，后一个不成立。

值得注意的是，即便是“来”和“去”，也很少出现在“动＋了＋趋”这一格式中，我们统计的160多万字的语料中有大量的“动＋来/去＋了”，但“动＋了＋来/去”一共只出现了28例，其中“动＋了＋来”10例，“动＋了＋去”18例。这说明“来”“去”出现在“动＋了＋趋”中也是不自由的。

单音节趋向动词一般不出现在“动＋了＋趋”这种格式中，与“动＋趋”的性质有一定的关系。从扩展的角度来看，“动＋了＋趋”可以看做“动＋趋”的扩展形式，而汉语的“动＋趋”，当动词为单音节时，①“动”和“趋”常常结合得很紧密，不仅如此，赵元任认为(1979)这种结构“多数有惯用意义”，因此赵先生把它们看做复合词，而不把它们看做短语。既然是复合词，就意味着“动＋趋”之间不能插入“了”，因此也就不可能扩展为“动＋了＋趋”。

当趋向动词为双音节时，不管是表示本义，还是表示引申义，一般都可以进入以上两种格式中，例如：

(31) 打起来了　　打了起来
(32) 绕回来了　　绕了回来
(33) 坚持下去了　　坚持了下去

以上三例中的前后两种说法显然都成立。

以上情况说明，趋向动词出现在“动＋趋＋了”中比较自由，不受趋向动词音节的限制；但趋向动词进入“动＋了＋趋”中却受到音节的制约：当趋向动词为双音节时，一般可以出现在这种格式中；当趋向动词为单音节时，除“来”“去”以外，一般不能出现在这种格式中。

---

① 范晓先生指出“V－R”结构(即动补结构，包括“动＋趋”结构)中“并不是任何动词都可以作V，作V的主要是动作动词，尤其是单音节的动作动词”。据考察，实际运用中“动＋趋”中的“动”绝大多数为单音节。

第二节　“动词＋复合趋向动词”带宾语句式[①]

○　引言

“动词＋复合趋向动词”带宾语过去认为有四种位置：(A)VC1C2O，(B)VC1OC2，(C)VOC1C2，(D)把 OVC1C2。我们认为这四种句式反映出不同的认知方式，是不同的时间序列在汉语中的反映，并从共时和历时两个方面证明它们都遵循着“时间顺序原则”。

一　时间顺序原则

1.1　时间顺序的观念是人类认知结构中最重要、最根本的观念之一。由于人类语言只能在时间轴上依次单向度地展开，这就使得语言结构上的安排很自然地对应于它所表达的概念的次序。[②] 语言中的这种“次序象似动因”早就引起了人们的注意。Jakobson 指出，在一个由 S1 和 S2 构成的组合里，S1 和 S2 的次序常常对应于它们所描述的事件之间的时间关系。[③] Greenberg 认为，语言成分的次序与物理经验的次序或对事物的认识的次序是平行的。[④] Haiman 把语言里的这种机制称为“时间象似性”。[⑤]戴浩一(1988) 为了解释汉语里的语序现象提出了一条“时间顺序原则”，该原则认为两个句法单位的相对次序决定于它们所表示的概念领域里的状态的时间顺序。他发现大量表面上互不相干的语序规则都可以用“时间顺序原则”这一总原则进行概括。例如：

(1) 弟弟上楼[1] 睡觉[2]。　　(2) 我们往前[1] 走[2]。
(3) 猴子在马背上[1] 跳[2]。　　(4) 猴子跳[1] 在马背上[2]。
(5) 我买[1] 到[2] 一张票。　　(6) 妈妈累[1] 得腰疼[2]。

以上句子虽然结构关系不同，但是各数字代表的事件或状态出现的顺序与表达它们的语言成分的顺序是一致的。例(1) 的“上楼”在“睡觉”的前面，因为“上楼”发生在前，“睡觉”发生在后；例(2) 的“往前”在“走”的前面，是因为“往前”发生在前，“走”发生在后；例(3) 的“在马背上”在前，

---

①　本文以《“时间顺序原则”与“动词＋复合趋向动词”带宾语形成的句式》为题发表在《世界汉语教学》2005 年第 3 期，作者杨德峰。

②③④⑤　转引自张敏(1998:159)。

"跳"在后，因为"在马背上"发生在前，"跳"发生在后，是猴子先在马背上，然后才跳；例(4)与例(3)相反，"在马背上"在后，"跳"在前，这是因为"跳"发生在前，"在马背上"发生在后，猴子跳以后才落到马背上；例(5)的"买"在前，"到"在后，是因为"买"发生在前，"到"发生在后，"到"是"买"的结果；例(6)的"累"在前，补语"腰疼"在后，同样是因为"累"发生在前，"腰疼"发生在后，只有先"累"，才有"腰疼"。以上情况说明，不管是连动句，还是由状中结构(状语为"介词＋名词")、述补结构做谓语构成的句子，谓语各组成部分的排列顺序都是由"时间顺序原则"支配的。

1.2 "时间顺序原则"具有很强的解释力，对于汉语这种比较重视语序的语言来说，具有一定的普遍性，本文将尝试运用这一原则，来解释"动词＋复合趋向动词"带宾语形成的句式的理据。

二 "动词＋复合趋向动词"带宾语形成的四种句式的认知解释

张伯江、方梅(1996:91)把"动词＋复合趋向动词"带宾语形成的四种句式码化为：

A. VC1C2O(拿出来一张纸)
B. VC1OC2(走出一个人来)
C. VOC1C2(带一个人过去)
D. 把OVC1C2(把书包放下去)

以往对这四种句式多是从句法和语用的角度进行研究，主要揭示不同句式中宾语的类型及特点，在此基础上，进一步揭示四种句式语用上的特点。这些探讨虽然有必要，但是还不够，没有回答这四种句式认知上的一些特点。

以上四种句式实际上反映了不同的认知方式，具体说来，A式是把VC1C2看做一个整体来认知，即是从整体上进行把握；B式是把VC1O看做一个整体来认知，而把C2或OC2看做另一个整体来认知；C式是把VO作为一个整体来认知，而把C1C2或OC1C2作为一个整体来认知；D式是把"把O"作为一个整体来认知，VC1C2作为另一个整体来认知。一句话，这四种句式是不同的时间序列在汉语中的反映，它们都遵循着"时间顺序原则"。这种推测不但有共时的证据，而且有历时的证据。

2.1 从共时来看，C式体现了"时间顺序原则"，VOC1C2实际上是VO发生以后，C1C2或OC1C2才发生。例如：

(7) 带一个人上来!

(8) 拿一张纸出来!

(9) 骑一匹马过去!

例(7) 的“带一个人上来”实际上是“先带一个人,然后再上来”,“带一个人”发生在“上来”这一动作之前,该句是一个连动句。例(8)“拿一张纸出来”有歧义,既可以是动作发出者“先拿一张纸,然后和纸一起出来”,也可以是动作发出者“先拿一张纸,然后一张纸出来”。前者是“拿一张纸”发生在前,“出来”发生在后,是一个连动句;后者是“拿一张纸”发生在前,“一张纸出来”发生在后,是一个兼语句。例(9) 的“骑一匹马过去”是动作发出者“先骑上马,然后和马一起过去”,“骑马”发生在前,“过去”发生在后,该句是一个连动句。

以上分析说明,尽管过去我们把 C 式看做 VC1C2 带宾语的一种情况,即把宾语看做整个 VC1C2 的宾语,但实际上这种句式应是一种连动句或兼语句。

C 式是一种连动句或兼语句还有其他方面的证据,这些句子与典型的连动句或兼语句呈现出一系列的平行性。

连动句、兼语句有的可在最后一个动词之后加上“了”,这类句子也同样可以。例如:

(10) 去买了。—— 带一个人上来了。

(11) 请你吃了。——拿一张纸出来了。

(12) 让他走了。——骑一匹马过去了。

连动句、兼语句的否定是在第一个动词的前面加上否定副词,这类句子的否定也只能在第一个动词前面加上否定副词。例如:

(13) 没去买。—— 没带人上来。

(14) 不请你吃。——不拿纸出来。

(15) 不要让他走。——不要骑马过去。

连动句、兼语句一般可以变换为“先……,再……”。例如:

(16) 去买。——先去,再买。

(17) 请你吃。—— 先请你,你再吃。

(18) 让他走。—— 先让他,他再走。

该类句子也同样存在这样的变换关系。例如:

(19) 带一个人上来！——先带上一个人，再和一个人一起上来。

(20) 拿一张纸出来！——先拿一张纸，一张纸再出来。

先拿一张纸，再和一张纸一起出来。

(21) 骑一匹马过去！——先骑上一匹马，再和一匹马一起过去。

语法研究中，形式上的分析最好能够得到意义上的验证，这样得出的结论才比较可靠。从语义结构来看，连动句表示两个或两个以上的动作由同一个主语（施事者）发出，兼语句表示前一个动作由主语（施事者）发出，后一个动作由宾语发出，以上句子的语义结构与连动句和兼语句毫无二致，关于这一点，可以从对例(7)—(9)的分析中看得很清楚。

以上情况表明，VOC1C2 不论形式上还是意义上，都与连动句或兼语句有着高度的一致性，显然属于连动句或兼语句，而不是 VC1C2 带宾语。

其实，范继淹(1992)早就指出 VOC1C2 中的宾语不是“插入宾语”，即 VOC1C2 不是动趋式带宾语。“宾语插入说”的一个主要论据是 VOC1C2 的 O 可以用“把”字提前，因此宾语是与动趋式组合，结构关系自然就跟 V C1C2O 相同。范先生用大量事实证明宾语能用“把”字提前跟结构层次之间不存在必然的联系，此其一；其二，很多 VOC1C2，像“捏造一个事实出来”、“倒一杯茶过来”等根本就没有相应的“把”字式；其三，如果宾语为处所宾语和存现宾语，则更没有“把”字式可言。因此，范先生认为 VOC1C2 不是动趋式带宾语，而是“动宾组合加间接趋向成分”。虽然范先生没有明确指出“动宾组合加间接趋向成分”到底是一种什么性质的结构，但实际上就是一种连动结构或兼语结构。

VOC1C2 是一种连动句或兼语句不仅有共时的证据，更重要的是还有历时的证据。众所周知，趋向补语是从古代汉语的连动句或兼语句演变而来的，周迟明(1957)把它们一概称为连动性复式动词。例如：①

(22) 若是太平时节，天生几个好人出来扶持世界；若要祸乱时节，天生几个歹人出来搅乱乾坤。（五代史平话）

(23)（林冲）就坐下生些火焰起来。（忠义水浒传）

(24) 既惜身命，快拿扇子出来。（西游记）

(25) 千不合，万不合，带这只新罗白鹞出来。（定山三怪）

(26) 郡王随即唤新荷出来唱此词。（菩萨蛮）

---

① 例(22)—(26)引自周迟明(1957)。

以上各例的“生几个好人出来”、“生几个歹人出来”、“生些火焰起来”、“拿扇子出来”、“带这只新罗白鹞出来”、“唤新荷出来”在周先生看来都是被宾语隔开的连动式，即“生出来”“生起来”、“拿出来”、“带出来”、“唤出来”都是连动性复合词，它们都被宾语隔开了。

太田辰夫(1987:200)也有类似的观点，他认为“趋向后助动词是等立复合动词的后一部分虚化而成的……它的产生和使成复合动词有很深的关系”。在太田看来，趋向补语也是由复合动词发展演变而来。

孙锡信(1992:323)明确指出“汉代以前的‘动＋趋动’格式中的趋动词义都很实在，都能表示行为主体的实际行为……正因为这种形式中的趋向动词有实义，故往往在前一动词后带上宾语，再连同趋向动词构成连动结构”。例如：[①]

(27) 王使人疾持其头来。(史记·范雎蔡泽列传)

(28) 拔剑出门去。(古诗源·东门行)

(29) 宫长李南以诏书取儿去。(汉书·外戚传)

(30) 司马夜引袁盎起。(史记·袁盎晁错列传)

(31) 孔君平诣其父，父不在，乃呼儿出。(世说新语·言语)

例(27)的“持其头来”、(28)的“出门去”、(29)的“取儿去”在孙先生看来都是连动结构，例(30)的“引袁盎起”和例(31)的“呼儿出”都是兼语结构。

梁银峰(2003:23)也有类似的看法，他认为汉代、六朝时期的“动词＋宾语＋来/去”都是连动式。例如：[②]

(32) 汉使取其实来，于是天子始种苜蓿、蒲陶肥饶地。(史记·大宛列传)

(33) 其同舍有告归，误持同舍郎金去。(史记·万石张叔列传)

(34) 于一念顷，取此果来，极为香美，汝可啖之。(过去现在因果经)

以上三例中的“取其实来”、“持同舍郎金去”、“取此果来”在梁先生看来都是连动式，不是动趋式带宾语。

孙先生、梁先生的观点无疑是正确的，尽管他们的例证中都是单音节趋向动词，但是我们有理由相信复合趋向动词出现在类似的结构中也应

---

① 例(27)—(31)引自孙锡信(1992:323)。

② 例(32)—(34)引自梁银峰(2003:23)。

该属于同样的情况。

以上种种情况说明,C 式并不是新产生的语法现象,而是古代汉语复合式动词,准确地说是古代汉语连动句、兼语句发展演变而来的,是古代汉语用法的一种延续。尽管有的复合趋向动词已经虚化,但是这种用法中的复合趋向动词并没有虚化,仍旧是一个动词。能够证明这一点的是,凡是虚化了的复合趋向动词都不能出现在 C 式中,下列说法都不成立:

(35) *说一些话起来。("起来"表示开始并继续)

(36) *写一些信下去。("下去"表示继续)

以上二例的"起来"、"下去"都虚化了,由它们构成的两个 C 式句子都不能说。张伯江、方梅(1996:100) 也有类似看法。

把 C 式看做连动句或兼语句,还能解释一些具体的语法现象。陆俭明(2002) 曾指出,如果宾语带数量名成分,当补语属于"一来"时,由 C 式构成的句子接受度比较差。例如:

(37) *走一个孩子进来。

(38) *爬一个人上来。

(39) *飞两只苍蝇进来。

以上句子确实不能说,因为它们既不能分析成连动句,也不能分析成兼语句。拿例(37) 来说,如果分析成兼语句,"走一个孩子"、"一个孩子进来"虽然都是结构,但这两个结构不能组成更大的结构,因为语义上没有关联;如果分析成连动句,"走"和"一个孩子进来"或"走一个孩子"和"进来"也都缺乏语义上的关联,很难组成更大的结构。其他各例情况类似。

陆先生(2002) 还指出以下句子也不成立:

(40) *爬人上来。

(41) *飞苍蝇进来。

(42) *走外国人下来。

以上三例都不成立,原因跟例(37)—(39) 一样。

还能说明以上问题的是下列句子:

(43) 抬啤酒上来。

(44) 扔酒瓶下来。

(45) 搬桌子进来。

以上三例陆先生认为都能说。这些句子之所以能成立，是因为它们的前半段和后半段都是结构，而且两个结构语义上有关联。拿例(45)来说，“搬桌子进来”中的“搬桌子”和“桌子进来”都是结构，而且语义上有关联，因此整个句子自然就没有问题。其他二例情况类似。这也从另一方面证明我们对例(37)—(39)和例(40)—(42)不成立的解释是正确的。

2.2 B式VC1OC2也体现了“时间顺序原则”。例如：

(46) 拿出一本书来。

(47) 开过一辆车来。

(48) 飞过河去。

例(46)的“拿出一本书来”意思是“先拿出一本书，然后一本书才来”，可见其语序与动作发生的时间序列完全一致。例(47)的“开过一辆车来”是“先开过一辆车，然后一辆车才来”，即“开过一辆车”发生在前，“一辆车来”发生在后，该句两个动词性成分的语序与动作发生的时间顺序也是一致的。例(48)情况类似。这说明以上三例也不是VC1C2带宾语，而是一种连动句或兼语句。

有人可能要说这样解释毫无道理，因为某些VC1OC2中的“来”和“去”已经有些虚化了，像“想起一件事来”、“减下一个人去”中的“来”和“去”；还有一些结构中的“来”和“去”甚至完全虚化了，像“静下心来”、“静下心去”中的“来”和“去”，正因为如此，吕叔湘(1980:34)认为有些“来”、“去”的作用像副词，甚至有人认为接近于语气词(林焘，1992)。既然是像副词或语气词，那么VC1OC2又怎么可能是先发生VC1O，然后才发生C2或OC2呢？VC1OC2又怎么可能是连动句或兼语句呢？诚然，有的VC1OC2中的“来”和“去”确实有些虚化了，甚至完全虚化，但是大部分VC1OC2中的“来”和“去”还是趋向动词。即便是虚化了的“来”和“去”，由于它们是从趋向动词“来”和“去”虚化而来的，因此一般还多少能看出它们趋向动词的影子来，它们所起的作用与趋向动词也有异曲同工之妙，因此这种情况下的VC1OC2可以类比地看做连动句或兼语句(非典型的连动句或兼语句)。[①]

历时的证据也同样支持我们的结论。从历时的角度来看,VC1OC2 是从古代汉语的连动式或兼语式发展而来的,王力(1989:200) 称这类句子为连动式,他把以下句子都看做宾语插在连动式的中间:[②]

(49) 书中吊下金钱来了也。(金钱记)

(50) 晁盖等慌忙扶起三人来,吴用就血泊里拽过头把交椅来。(水浒传,第十九回)

(51) 湘云只得扶过他的头来。(红楼梦,第二十回)

(52) 眼下可以拿出万金来,以为炉火药物之费。(儒林外史,第十五回)

(53) 董超、薛霸都吐出舌头来。(水浒传,第九回)

王力先生认为以上各例的宾语"金钱"、"三人"、"他的头"、"万金"、"舌头"都插在连动式中间,"以上所述的连动式都是以前一动词为主要成分,后一动词(或后两个动词) 为次要成分, 等于副词的"。

以上情况表明,把 VC1OC2 看做连动句或兼语句不仅有共时的根据,也有历时的证据, 并不是牵强附会。

更能说明问题的是,把 VC1OC2 看做连动句或兼语句具有更强的解释力。大家知道,过去把 VC1OC2 中的宾语分析成整个 VC1C2 的宾语,虽然具有一定的解释力,但是不少现象解释不了。例如:

(54) 拿出一本书来。　　(55) 走过一个人来。

(56) 走进教室来。　　(57) 飞过河去。

例(54)、(55)的宾语如果说是整个 VC1C2 的宾语的话,还说得过去,因为以上句子的宾语确实可以与整个述补结构搭配。试比较:

(58) 拿出一本书来。——拿出来一本书。

---

① 当然,考虑到这些句子中的"来"和"去"已经虚化这一事实,也可以把它们作如下处理:

V C1 O C2 (助词)

述 宾

这种处理与本文的处理各有利弊。前者考虑到了语言的客观现实性,但却忽略了语言的系统性和连续性,后者照顾到了语言的系统性和连续性,但却忽略了语言的客观现实性。两相比较,我们倾向于后者。

② 例(49)—(53) 引自王力(1989:260)。

(59) 走过一个人来。——走过来一个人。

但例(56)、(57)却有很大的问题，因为其中的宾语都不能做整个 VC1C2 的宾语。试比较：

(60) 走进教室来。——＊走进来教室。

(61) 飞过河去。——＊飞过去河。

不仅如此，把 VC1OC2 看做整个 VC1C2 带宾语还很难解释范继淹(1992)提到的下列现象：

(62) 倒杯茶拿支烟来。

(63) 送回家还是送回办公室去？

以上二例显然不可能分析成 VC1C2 带宾语。

把 VC1OC2 看做连动句或兼语句就能比较好地解释以上现象，例(56)、(57)是连动句，例(62)、(63)也是连动句，它们的句法结构关系分别如下：

(64) 走 进 教 室 来。[①]

连 动

(65) 飞 过 河 去。

连 动

(66) 倒杯茶拿支烟来。

连 动

(67) 送回家还是送回办公室去？

连 动

至此，我们有充分的理由相信，VC1OC2 并不像过去所说的那样是整个 VC1C2 带宾语，而是一种连动句或兼语句，这种句式的语序也是受“时间顺序原则”支配的。

2.3 A 式 VC1C2O 同样符合“时间顺序原则”。众所周知，动趋式的补语虽然是趋向补语，但是也属于结果补语，是结果补语的一个小类，以往人们研究古汉语时常常把动趋式放在使成式中一起来加以研究(王力 1984；余健萍 1957)。既然是结果补语，就意味着 V 是主要动作，C1C2

---

① 徐枢(1985:172)把这类句子分析为述宾 0 结构带补语。例如：

拿出一本书 来

述 补

述 宾

这也不失为一种分析方法，但是考虑到历史因素，我们认为这未必是一种最好的分析方法。

是动作的结果，动作在前，结果在后，显然也符合“时间顺序原则”。

2.4 D式把OVC1C2表面上看似乎很难用“时间顺序原则”来进行解释，因为“把O”是一种介词结构，而不是一种动作，其实这是表面现象。

众所周知，介词“把”是由动词“把”虚化而来的。关于“把”的演变过程，王力(1985:245)曾做过详细论述，他认为“把”本来就是动词。例如：①

(68) 无把铫推耨之劳。(战国策·秦策)

(69) 左手把其袖。(战国策·燕策)

以上二例中的“把”都是地道的动词。

尽管“把”后来变成了表示处置意义的介词，但是王力(1985:245)认为“及至‘将’、‘把’用于处置，它们仍旧保存多少动词性”。例如：②

(70) 把酒喝干了。

王力先生认为该例的意思为“拿着这杯酒，喝干了它”，并指出“后来‘将’、‘把’越用越空虚，才算把目的语提前；但若单就形式而论，处置式还是从递系式演变而来的”。正因为如此，所以他把“将”和“把”都视为助动词。

不但王力先生有这种看法，吕叔湘、朱德熙(1954:9)也有类似的看法，他们把介词归入动词，认为介词是动词的一个小类，叫做“副动词”。二位先生指出：“‘把’、‘被’、‘从’、‘对于’等，不能做谓语里的主要成分，我们就管它叫副动词。”并进一步解释说“大多数副动词有些语法书里称为‘介词’，我们认为这两类词的界限很不容易划断，不如还是把它们归在动词这个大类的底下”。以上情况说明，吕叔湘、朱德熙先生也是认为“把”具有一定的动词性。不仅如此，朱德熙(1982:175)在后来的著作中甚至明确指出：“我们把介词跟它的宾语合起来称为介词结构。所有的介词结构都能做连谓结构的前一个直接成分。”

事实上，有时候仍能清楚地看出介词“把”的动词特性。陆俭明、马真(1985:200)指出“把”的宾语可以是后面动词的工具。例如：③

(71) 正翁把手捂在耳朵上，学着小贩的吆喝……(老舍《正红旗下》)

---

① 例(68)—(69)引自王力(1985:245)。

② 该例引自王力(1985:245)。

③ 例(71)—(73)引自陆俭明、马真(1985:200)。

（72）他一不小心，把刀砍在了自己左手的大拇指上，一下子鲜血直流。

（73）何必把火烧到你身上去？（谌容《永远是春天》）

他们认为以上“把”的用法就是由早期“把”做“用”的用法衍化而来的，而“用”显然是动词。从这一角度来看，以上各句的排列顺序恰恰也是“时间顺序原则”作用的结果。拿例（71）来说，“把手捂在耳朵上”实际上就是先“把手”（即用手），然后再“捂”，最后手才在耳朵上。

尽管随着时间的推移，“把”的动词特性逐渐减弱，最后变成了一个介词，但其动词特性并没有完全泯灭，多多少少还能看出这种影子来。例如：

（74）把书拿出来！

（75）把桌子抬出去！

（76）把他推出教室去！

以上三例的“把”虽然都是介词，但是仍很容易让人联想到“把”的“拿”、“握”的意思来。所谓“把书拿出来”，必然要先“握住”书，然后才能“拿出来”；“把桌子抬出去”也暗含着先“把握住桌子”，然后“抬出去”这样一个过程。例（76）情况类似。

为了说明以上问题，我们对 677 个“把 OVC1C2”句子进行了统计，结果发现 434 例中的“把”都可以理解为“拿”或“握”，约占总数的 64 % 以上，不能明显看出“把”的动词性特点的只有 243 例，约占总数的36 %，这说明“把 OVC1C2”中的“把”绝大多数仍明显保留着动词的某些性质。例如：

（77）金秀又把信拿了出来。

（78）文嫂把三堆鸡毛抱出来。

（79）把五吊钱稳稳地推出去。

（80）把你身材的缺点都显出来了。

例（77）、（78）、（79）的“把信”、“把三堆鸡毛”、“把五吊钱”中的“把”显然都有“拿”或“握”的意思。例（80）中的“把”虽然不能理解为“拿”或“握”，但却含有“使”“让”之类的意思，可见也与动词有关系，只是这种关系不是那么明显罢了，如果把“把”的这种情况也考虑进去的话，那么 95%以上的“把”都与动词有关。

基于以上认识,我们认为“把 OVC1C2”是先发生“把 O”,然后再发生 VC1C2。可见,D 式的语序也是与时间序列一致的,也是“时间顺序原则”作用的结果。

三 结语

3.1 VC1C2 带宾语形成的四种句式不但有句法、语用方面的特点,而且也有认知方面的特点,是不同的时间序列在汉语中的反映。这四种句式所反映的时间序列大致如下:

VC1C2O 是先发生 V,再发生 C1C2;
VC1OC2 是先发生 VC1O,再发生 C2 或 OC2;
VOC1C2 是先发生 VO,再发生 C1C2 或 OC1C2;
把 OVC1C2 是先发生“把 O”,再发生 VC1C2。

以上情况进一步证明“时间顺序原则”确实是汉语语序的一个非常重要的原则。不过,“时间顺序原则”也并不是唯一的原则,在它起作用的同时,其他原则也可能同时在起作用。

3.2 实际上,A、B、C 和 D 式反映出了不同的认知方式。A 式是把 VC1C2 作为一个整体来认知,即把 VC1C2 看做了一个整体、一个过程;B 式是把 VC1O 作为一个整体来认知,C2 或 OC2 作为另一个整体来认知;C 式是把 VO 作为一个整体来认知,C1C2 或 OC1C2 作为另一个整体来认知;D 式是把“把 O”作为一个整体来认知,VC1C2 作为另一个整体来认知。这种认知方式上的差别体现在扫描上,具体说来,A 式是“总括扫描”,C 式是“次第扫描”,B 式和 D 式既有“总括扫描”,也有“次第扫描”。所谓总括扫描,被扫描的成分状态虽然也是次第相连,但扫描却是以累计的方式平行地激活它们,复杂场景的所有方面同时呈现出来,所有状态组合起来作为一个单一的完形被感知。(参见张敏,1998:108)像 A 式,尽管 V、C1C2 是次第发生的,但是人们是把 V 和 C1C2 作为一个整体来感知的,这种复杂的场景是同时展现在人们面前的。次第扫描则相反,是指把被扫描的成分状态一个接一个地处理,扫描它们所得到的资料是依次得到,而不是同时呈现,这种扫描就像是看电影。(参见张敏,1998:108)像 C 式,进入人们视线的首先是 VO,然后才是 C1C2 或 OC1C2,VO 和 C1C2 或 OC1C2 是依次呈现在人们面前的。B 式和 D 式的扫描方式要复杂一些,B 式进入人们视线的首先是 VC1O,之后才是 C2 或 OC2,即

VC1O 和 C2 或 OC2 是依次呈现在人们面前的，显然是次第扫描。但在扫描 VC1O 时，采用的又是总括扫描，即把 V 和 C1 作为一个整体来感知。D 式首先进入视线的是“把 O”，然后是 VC1C2，“把 O”和 VC1C2 是依次呈现的，这也是次第扫描。不过，在扫描 VC1C2 时，又是总括扫描，即把 V 和 C1C2 作为一个整体来感知。

3.3　以往对以上四种句式的研究多是从句法和语用的角度出发，发掘它们句法构成方面的特点以及语用功能方面的差异，本文与以往的做法不同，尝试从认知的角度进行解释，通过这方面的探讨，至少有以下两个方面的收获：一是，搞清楚了这四种句式各自的内部结构关系以及认知方面的特点，因而加深了对以上四种句式的认识；二是，过去我们把以上四种句式一概看做 VC1C2 结构带宾语，现在看来这种做法有些欠妥当。从认知的角度来看，除了 VC1C2O 真正是 VC1C2 结构带宾语以外，其他三种句式，特别是 VC1OC2 和 VOC1C2 就不能看做 VC1C2 结构带宾语，它们中的宾语分别属于 VC1 和 V。

参考文献

陈　刚（1987）试论“动－了－趋”式和“动－将－趋”式，《中国语文》第 4 期。

陈建民（1980）“拿出一本书来”的同义句式，《汉语学习》第 2 期。

陈贤纯（1979）句末“了”是语气助词吗？，《语言教学与研究》第 1 期。

陈信春（1982）同复合趋向补语并见的宾语的位置，《中国语文通讯》第 5 期。

戴浩一（1988）时间顺序和汉语的语序，《国外语言学》第 1 期。

范继淹（1963）动词和趋向性后置成分的结构分析，《中国语文》第 2 期。

范继淹（1992）动词和趋向性后置成分的结构分析，见《现代汉语补语研究资料》，北京语言学院出版社。

范　晓（1985）略论 V－R，见《语法研究和探索》（三），北京大学出版社。

贾　钰（1998）“来/去”作趋向补语时动词宾语的位置，《世界汉语教学》第 1 期。

李冠华（1985）处宾动趋结构初探，《安徽师大学报》第 4 期。

李冠华（1991）“V 去了”说略，《汉语学习》第 3 期。

李兴亚（1989）试说动态助词“了”的自由隐现，《中国语文》第 5 期。

梁银峰（2003）《汉语趋向动词的语法化》，中国社会科学院博士后研究报告（未刊稿）。

林　焘（1992）现代汉语补足语里的轻音现象所反映出来的语法和语义问题，见《现代汉语补语研究资料》，北京语言学院出版社。

刘叔新（1985）试论趋向范畴，见《语法研究和探索》（三），北京大学出版社。

刘勋宁（1985）现代汉语句尾“了”的来源，《方言》第 2 期。

刘勋宁 (1988) 现代汉语词尾“了”的语法意义,《中国语文》第 5 期。
刘勋宁 (1990) 现代汉语句尾“了”的语法意义及其与词尾“了”的联系,《世界汉语教学》第 2 期。
刘勋宁 (1999) 现代汉语的句子构造与词尾“了”的语法位置,《语言教学与研究》第 3 期。
刘月华 (1980) 关于趋向补语“来”“去”的几个问题,《语言教学与研究》第 3 期。
刘月华 (1988) 几组意义相关的趋向补语语义分析,《语言教学与研究》第 1 期。
刘月华 (1998)《趋向补语通释》,北京语言文化大学出版社。
刘月华等 (1983)《实用现代汉语语法》,外语教学与研究出版社。
陆俭明 (1989) “V 来了”试析,《中国语文》第 3 期。
陆俭明 (2002) 动词后趋向补语和宾语的位置问题,《世界汉语教学》第 1 期。
陆俭明　马　真 (1985) “把”字句补议,见《现代汉语虚词散论》,北京大学出版社。
吕叔湘主编 (1984)《现代汉语八百词》,商务印书馆。
吕叔湘　朱德熙 (1954)《语法修辞讲话》,中国青年出版社。
邱广君 (1997) 谈“V 下+宾语”中宾语的类、动词的类,《语文研究》第 4 期。
杉村博文 (1983) 试论趋向补语“下”“下来”“下去”的引申用法,《语言教学与研究》第 4 期。
沈家煊 (1999)《不对称和标记论》,江西教育出版社。
沈开木 (1987) “了$_2$”的探索,《语言教学与研究》第 2 期。
孙锡信 (1992)《汉语历史语法要略》,复旦大学出版社。
太田辰夫 (1987)《中国语历史文法》(蒋绍愚、徐昌华译),北京大学出版社。
王　力 (1984)《中国语法理论》,商务印书馆。
王　力 (1985)《汉语语法纲要》,山东教育出版社。
王　力 (1989)《汉语语法史》,商务印书馆。
王　直 (1957) 时态助词“了”和语气助词“了”,《语文知识》第 8 期。
吴延枚 (1980) “动 A 宾 B”和“动趋宾趋”,《淮阴师专学报》第 3 期。
肖秀妹 (1992) “动+来+名”和“动+名+来”两种句式的比较,《语言教学与研究》第 1 期。
辛承姬 (1998) 连动结构中的“来”,《语言研究》第 2 期。
邢福义 (2002) “起去”的今方古考察,《语言文字应用》第 1 期。
徐静茜 (1985) 也论“下来”“下去”的引申用法,《汉语学习》第 4 期。
徐　枢 (1985)《宾语和补语》,黑龙江人民出版社。
项开喜 (1998) 事物的突显性与标记词“大”,《汉语学习》第 1 期。
萧国政　邢福义 (1984) 同一语义指向的“动+趋来”,《华中师范大学研究生学报》第 3 期。
杨德峰 (1991) 动词+趋向动词(双音节)的宾语初探,《语文建设通讯》(香港)第

33期。
尹　玉（1957）趋向补语的起源，《中国语文》第9期。
余健萍（1957）使成式的起源和发展，见《语法论集》第2集，中华书局。
张伯江（1991）动趋式里宾语位置的制约因素，《汉语学习》第6期。
张伯江　方　梅（1996）《汉语功能语法研究》，江西教育出版社。
张国宪（1995）语言单位的有标记与无标记现象，《语言教学与研究》第4期。
张嘉宾（1984）动补结构与其宾语之间的语义、语法关系，《求是学刊》第1期。
张　健（1991）关于带"了"的动趋结构，《汉语学习》第2期。
张　敏（1998）《认知语言学与汉语名词短语》，中国社会科学出版社。
赵淑华（1990）连动式中动态助词"了"的位置，《语言教学与研究》第1期。
赵元任（1979）《汉语口语语法》（吕叔湘节译本），商务印书馆。
钟　梫（1965）什么时候不用词尾"了"，《中国语文》第4期。
周迟明（1957）汉语的连动性复式动词，《语言研究》第2期。
朱德熙（1982）《语法讲义》，商务印书馆。

第十一章　汉语介词衍生的语义机制*

○　引言

我们把现代汉语中常用的、单音节的、典型的介词视为基本介词。这些介词有"在、到、跟、从、比、与、同、和、把、用、离、据、向、对、朝、往、由、凭、依、靠、当、为、至、替、将、按、照、被、叫、让、给"等。对介词衍生问题的研究，是汉语历史语法研究的一个重要课题。这项研究不仅关系到我们对汉语一些特殊的句法现象（比如处置式、被动式）的把握（祝敏彻，1957），而且也关系到我们对汉语基本语序类型的认识（李讷和Thompson，1974；张日升，1976；黄宣范，1978；黎天睦，1979），还关系到我们对汉语语法化机制的理解（戴浩一，1973；解惠全，1987；石毓智，1995）。（以上有关李讷和Thompson，张日升，黄宣范，黎天睦，戴浩一的观点均转引自屈承熹，1993）

一　基本问题与非终结动词

1.1　介词衍生研究的三个基本问题

我们认为，汉语介词衍生问题的研究实际上包含宏观、中观和微观三个相互关联的方面，下面我们分别加以说明。

宏观的问题是，为什么是动词而不是其他词（比如名词、形容词）演化成为了介词？它所要回答的问题是，汉语的动词和介词之间为什么会有如此多的联系？这个问题似乎已经为语言事实所证明。学术界基本认同这样的观点：绝大多数汉语介词（"于"除外）都是从动词演化来的，而且介词的衍生与汉语的连动结构密切相关（刘坚等，1995；傅雨贤等，1997）。这方面的研究，当数石毓智（1995）《时间的一维性对介词衍生的影响》论述最为深刻。该文从语言系统外部——时间的一维性特征——来探讨形成介词和动词之间独特关系背后的客观机制，并预测介词和动

* 本文以《汉语介词衍生的语义机制》为题发表在《汉语学习》2004年第2期，作者张旺熹。

词的未来发展关系。这对我们理解汉语介词的衍生机制有非常深刻的启发。

中观的问题是,为什么是这一些动词而不是那一些动词演化成为了介词?显然,并非所有的动词都能演变成为介词,能够演变成为介词的只是动词中的一小部分。这一小部分动词内部各个个体之间必定存在句法语义上的某种联系。这个问题,前辈学者已经意识到了,但尚未有明确的针对性的研究。马贝加(1993) 指出:"在词汇发展过程中,存在着一种词义渗透现象,即两词义近,甲义变化引起乙义同步变化。"钟兆华(1996)在论述汉语"介宾·动宾"句式中介词的历史递换现象时,谈到许多近义动词的介词化现象。郭锡良(1997) 深刻地指出,"研究古汉语虚词,首先,必须有历史发展观点,要考察每个虚词的来源和历史发展。其次,要特别重视语言的系统性,把每个虚词都摆在一定时期的语言系统中去考察,一个虚词的各个语法意义、语法功能之间都是有联系的,自身形成一个系统,不要孤立地看问题……"。我们认为,探讨这些衍生为介词的动词的系统性特征,对于理解汉语介词的衍生机制至关重要。

微观的问题是,为什么是这一个动词而不是那一个动词演化成为了介词呢?在古代汉语中,能够演化成为介词的那些动词,实际上都处于一个同义聚合的词群当中。然而在这个词群中并非所有的成员都演化成为了介词,而只是其中的某些成员最终演化成为了介词。我们注意到,在汉语介词衍生的研究中,大量的成果属于这一层面(马贝加,1992a、1992b、1992c、1993、2000;刘坚,1989;郭锡良,1997)。

本文主要阐述汉语中这一些动词之所以衍生为介词的可能性。我们特别重视前人对介词衍生问题的两点认识:一是衍生为介词的动词必定在句法语义上具有某种系统性的特征;二是连动结构是介词赖以产生的主要句法环境。这两点对于我们从更深层次上理解和把握汉语介词的衍生机制具有重要的意义。

1.2 汉语中的非终结动词

我们认为,词汇的语义特征和语义结构是汉语句法结构发生演变的重要基础。Jacobs (1975)承认,任何一种语法理论都不足以解释语法变化,他倾向于采用一种"结构松散的、以词汇为主的框架"。(转引自屈承熹,1993)R. Lakoff 也指出,语法上一些似乎剧烈的变化,若视为词汇非特征规则的变化,可以简单而直接的方式加以阐述。(转引自屈承熹,1993)我们倾向于从动词的语义特征和语义结构来探讨汉语介词衍生的语义机制。

我们看到，汉语中存在着一定数量的非终结动词。所谓非终结动词就是词汇意义不完整而又具有一定句法作用的动词，更直接地说，就是那些不能简单地置入“主—谓—宾”框架的动词。它们往往要求后续或追加一个动词短语以使句子的句法和语义结构得以完整。先比较下面A、B两组句子：

A	B
？我要求你。	我要求你写封信给他。
？毛主席率领我们。	毛主席率领我们前进。
？大家开始。	大家开始工作。

上述A组句子之所以难以自然完句，是因为其中的动词“要求”、“率领”、“开始”之类是非终结动词，必须在它们的后面追加动词短语，成为B组句子才更符合人们的语感。

我们所说的非终结动词，与袁杰、夏允贻(1984)提出的“虚义动词”，与《现代语言学词典》中的“链接动词”、“附着形式”或“附接语”都有着密切的联系。这种动词在英语、德语、法语、俄语、日语中也同样存在(袁杰、夏允贻，1984)。由于本文的主旨不是专门研究非终结动词，因此这里不对汉语非终结动词作系统的描写和分析，有关非终结动词的分类和例词请参看文后附录。

我们认为，汉语介词衍生的基础：一是这些介词在作为动词时的词汇特征——它们在语义上是不完整的，不能表示一个事件的活动有一个完整的语义结构；二是由这种特征所要求的另一个动词短语与之配合——形成连动结构或兼语结构的句法环境(刘坚等，1995)，从而造成句法上多个动词短语共存的复杂局面。这两点互为因果，相互依赖，是促使汉语部分动词向介词演化的重要动因。可以说，非终结动词是典型动词向典型介词过渡的重要桥梁。

二　衍生为介词的动词的非终结性特征

汉语基本介词在产生之初都是动词，后来才逐渐演变为介词，这是不争的事实。我们认为，这些动词之所以会演变为介词，绝不都是由某种偶然的因素造成的，这些动词所关涉的语义范畴的非终结性，是问题的关键所在。

我们的基本思路是：先考察这些动词在古代汉语中的基本意义①，然后对它们进行语义概括，对所得的几个语义范畴再用现代汉语的材料来证明关涉这些语义范畴的动词所具有的非终结性特征。

2.1　关涉空间意义的动词的非终结性

2.1.1　动词的本义

这一组动词有"在、到、至、往"和"向、朝、对、当"两个小类。我们先来看一下《辞海》对"在、到、至、往"的释义。

> 在：① 生存；存在。《史记·魏其武安侯列传》："太后怒，不食，曰：'今我在也，而人皆藉吾弟，令我百岁后，皆鱼肉之矣。'"
>
> 到：① 抵达；达到。②往。
>
> 至：① 到；来。《史记·陈涉世家》："陈王至陈。"
>
> 往：① 去。《史记·滑稽列传》："至其时，西门豹往会之河上。"
>
> 不难看出，这 4 个动词所关涉的基本上是处所范畴。再看"向、朝、对、当"4 个词的释义。
>
> 向：① 方向；趋向。柳宗元《送从兄称罢选归江淮诗序》："进不知向，退不知守。"② 朝着；对着。项斯《宿胡氏溪亭》诗："床势向山移。"引申为偏爱。
>
> 朝：② 拜访。《史记·司马相如列传》："临邛令缪为恭敬，日往朝相如。"③ 聚会。《礼记·王制》："耆老皆朝于庠。"
>
> 对：① 朝着；向着。韦应物《休暇日访王侍御不遇》诗："门对寒流雪满山。"② 回答。《诗·大雅·桑柔》："听言则对。"③ 敌对；敌人；竞争的双方。⑧ 互相。如：对调；对打。⑨ 比照。如：查对；核对；校对。
>
> 当：① 对着；向着。宋子侯《董娇娆》乐府："花花自相对，叶叶自相当。"古乐府《木兰诗》："当窗理云鬓，对镜贴花黄。"② 对等；相称。欧阳修《读蟠桃诗寄子美》诗："韩孟于文词，两雄力相当。"

这 4 个动词，虽然基本意义比较复杂多样，但基本上都与方向意义有关。

由此可以看出，上面 8 个动词，关涉处所也好，关涉方向也罢，都可以

---

① 对衍生为基本介词的动词的释义，主要参考《辞海·语词分册》(上、下)(上海辞书出版社，1977 年 11 月版)。需要说明的是，我们这里只列与介词衍生有关的义项，义项的序号是《辞海》中原有的序号。

进一步概括为关涉空间意义。这一点是很明确的。

2.1.2 非终结性分析

从上文对这一组动词基本意义的考察，我们清楚地看到，这些动词所关涉的语义都集中在空间范畴（处所或方向）上。郭锡良（1997）认为，“于”字用为介词，是由“去到”义动词虚化而成的。我们知道，“于”在古汉语中可以说是最早、最纯粹的一个介词，它也从空间范畴的“去到”义动词演化而来，绝不是偶然的。空间（包括时间）是我们人类展开一切动作行为的最基本的前提，那么空间范畴自然也就成为我们语言表达的最基本的甚至是无标记的背景信息。对于一个完整的语句来说，空间范畴一般是不作为前景信息出现的（除非用标记形式把它焦点化）。从这个意义上讲，这一组动词的语义不具有终结性当是易于理解的。

首先，在现代汉语当中，“去、来、前去、前往、前来”等关涉空间范畴的动词往往是非终结的，它们一般需要后续或追加一个动词短语才能完句。例如：

? 有关领导前去医院→有关领导前去医院探望。

? 新闻记者前来学校→新闻记者前来学校采访。

其次，在我们所统计的166个连动句[①]中，其中第一动词短语为空间范畴的达69句之多，占全部例句的42%。其中最典型的结构形式是“去/来＋动词短语”、“回/进/上＋动词短语”和“动趋结构＋动词短语”。这种现象足以说明，空间范畴在连动句中做非终结性成分是很普遍的。举例如下：

(1) 总理又要他去当商业部副部长。

(2) 社员们按乡俗来助工。

(3) 喻老首长回乡修电站。

(4) 喻家二媳妇嘀嘀咕咕进屋坐下。

(5) 他神色黯然地猫在火塘边烤火。

这些连动句中的第一动词短语，无论是趋向动词还是动趋结构，无论是处所宾语出现还是省略，它们所表达的空间范畴都是作为背景信息出

---

① 我们按照《现代语言学词典》中对连动式（serial verb）的定义，从长篇报告文学《魂系青山》（张步真著，解放军文艺出版社，1990年版）的第1—80页（约6万字）中，共摘得166个连动句，作为我们分析汉语连动结构的基本材料。

现的，因而都是非终结的，语句需要由后续动词短语来终结。尽管古代汉语动词“在、到、至、往”和“向、朝、对、当”与现代汉语趋向动词或动趋结构有着这样那样的区别，但都与空间范畴密切相关，具有非终结性，并往往作为背景信息出现的语义机制，当是一脉相承的。

2.2　关涉操作意义的动词的非终结性

2.2.1　动词的本义

这一组动词有“按、把、将、照、给”5个。先来看《辞海》的释义。

> 按：① 抑制。《管子·霸言》：“按强助弱。”②按捺；用手抚着。雍陶《少年行》：“对人新按越姬筝。”④ 审察；研求。《汉书·贾谊传》：“按之当今之务，日夜念此至孰也。”
>
> 把：① 执；持。《国策·秦策四》：“无把铫推耨之势，而有积粟之实。”② 掌握。如：把舵；把犁。⑥ 犹言拿。对付的意思。
>
> 将：① 扶助。《诗·周南·樛木》：“福履将之。”② 送。《诗·召南·鹊巢》：“百两将之。”④ 带领。《后汉书·蔡邕传》：“遂携将家属，逃入深山。”⑤ 奉；秉承。⑫取。石子章《竹坞听琴》楔子：“都管，将文房四宝过来。”⑬ 拿；用。如：将功折罪。
>
> 照：② 对着镜子或其他反光物看自己的影子。《晋书·王衍传》：“在车中揽镜自照。”引申为指人物的图像。⑥ 察看。如：查照；对照。
>
> 给(jǐ)：① 供给；给养。《汉书·朱买臣传》：“不治产业，常艾薪樵卖以给食。”

这一组动词比较明显的特征是，都与人体尤其是人的手部动作相关，都指人体或手所发出的行为动作，我们将其定义为操作动词。

2.2.2　非终结性分析

我们注意到的一个十分有趣的现象是，人体(手部)的动作往往是作为工具或手段的意义而被提及的。例如：

(6) 中黄门各拔刃将忠等送庐，忠拔剑欲自刎。(《汉书·王莽传》)

(7) 降者更相语曰：“萧王推赤心置人腹中，安得不投死乎。”(《后汉书·光武帝纪》)

我们认为，人类作为这个世界最高级的行为主体，总是处于探索世界、创造世界的过程当中。其所发出的行为动作，尤其是手这个最主要的行为工具所发出的各种动作，本身一般都是非终结性的，总是以各种不同层次的目的为出发点。周国光(1998)对儿童语言获得中操作动词的认知顺序也作过相似的解释。下面从汉语成语和连动句两个方面来说明。

先看汉语成语[①]的情况。在汉语成语中,当成语为"动宾$_1$+动(宾)$_2$"结构时,其语义关系有以下三种。

第一种:"动宾$_1$"作为操作动词短语往往是手段,而"动宾$_2$"则是目的。显然,手段相对于目的而言,往往是不终结的。例如:

拔苗助长　抱薪救火　负荆请罪　含沙射影　结党营私
借刀杀人　开门揖盗　刻舟求剑　骑驴觅驴　杀鸡取卵
守株待兔　投笔从戎　抛砖引玉　削足适履　掩耳盗铃
摇尾乞怜　扬汤止沸　移花接木　缘木求鱼　砸锅卖铁
投石问路　扪心自问　竭泽而渔　翘足而待

第二种:"动宾$_1$"作为操作动词往往是后续动作执行所依赖的一种方式、条件、原因或所伴随的状态,而"动宾$_2$"则是核心的动作行为所在。显然,"动宾$_1$"是不具有终结性的。例如:

现身说法　投鼠忌器　见财起意　拍板成交　望梅止渴
闻鸡起舞　握手言欢　下笔成章　相机行事　仗势欺人
捉襟见肘　运斤成风　卸磨杀驴　饮水思源　望风而逃
乘虚而入　拂袖而去　揭竿而起　扪虱而谈　怒目而视
挺身而出　迎刃而解　择善而从　应运而生

第三种:"动宾$_1$"和"动宾$_2$"具有平等的语义关系,二者是同义反复的动宾并合关系。这种现象能否这样理解:汉语中,一个单独的"动宾"结构,本身一般是非终结性的,于是人们便把两个非终结性成分加以并合,使它们相互支撑,以保证语言结构的终结性。例如:

抱残守缺　扶老携幼　负屈衔冤　沽名钓誉　含辛茹苦
呼风唤雨　排山倒海　弃甲曳兵　牵肠挂肚　茹柔吐刚
提纲挈领　添枝加叶　想方设法　消愁解闷　销魂夺魄
销声匿迹　挟山超海　兴风作浪　咬文嚼字　偷天换日

① 汉语成语的资料主要考察的是《汉语成语小词典》(台海出版社,1998 年 8 月版)中的有关条目。

移山倒海　引经据典　越俎代庖　咂嘴弄舌　作奸犯科
为非作歹　文过饰非　额手称庆　摇旗呐喊　营私舞弊

我们认为，上述与操作动词密切相关的成语的三种形态，在一定程度上反映出汉民族对操作动词的非终结性的认知心理。操作动词的这种非终结性特征，在现代汉语连动句中就表现得更为清楚了。"操作动词短语＋动词短语（目的）"这一结构形式，在汉语连动句中同样也是十分常见的。例如：

(8) 于是连忙低头认错："我改！"
(9) 他揪自己的头发捶自己的胸："我真窝囊啊！"
(10) 队长扳起指头算了七八对。
(11) 他埋头看报，只扬扬手，意思是请勿打扰。
(12) 村民组长和许多人闻讯赶来，喻杰用拐杖指着村民组长发火……

2.3　关涉依凭意义的动词的非终结性

2.3.1　动词的本义

这一组动词有"据、凭、依、靠、用"。我们先看一下《辞海》的释义。

据：① 凭依；依靠。《诗·邶风·柏舟》："亦有兄弟，不可以据。"② 占据；盘踞。《史记·廉颇蔺相如列传》："先据北山者胜。"

凭：① 靠着。如：凭栏远眺。引申为依据，依靠。《南史·梁武帝纪上》："凭险作守，兵食兼备。"

依：① 依靠。《楚辞·七谏·怨世》："余生终无所依。"② 傍着。王之涣《登鹳雀楼》诗："白日依山尽。"

靠：① 倚着；挨着。林逋《和陈湜赠希社师》诗："瘦靠阑干搭梵襟。"引申为依靠、倚仗。如：扳船全靠老艄公。

用：① 使用；任用。《易·乾》："潜龙勿用。"④ 需要。古乐府《白头吟》："男儿重意气，何用钱刀为？"

我们可以看到，这一组动词基本上都集中在依凭意义上。依凭意义是一个意义范围比较宽泛的范畴，它可以容纳一般所说的工具、方式、条件甚至伴随状态等范畴。它们与操作动词有着非常密切的联系。

2.3.2　非终结性分析

要说明"据、凭、依、靠、用"这组动词的非终结性，证据是多方面的。

首先，现代汉语中的依凭义动词为数不少(参看附录)。例如：

趁机、抽空、赶巧、奉命、卖身、冒名、硬着、借故、凭借、舍身、依从、依据、根据、酌情、采取、遵循、按期、破格、由得……

在现代汉语中，这些依凭义动词的最大特征是，它们在句法和语义上都不能简单地置入“主—谓—宾”的框架，而必须后续或追加动词短语或动名词短语，形成连动结构(比如：乘机逃跑、抽空回家)才能使句子语义完足。

其次，以依凭义词语构成的成语也常常形成“动宾$_1$＋动宾$_2$”的连动结构。例如：

趁火打劫	乘风破浪	将功补过	顺藤摸瓜	随波逐流
以一当十	因陋就简	因地制宜	因循守旧	由表及里
以眼还眼	以牙还牙	以子之矛	攻子之盾	照本宣科
照猫画虎	照葫芦画瓢			

再次，在现代汉语的言语作品中，依凭义动词短语也常常作为第一动词短语出现在连动句中。例如：

(13) 有两名警卫干部，持一封正式介绍信，来到商业部办公室。

(14) 有一次，他们采取张开口袋捉老鼠的办法，吃掉了整整一营白狗子。

(15) 在西安办事处，喻杰凭着公开的身份，常常要去国民党的军政机关办事情。

(16) 李崇俭哭笑不得，只好硬着头皮按喻杰提示的台词，回复了江青派来的人。

(17) 他于是拿出一笔钱，采备木材。

由此可以看到，这些连动句中第一个动词短语表示的是后面的动词短语所依凭的某种工具、方式、条件或伴随状态。显然，这些动词在句法和语义上也是非终结的。

2.4 关涉关系意义的动词的非终结性

2.4.1 动词的本义

这一组动词有“从、跟、由、替、为”和“和、同、与、比、离”两类。我们先来看《辞海》对“从、跟、由、替、为”的释义。

从：① 跟随。《史记·晋世家》："狐突之子毛及偃从重耳在秦。"② 听从、服从。《史记·廉颇蔺相如列传》："臣从其计。"③ 追随；追逐。《诗·秦风·蒹葭》："溯洄从之，道阻且长；溯游从之，宛在水中央。"

跟：② 随从在后面。

由：② 经历；经过。④ 听从；随顺。如：事不由已。

替：① 废弃。《离骚》："謇朝谇而夕替。"④ 更；代。古乐府《木兰诗》："愿为市鞍马，从此替爷征。"

为(wèi)：② 助；替。《淮南子·主术训》："是犹代庖宰剥牲，而为大匠斫也。"《资治通鉴·汉献帝建安十三》："瑜请得精兵数万人进住夏口，保为将军破之。"

根据《辞海》的释义，我们把上面这 5 个词的基本意义概括为关涉两个行为主体之间的关系范畴："跟从"也好，"替代"也好，其实反映的都是一种主从关系。

我们再看《辞海》对下面 5 个词的释义。

和(huò)：混和，拌；

(huó)：在粉状物中加水搅拌揉弄，使有黏性。如：和面。

(hè)：唱和；和答。如：一唱百和；附和。

同：① 相同；一样。如：不约而同。② 共同；一起：同甘共苦。③ 跟；和。④ 齐；聚。《诗·小雅·车攻》："我车既攻，我车既同。"

与：① 同盟者；党与。《荀子·王霸》："约结已定，虽睹利败，不欺其与。"② 亲附。《国语·齐语》："桓公知天下诸侯多与已也。"

比：① 比较；较量。《周礼·天官·内宰》："比其小大，与其粗良，而赏罚之。"引申为考校。② 比拟。《史记·天官书》："太白白比狼，赤比心。"张守节正义："比，类也。"

离：① 分开；分别。《荀子·赋篇》："日夜合离，以成文章。"

这后 5 个动词，基本上概括的是两个相互关联的对象之间的一种平等或对待关系。

综合这 10 个动词的释义，我们认为，这组动词所关涉的基本上是一种关系范畴——主从关系、替代关系、平等或对待关系，它们对于动作行为来说，一般都是非终结的。

2.4.2 非终结性分析

如前所述，这组动词所关涉的是与动作行为相关的两个主体之间或主从或替代或平等或对待的关系。在现代汉语中，体现这种关系的动词也往往表现出非终结性的特征。

首先，这种关涉关系的动词（参看附录）基本上可以分为三类：第一类是领从动词（比如：带领、听从）；第二类是替代动词（比如：帮助、代替）；第三类是对待动词（比如：对比、对照）。这三类动词，在入句时显然也不能简单地置入“主—谓—宾”的框架，而是必须后续或追加动词短语或小句，形成连动结构或复合结构。比如：

？家长配合学校→家长配合学校教育孩子。

？班长协助老师→班长协助老师做好工作。

？小张顶替小王→小张顶替小王去上海。

？领导针对这一事件→领导针对这一事件作批示。

其次，在现代汉语言语作品中，表示关系的动词短语也往往是出现在连动句第一动词短语的位置上。其中尤以“带（着）＋名词＋动词短语”为典型句式。例如：

(18) 喻杰带着检查组去工地。

(19) 按规定，他还可以带一个孙女去北京照顾他的生活。

(20) 在一片鞭炮和鼓乐声中，由喻杰率领子孙扶灵，护送老夫人去青山翠竹之中，永久地安息！

(21) 满姑娘，你帮我去看看。

(22) 我要代表他们向你们脱帽致敬！

2.5 关涉遭受、使令意义动词的非终结性

2.5.1 动词的本义

这一组动词有“被”和“叫、让、给、为”这5个，它们的非终结性可以分两组来讨论。我们先来看《辞海》对“被”的释义。

被：③覆盖。④背负。⑤穿着。⑥加；及。《书·禹贡》：“西被于流沙。”⑦遭；受。《史记·项羽本纪》：“项王身亦被十余创。”引申为表被动之词，犹言“为”。

按照王力(1957)的说法，“被”的含义源自其动词意义之一——“遭遇”或“遭受”（转引自屈承熹，1993）。此说当是可信的。

再看《辞海》对“叫、让、给、为”的释义。

叫：③呼唤；招呼。⑤使；令。

让：①责备。《左传·僖公五年》：“公使让之。”③容许；叫。

给(gěi)：③让；使。④被。

为(wéi)：①做；干。②制；造。《易·系辞下》：“作结绳而为罔(网)罟，以佃以渔。”③治理。《国语·周语上》：“是故为川者决之使导。”⑧使。《左传·昭公二十年》：“今君疾病，为诸侯忧。”

很明显，这几个动词都具有“使令”的意义，它们都衍生为表示被动的介词。

2.5.2　非终结性分析

从现代汉语来看，“遭受”义动词也好，“使令”义动词也罢，它们都具有非终结性的特征。

先看“遭受”义动词的非终结性。现代汉语里的“遭受”义动词主要有：挨、蒙受、遭到、遭遇、遭受、受到、经受、受、接受、落(埋怨)等。它们均要求后续或追加动词短语或动名词短语以使句子语义完整。例如：

？小王挨老师→小王挨(老师)骂。→小王挨(老师的)骂。

？我落大家→我落(大家)埋怨。→我落(大家的)埋怨。

？队伍遭受敌机→队伍遭受(敌机)袭击。→队伍遭受(敌机的)袭击。

？他们受到领导→他们受到(领导)表扬。→他们受到(领导的)表扬。

再看“使令”义动词的非终结性。现代汉语中，具有“使令”义的动词有许多(参看附录)，它们可以分成致使动词(如“害”)、阻止动词(如“禁止”)、求予动词(如“哀求”)等几个小类。尽管“使令”义动词成员很多，但有一点是十分清楚的，即它们不能简单地置入“主—谓—宾”的框架，而总是要构成兼语结构才行。例如：

？他迫使我们→他迫使我们改变计划。

？领导规劝小王→领导规劝小王改正错误。

？学校拒绝记者→学校拒绝记者采访。

？小王邀请朋友→小王邀请朋友聚会。

从上面简单的讨论可以看出，无论是“遭受”义动词还是“使令”义动词，它们的非终结性是十分明确的。值得注意的是，“遭受”义动词也好，“使令”义动词也好，它们几乎总要强制性地形成“$N_1+V_1+N_2+V_2$”的句法框架。而在这个框架中，N_2 既是 V_1 的受事，同时也是 V_2 的施事。我们认为，N_2 这种集受事和施事两种语义角色于一身的特性，也许正是促使 V_1（“遭受”或“使令”动词）由主动动词变为被动标记的主要动因。古代汉语的施受同辞现象（孙德宣，1993）也许可以作为这一假设的佐证。

众所周知，现代汉语中，兼语结构与连动结构有着非常密切的联系。这一点，也许会帮助我们理解汉语的“遭受”义动词和“使令”义动词为什么都能与空间意义动词、操作意义动词、依凭意义动词和关系意义动词一起，衍生为汉语的基本介词。下面我们看几个兼语结构套叠连动结构的例子：

(23) 1931 年春夏之交，为了粉碎蒋介石的反革命“围剿”，上级命令连党代表喻杰带 20 多条枪，去湖南桂东县境开展游击战争，扩大根据地并以此来牵制蒋介石的军队。

(24) 喻杰……一定要拉他去“长沙饭馆”喝一盅。

(25) 毛主席晓得达老子不信邪，就让他去当堵耗子洞的监察组长。

(26) 在他参加的第一次支部会上，研究了派人去贫困队办队的事。

(27) 部里同志都过意不去，劝他仍旧回去吃饭。

现代汉语中兼语结构与连动结构这种密切的关联，在古代汉语中应当也是存在的。这样，“遭受”义和“使令”义动词，与其他连动结构中的非终结动词一起向汉语介词演化，就有了内在的合理性。

综合上述五方面的讨论，我们认为：现代汉语的非终结动词只不过是古代汉语非终结动词双音化的结果，因此，现代汉语中从空间意义动词，到操作意义动词，到依凭意义动词，再到关系意义动词和“遭受”、“使令”意义动词，它们从句法语义来看，都具有明确的非终结性特征。这种非终结性特征，既然在现代汉语系统中存在，那么，在古代汉语系统中也应当是存在的。我们想要阐述的是，汉语中这些动词的非终结性特征，可能是导致它们必然进入连动结构或兼语结构进而逐步衍生为汉语介词的基本动因。

三　汉语介词衍生的语义机制

L. R. 帕默尔(1983)说："对意义变迁作出纯逻辑分类是徒劳无功的，因为两种或更多的不同过程可以得到完全相同的语义结果。发现决定意义变迁的动力和条件才是有兴趣的。"我们认为，非终结动词和连动结构(包括兼语结构)可能是决定介词衍生的动力和条件，是导致汉语动词演化为介词的一种语义机制。我们从三个方面来臆测这种机制运行的大致过程。

3.1　语义完形与连动(兼语)结构

Lightfoot 把人类心理的(类比的)因素看成是引起语言变化的诱因之一(转引自屈承熹，1993)。我们认为，汉语介词衍生的这种机制也同人们的某种心理因素有关。

传统语法把句子(sentence)定义为"一个完整思想的表达"。所谓"完整思想"，从心理学的角度来看，就是一个语义完形的表达形式。如果这种理解可以接受的话，那么，非终结动词为什么在语句中要以连动(兼语)结构为基本的句法框架这个问题，就容易理解得多了。

我们知道，人类的语言系统中，存在着大量的语义范畴，比如空间范畴、时间范畴、数量范畴、配比范畴、工具范畴、性质范畴、状态范畴、程度范畴、比较范畴、原因范畴、方式范畴、材料范畴、结果范畴、动作行为范畴、语气范畴、情态范畴，等等。这些范畴所能进入语句的句法位置各不相同，也就是说，不同的语义范畴，在构造句子时的地位和作用也是不同的。

从语义完形的角度看句子，一个句子最终是要回答"是什么"、"做什么"或"怎么样"这类问题。能回答这类问题的句子，才是一个语义完形，才能终结。从前文的分析来看，上述 5 组动词所关涉的空间意义、操作意义、依凭意义、关系意义和"遭受"、"使令"意义，在人们的认知结构中，往往属于非终结的意义范畴，即它们一般不能独立而完整地表述"是什么"、"做什么"和"怎么样"这类终结性的命题。人们在听到由这些动词做谓语的句子时，总有"意犹未尽"之感，总存在着某种心理预期。

对于这些非终结动词来说，解决问题的出路也许就在于后续或追加动词短语，构成连动结构或兼语结构，以使语句能够有结果语(result)出现，从而满足句子语义完形的要求。这也许就是连动结构(或兼语结构)与汉语介词衍生之间有着如此深刻联系的原因。

首先,汉语连动结构(兼语结构)是汉语介词衍生的重要句法条件,这一点已经为汉语历史发展的事实所证明。

其次,上述5组动词所表现的语义形态,基本上都能够在现代汉语的连动句(兼语句)的前一动词短语身上找到相应的成分,这绝不是巧合。它说明,古代汉语也好,现代汉语也好,连动结构所能表现的语义格局基本上是一致的。

再次,我们看到,现代汉语中"$N_1+V_1+N_2+V_2$"这个句法框架,正好是一个包容了从连动结构到兼语结构逐步变化的连续体。这个连续体的关键环节是表示关系意义的非终结动词在 V_1 位置上的出现。比较下面的两个例句,就能看清楚这一点:

(28) 满姑娘,你帮我去看看。(你帮我,你去,但我不去:连动)

(29) 道士领着你全家跳猴圈……(道士领着你全家,道士和你全家都跳猴圈:"你全家"开始出现受施兼作的倾向)

从关系动词对"$N_1+V_1+N_2+V_2$"句法框架的语义影响来看,连动结构和兼语结构都能成为汉语介词衍生的基本句法条件,其内在的逻辑联系是很清楚的。

3.2 主从关系原则与语义降级

非终结动词在语义完形力量的推动下,自然走向连动结构或兼语结构的句法框架。而一个句子中,一旦同时出现两个或两个以上的动词短语,语言系统构造的主从关系原则就要发挥作用,对这些动词短语的语义地位予以分别,并使其中一部分动词短语语义降级。所谓主从关系(subordination)是指连接语言单位的一种过程或结果,使连接单位有不同的句法地位,一个依赖于另一个,一般是依赖于另一个的一个组成部分。(参看《现代语言学词典》词条)

任何一个语言系统,从语义关系来看,都存在大量的语义单位地位不平等的现象:在形式句法理论中,中心词是主,非中心词是从;在传统语法中,句子的主谓宾是主,定状补是从;对于复句而言,虽然存在并列复句和偏正复句两大类,但是偏正关系是更为重要和更为普遍的一种语义关系;在语篇结构中,前景句是主,背景句是从。凡此种种都说明,区分语义单位的主从地位是语言结构系统在各个层次的构造过程中都要遵循的最基本的原则之一。

我们认为,汉语的连动结构和兼语结构的形成,本质上是非终结动词后续或追加动词短语的结果。随着动词短语的后续或追加，原来的非终结动词的语法地位就必然会发生变化，以此来服从语言构造的主从关系原则。

所谓降级（demotion），指一类改变关系的变化过程，即与某动词有一种特定语法关系的名词短语与该动词的语法关系发生变化，变化后的语法关系在关系层级中处于较低的层次（参看《现代语言学词典》词条）。如果我们对现代汉语的连动结构从语义降级的角度来观察的话，我们可以清楚地看到 V_1 对 V_2 渐次降级的过程：

（30）黄老汉解释、求情、讲好话。

（31）丁玲和另一位同志去找吴波。

（32）他雇来一辆手扶拖拉机装猪。

（33）名牌商品提价出售，是报告了毛主席的。

（34）孙武带着他的兵法去求见吴王阖闾。

例（30）中的“解释、求情、讲好话”，是三个语义完全并列的动词短语，没有主从之分，这种形式的连动结构其实是极少的。例（31）中的“去”之于“找”，例（32）中的“雇来”之于“装”，例（33）中的“提价”之于“出售”，都已经出现了语义降级，只是这种降级完全由人们对语义关系的理解来完成的。而例（34）中的“带着”之于“求见”，已经降级到十分明显的状态，并且这种“状态”是有句法形式“V 着”做标记的。现代汉语中存在“沿着、朝着、向着、靠着、顺着、拿着、凭着”一类动介不清的词语，也存在不少动介兼类词，它们都是非终结动词语义降级不彻底的产物。由此向前再进一步的语义降级，就会导致非终结动词的介词化——连动结构中前一动词短语彻底的语义降级。我们的理解是，从连动结构到介动结构的演化，是由语义的渐次降级而不是一次降级达成的，因而这种降级也就是一种模糊状态。

3.3　重新分析与最佳条件

综上所述，我们所理解的汉语介词衍生的机制大致是这样的：汉语中有一部分句法语义上不完足的非终结动词，它们在语义完形要求的推动下，便后续或追加动词短语，形成连动结构或兼语结构。受语言结构系统主从关系原则的支配，非终结动词短语又会发生语义降级。语义降级得越彻底，动词语法化为介词的程度就越高。

我们认为，非终结动词在连动结构或兼语结构中通过语义降级而实现的介词衍生过程，既符合重新分析，也体现出语言演变的最佳条件。

重新分析(reanalysis)是指改变一个语言形式的结构或功能的演化。Langacker(1977)把重新分析定义为：没有改变表层形式的结构变化（转引自刘坚等，1995）。我们认为，汉语非终结动词衍生为介词的过程，正好是一个没有改变语言表层形式而使语言结构功能发生变化的重新分析的过程。太田辰夫和本涅特都把被动介词“被”的衍生看成是重新分析的结果（转引自刘坚等，1995），就是很好的证明。我们来看下面两个句子在表层结构上是多么相近：

(35) 乃从荀卿学帝王之术。(《史记·李斯列传》)

(36) 我跟老师学习书法。

例(35)中的“从”为非终结动词“跟随”，例(36)中的“跟”为地道的介词。尽管一是古代汉语，一是现代汉语，但两句的词序和语义结构则几乎是完全平行的，只不过“跟”相对于“从”而言，在结构和功能上都发生了内在的变化而已。

屈承熹(1993)曾经提出，“当两种形式相互竞争时，一种在形成中给语法整体造成的额外损失最小的形式，会最终得势。我们称其为‘最佳条件’，也可暂时将其解释为一种结构对语言的语法整体的最佳效果”。由此我们认为，汉语非终结动词通过连动结构或兼语结构衍生为介词的过程，也就是“最佳条件”得势的过程：它只涉及动词的语义降级，而不改变语句的表层结构（比如词序），整个句子的句法形式并不发生明显的变化，因而也不会造成语言的额外损失。语言演变所付出的代价越小，也就越符合语言渐变的原则，汉语介词的衍生机制对此大概又是一个很好的证明。

参考文献

戴维·克里斯特尔 (2000)《现代语言学词典》(沈家煊译)，商务印书馆。

傅雨贤等 (1997)《现代汉语介词研究》，中山大学出版社。

郭锡良 (1997) 介词“于”的起源和发展，《中国语文》第 2 期。

金昌吉 (1996)《汉语介词和介词短语》，南开大学出版社。

L. R. 帕默尔 (1983)《语言学概论》，商务印书馆。

刘丹青 (2001) 语法化中的更新、强化与叠加，《语言研究》第 2 期。

刘　坚 (1989) 试论“和”字的发展，附论“共”字和“连”字，《中国语文》第 6 期。

刘　坚　曹广顺　吴福祥 (1995) 论诱发汉语词汇语法化的若干因素，《中国语文》第

3 期。
马贝加 (1992a) 介词"照"的产生,《温州师院学报》第 1 期。
马贝加 (1992b) 方式介词"凭、据、随、论"的产生,《温州师院学报》第 2 期。
马贝加 (1992c) 介词"沿"的产生,《语文研究》第 3 期。
马贝加 (1993) 介词"同"的产生,《中国语文》第 2 期。
马贝加 (2000) 对象介词"将"的产生,《语言研究》第 4 期。
屈承熹 (1993)《历史语法学理论与汉语历史语法》(朱文俊译),北京语言学院出版社。
石毓智 (1995) 时间的一维性对介词衍生的影响,《中国语文》第 1 期。
孙朝奋 (1994)《虚化论》评介,《国外语言学》第 4 期。
孙德宣 (1993) 施受同辞说补释,《中国语文》第 5 期。
孙良明 (1994)《古代汉语语法变化研究》,语文出版社。
太田辰夫 (1987)《中国语历史文法》(蒋绍愚、徐昌华译),北京大学出版社。
解惠全 (1987) 谈实词的虚化,见《语言研究论丛》第四辑,南开大学出版社。
徐通锵 (1990) 结构的不平衡性和语言演变的原因,《中国语文》第 1 期。
杨伯峻　何乐士 (1992)《古汉语语法及其发展》,语文出版社。
袁　杰　夏允贻 (1984) 虚义动词纵横谈,《语言研究》第 2 期。
钟兆华 (1996) 汉语"介宾·动宾"句式中介词的历史递换,《语言研究》第 2 期。
周国光 (1998) 儿童语言中的连谓结构和相关的句法问题,《中国语文》第 3 期。
祝敏彻 (1957)《论初期处置式》,新知识出版社。

附录(汉语非终结动词的类别及例词)

对汉语非终结动词的考察,我们主要参考了《精选英汉—汉英词典》(商务印书馆、牛津大学出版社,1995 年版)的《汉英词典》中标有动词词性的词条,从中挑选出一些我们认为属于非终结动词的词条,现分类举例如下。

1. 致使动词:害、导致、招致、妨害、妨碍、使得、引起、逼迫、迫使、强迫、强制、驱使、安排、布置、打发、命令、责成、责令、指使、委派、委任、委托、指派、追认、鞭策、策动、催促、促使、促进、督促、敦促、鼓动、鼓励、鼓舞、勉励、教唆、暗示、授意、奉劝、引诱、规劝、劝、劝导、劝告、劝说、烦劳、烦扰

2. 阻止动词:禁止、严禁、拒绝、劝阻、制止、中止、阻碍、阻挠、遏止、遏制、抵挡、反击、反抗、防备、防止、严防、预防、放任、听凭、任凭、听任、坐视

3. 求予动词:哀求、博取、博得、报经、祈求、乞求、请求、请示、让、申请、报请、恕、央告、央求、要求、邀请、聘请、征召、保送、答应、保佑、保障、保证、担保、供养、教、教导、准予、准许、承诺、容许、允许、分配、致以、给以、给予

4. 领从动词:带领、率领、带头、领导、引导、听从、听、服从、跟随、尾随、随从、陪同、会同、伙同、连同、随同、协同、陪伴、伴随、连带、配合、协助、围绕、距离、离开

5. 合作动词:帮助、辅导、代表、代替、顶替、替、替代

6. 依凭动词:趁机、乘机、乘胜、乘虚、抽空、抽身、赶巧、奉命、出于、卖身、冒名、硬着、自恃、借故、借口、借助、借重、凭、凭借、舍命、舍身、顺序、偷空、依从、依据、依靠、根据、因循、有赖、仗、仰仗、酌情、遵从、遵循、遵照、按理、按期、按例、按时、破格、由得

7. 进程动词:出动、出兵、出师、发起、开始、接着、展开、着手、继续、加以、加速、进行、巡回、限期、限于、暂缓、暂停

8. 遭受动词:挨、蒙受、遭到、遭遇、遭受、受到、经受、接受、受、落(埋怨)、需要、有待、值得、得到

9. 比照动词:对比、对照、仿照、仿效、比照、相比、好比、好似、好像、模拟(摹拟)、针对、当面、当头、当众

10. 方式动词:出面、埋头、随口、脱产、转身、转手、纵情、转念

11. 趋向动词:去、来、前去、前往、前来

12. 关系动词:擅长、善于、有助于、等于、可谓、可见

13. 言说动词:禀告、告诉、告诫、通报、通知、上书、建议、倡导、倡议、提醒、宣布、宣称、宣告、宣誓、声称、号召、鼓吹、标榜、检举、告发、诬陷、诬告、指控、抱怨、坦白、交代、承认、证明、请问、打赌、查明、获悉、发现

14. 意向动词:奋发、奋起、奋力、奋勇、敢于、执意、着力、坚信、急于、乐得、立志、倾心、热衷(热中)、勇于、有意、执意、致力、着眼、誓死、务必、专心、着重、注重、当心、怀疑、留神、留心、留意、担心、猜想、猜测、嫌、讨厌、打算、企图、希望、指望、掂量、妄图、妄想、志愿、准备、算计、估计、策划、计划、但愿、祝愿、自愿、志愿、懊悔、感到、觉得、容忍、舍得、主张、自信、自负、凑合、将就、负责

15. 情态动词:可以、能够、总得、得、能、肯、愿意

第十二章　流水句中否定的辖域及其警示标志*

○　引言

汉语没有形态变化，因而句子中的动词没有定式(finite)和不定式(nonfinite)之分；于是在意义上相关的一连串小句(clause)可以自然地连接在一起，构成一个由句法地位平等的诸小句连缀而成的超句(hyper-sentence)。因为这些小句是一句接着一句、按照某种自然的顺序出现的，所以被人们称为流水句。① 一般地说，构成这种超句的各小句在语义联系上比较松散，在句法上不用关联词语来显示其结构和意义关系，因此给学习汉语的外国人掌握这种句子的结构和意义特点带来了一定的困难。特别是当流水句中前面的小句中有否定词时，这否定的辖域到底是否延伸到后续小句便成了一个很难判断的问题。

一　类比结构及其否定形式

在现代汉语中，有一种用“像/是”、“像……一样”、“跟……一样”联结的类比结构，可以记作“A＋像/是＋B＋C”、“A＋像＋B＋一样＋C”或“A＋像＋B＋一样＋C”。例如：

(1) 她像她母亲，认为做家务的男人都是没有出息的。

(2) 李小明像他爸爸一样，成天愁眉苦脸的。

(3) 厦门跟上海一样，各种消息比较灵通。

(4) 我是公论家，有上帝一般决算功过的能力。

一般地说，这种类比表达形式是不会引起歧义的。但是，当它们加上“不”

---

* 本文以《流水句中否定的辖域及其警示标志》为题发表在《世界汉语教学》2000年第3期，作者袁毓林。

① 关于流水句的定义和特点，请看吕叔湘(1979)第27页，胡明扬、劲松(1989)，范继淹(1986)第266页。

构成相应的否定表达时，就有可能产生歧义。例如：

(1’) 我不像我母亲，认为做家务的男人都是没有出息的。

(2’) 李小明不像他爸爸，成天愁眉苦脸的。

(3’) 厦门这地方不同于内地，消息闭塞。(单田芳评书《百年风云》)

(4’) 我不是公论家，有上帝一般决算功过的能力。(鲁迅《我观北大》)

在例(1’)中，“认为做家务的男人都是没有出息的”既可能是“我”，也可能是“我母亲”，但只能是二者之一。在例(2’)中，“成天愁眉苦脸的”既可能是“李小明”，又可能是“他爸爸”，但只能是二者之一。在例(3’)中，“消息闭塞”的既可能是“厦门”，又可能是“内地”，但只能是二者之一，根据上下文知道，原文指的是“内地”。在例(4’)中，“有上帝一般决算功过的能力”的既可能是“我”，也可能是“公论家”，根据上下文知道，原文指的是“公论家”。这也就是说，实例(1’)—(4’)的类型“A＋Neg＋像/是＋B＋C”是一种歧义结构，其中 Neg 代表“不”等否定词；这种结构的歧义性表现为：否定词“不”的辖域既可以只限于小句 B 中，又可以延伸到小句 C 中。

在日常的口语会话中，我们经常能听到这种含有歧义的类比式流水句。例如：

(5) 我跟你不一样，儿子出国了，女儿出嫁了，[我/你]还有什么可愁的？

(6) 我和你不同，抗日战争受过伤，解放战争渡过江，[我/你]有资本享享清福了。

在特定语境中，听话人能凭借各种语境线索来断定“儿子出国了，女儿出嫁了，还有什么可愁的”和“抗日战争受过伤，解放战争渡过江，有资本享享清福了”说的是“你”还是“我”。

那么，为什么类比结构的否定表达会产生歧义呢？因为类比结构一般是由两个或两个以上的小句构成的流水句，而汉语流水句中的后续小句的主语不但可以省略，而且可以或者跟先行小句相同，或者跟先行小句中的宾语等主语以外的其他成分相同，或者跟先行小句中的任何成分都不相同。例如：

(7) 你 i 背完书，〔ei〕就回屋睡觉去。(曹禺《北京人》)

(8) 将军的部下都知道将军 i 的厉害，〔ei〕对于触犯军纪的人都是毫不留情的。

(9) 我买了一辆自行车 i,〔ei〕非常轻快。

(10) 您看,恶霸都逮去了,咱们挣钱也容易啦,您难道不知道?(老舍《龙须沟》)

正因为这样,当类比结构(以流水句形式出现)中的后续小句的主语是空范畴时,就可能造成歧义:空主语既可能跟先行小句的主语(A)同指照应,又可能跟先行小句的宾语(B)等其他成分同指照应。据此,例(1')—(4')的歧义性可以通过下面的标记方法来显示:

(1') 我 i 不像我母亲 j,〔ei/j〕认为做家务的男人都是没有出息的。

(2') 李小明 i 不像他爸爸 j,〔ei/j〕成天愁眉苦脸的。

(3') 厦门 i 这地方不同于内地 j,〔ei/j〕消息闭塞。

(4') 我 i 不是公论家 j,〔ei/j〕有上帝一般决算功过的能力。

如果例(1')、例(4')中的空主语跟"我"同指,那么可以有如下的另一种表达:

(1a) 我不像我母亲,不认为做家务的男人都是没有出息的。

(4a) 我不是公论家,没有上帝一般决算功过的能力。

但是,由于否定式类比句在结构上是一种歧义形式,因而例(1a)、(4a)仍然是一种歧义结构,可以通过下面的标记方法来显示:

(1b) 我 i 不像我母亲 j,〔ei/j〕不认为做家务的男人都是没有出息的。

(4b) 我 i 不是公论家 j,〔ei/j〕没有上帝一般决算功过的能力。

事实上,对于绝大多数人来说,一般不会把空主语理解为 ej。原因至少有两个:第一,由于话题主语对后续小句的主语的删除有一定的控制作用,因而跟先行主语同指的 ei 比跟其他成分同指的 ej 在语义理解上具有优先性;第二,听话人相信说话人遵循 Grice 会话公设中"说话要直截了当"这一方式准则。

按照上文的这种分析方法及其标记形式,那么自然地例(1)—(4)至少在结构上也是有歧义的,可以通过下面的标记方法来显示:

(1) 她 i 像她母亲 j,〔ei/j〕认为做家务的男人都是没有出息的。

(2) 李小明 i 像他爸爸 j 一样,〔ei/j〕成天愁眉苦脸的。

(3) 厦门 i 跟上海 j 一样,〔ei/j〕各种消息比较灵通。

(4) 我 i 是公论家 j,〔ei/j〕有上帝一般决算功过的能力。

这也就是说,实例(1)—(4)的类型"A+像/是+B+C"也是一种歧义结构;C 中的空主语既可以跟 A 同指,又可以跟 B 同指。不过,由于话题主语对后续小句的主语的删除有一定的控制作用,因而跟先行主语同指的 ei 比跟其他成分同指的 ej 在语义理解上具有优先性。正因为这样,我们一般不会感到肯定式类比句中含有歧义。但是,如果我们把相关的肯定式类比句排比在一起,仔细地对比和揣摩,那么,还是能够发现肯定式类比句也是一种歧义结构。例如:

(11) 共产党 i 像太阳 j,〔ei〕给我们穷人带来了温暖和希望。

(12) 共产党 i 像太阳 j,〔ej〕照到哪里哪里亮。

虽然作为比喻句,后续的描述性成分"给我们穷人带来了温暖和希望"和"照到哪里哪里亮"既可以指向本体"共产党",又可以指向喻体"太阳";但是,从语义的选择限制的角度看,"给我们穷人带来了温暖和希望"主要是描述本体"共产党"的,"照到哪里哪里亮"主要是描述喻体"太阳"的。

如果上面的分析成立,那么可以说我们发现了一种不影响语义理解的纯粹的结构歧义类型"A+像/是+B+C"。这个结论也许并不重要,有意思的是发现的过程——我们是从包含歧义的否定式类比句上,发现相应的肯定式类比句也是一种歧义结构的,因为这种歧义结构对语义理解影响不大,所以不易被人们发现。

二 表示否定类比的界域的警示标志

按照上文的分析,否定式类比结构都是有歧义的,并且,这种句子在话语理解的过程中都是容易引起误解的。例如:

(13) 结构语法不像传统语法那样把研究一系列高度复杂的句法结构作为自己的任务。(《国外语言学》1979 年第 4 期,第 33 页)

(14) 蒙塔古语法的树形图与生成语法不同,把句子写在顶上,一步步分析下来。(徐烈炯《语义学》,第 78—79 页)

(15) 主语不像宾语那样在传统上被认为是受动词支配的。(《诺姆·乔姆斯基》中译本,第 191 页,商务印书馆,1996 年)

(16) 乔姆斯基并不像他在《句法结构》中表现的那样,是一个完全的"布卢姆菲尔德派"。(同 15,第 403 页)

(17) 这种类型的视感觉不像三色说所讲的,是由于不同颜色混合的

结果。(《感觉世界》中译本,第69页)

(18) 在我们看来,"文革"并不像林毓生、陈来教授说的那样,是"五四"反传统思想的继续和发展。(《北大中文研究》创刊号,第17—18页)

(19) 自然语言的量化结构在很多方面不同于一阶谓词逻辑的量化式。区别之一在于前者不如后者严谨机械,经常出现歧义。(蒋严、潘海华《形式语义学导论》,第182页)

(20) 它(GPSG)并不像传统的短语结构语法那样,规则直接派生树形结构,或树形结构是直接由规则的"重写"来形成和予以解释的。(《国外语言学》1986年第4期,第186页)

像上面这类例子,如果不借助上下文以及其他背景知识,那么读者将很难断定作者所要表达的真实意思是什么。比如,例(13)中"把研究一系列高度复杂的句法结构作为自己的任务"的到底是"结构语法"还是"传统语法",例(14)中"把句子写在顶上,一步步分析下来"的到底是"蒙塔古语法"还是"生成语法",例(15)中"在传统上被认为是受动词支配的"的到底是"主语"还是"宾语",例(18)中"是五四反传统思想的继续和发展"的到底受不受否定词"不"的管辖,例(19)中"经常出现歧义"的到底是"前者"还是"后者",单纯从结构上是无法做出判断的。像上面这类例子,说汉语的本地读者(native addressee)根据句子的语气或表达习惯,大概能排除歧义、猜出作者所要表达的真实意思的。但是,一个学习汉语的外国人单凭句法上的线索,可能是无法排除歧义、体会出作者的真实意思的。

然而,这只是问题的一个方面,问题的另一个方面是:虽然否定式类比结构是有歧义的,但是在实际的话语理解中造成歧解或误解的情况并不太多。一个重要的原因是,在相邻的小句中有一些标志性词语,用以标明否定的管界到此为止。例如:

(21) 对于大多数多义的情况来说,并不都像我所说的那样,而是有少数几个词项具有这个特点,这就是必须分出的第四种类型。(《国外语言学》1983年第3期,第2页)

(22) 科学的发展不是像往水桶里注水那样一个累加过程,而是通过不断的修正和澄清,从而达到更透彻、更深刻的认识过程。(利奇《语义学》中译本,第4页)

(23) 但是,大部分原来的VOC并没有像"唤醒"那样,不是直接变成

VCO，而是在宋代首先变成“V 得 OC，后来又向各个方向发展。”（《国外语言学》1997 年第 3 期，第 34 页）

(24) 层次分析法认为，句子的内部结构不是像一串珠子那样，由语素或词一个挨一个地串起来的，也不是由“中心成分”直接组成，然后再添上各自的附加成分，而是由其中的语素或词分别逐层组合而成。（《范继淹语言学论文集》第 133 页）

(25) 对处理及物动词的区别在于与谓词逻辑看待及物动词即二元谓词不同，我们在这里是把它们看做函子，这种函子与一个名称一起就形成一个一元谓词。（《语言学中的逻辑》中译本，第 171 页）

在例(21)—(24)中，连词“而是”标志着它后面的小句不受否定式类比结构的控制，即不是“A＋Neg＋像＋B＋C”中的 C；因而否定词 Neg 的管界到此为止，不能延伸到后面的小句中。并且，通过“而是”后面的小句可以帮助断定前面的 C 是指向主语(A)还是其他成分(B)的。如果删去其中的“而是”，那么其后面的小句就有可能被误解为“A＋Neg＋像＋B＋C”中的 C；于是，就存在着一个它到底在不在否定词的辖域之中的问题。在例(25)中，用“我们在这里”这种词汇手段标明其后所述的处理办法不是谓词逻辑的办法。

还有一种很笨拙但是十分保险的消除歧义的方法，就是在上文或者下文做出说明，使听话人或读者只能选择歧义句中的一种语义解释。例如：

(26) (GPSG 的)规则系统是通过一系列的合格性条件的定义跟表层结构联系起来的。这就是说，它并不像传统的短语结构语法那样，规则直接派生树形结构，或树形结构是直接由规则的“重写”来形成和予以解释的。（《国外语言学》1986 年第 4 期，第 186 页）

(27) 自然语言的量化结构在很多方面不同于一阶谓词逻辑的量化式。区别之一在于前者不如后者严谨机械，经常出现歧义。自然语言的线性结构不足于决定多个量词的相对辖域。（蒋严、潘海华《形式语义学导论》，第 182 页）

(28) 在我们看来，“文革”并不像林毓生、陈来教授说的那样，是“五四”反传统思想的继续和发展，恰恰相反，“文革”是“五四”对立面成分的回潮，是“五四”新文化运动所反对的封建专制、愚昧迷信在新的历史条件下的恶性发作。(《北大中文研究》创刊号，第17—18页)

(29) 当一条CAT弧通过时，输入串中相应的词被“消耗”，即导致输入指针移到下一个词。JUMP弧不同于CAT弧，它不消耗输入串中的当前词，因此伴随着JUMP弧的转移可以在不对输入串进行任何处理的情况下发生。(石纯一等《人工智能原理》，第386页)

(30a) 我们跟主席跳舞……不像跟总理跳舞那么随便，[不/但]可以说笑话……

(30b) 跟总理不同，主席很威严，我们跟主席跳舞，不敢说不敢动的，不像跟总理跳舞那么随便，可以说笑话，哈哈乐，跟主席可不敢。(《中华读书报》1998年12月9日，十一版)

在例(26)中，上文的“(GPSG的)规则系统是通过一系列的合格性条件的定义跟表层结构联系起来的”，帮助读者确定“规则直接派生树形结构，或树形结构是直接由规则的重写来形成和予以解释的”陈述的是“传统的短语结构语法”；在例(27)中，下文的“自然语言的线性结构不足于决定多个量词的相对辖域”，帮助读者确定“经常出现歧义”陈述的是“前者”而不是“后者”；在例(28)中，下文的“恰恰相反，‘文革’是五四对立面成分的回潮……”，帮助读者确定“是五四反传统思想的继续和发展”应该置于否定词“不”的辖域之中；在例(29)中，通过上文对CAT弧和下文对JUMP弧的说明，来帮助读者确定“它不消耗输入串中的当前词”不受否定词“不”的管辖、其中的代词“它”指代JUMP弧。在例(30a)中，“可以说笑话”既可以处于前一小句的否定词“不”的辖域之中，这时在它的前面可以追加“不”来强调；也可以落在前一小句的否定词“不”的辖域之外，这时在它的前面可以加“但”作为警示标志。在例(30b)中，通过上文的铺垫和下文的补充交代，显示“可以说笑话”处于前一小句的否定词“不”的辖域之中，从而排除了歧解的可能性。上述分析，部分地解释了为什么自然语言中充满了歧义但并不总是引起歧解。

三　英汉否定式类比句的比较

如上所述，汉语的否定式类比结构是有严重的歧义的。那么，英语中相应的句式有没有歧义呢？请看下列例句：

(31) Unlike some of the other proposed alternatives to the standard theory, relational grammar attaches considerable importance to the grammatical relations of being subject, object, or indirect object of the sentence. (Lyons (1977) *Noam Chomsky*, p. 198)
关系语法不像某些已经提出的要取代标准理论的其他理论，相当重视句子中主语、宾语或间接宾语之间的语法关系。

(32) But unlike a proper name like "John", a singular definite description like "the teacher" has meaningful parts, so the interpretation must be compositionally derived. (Invitation to Cognitive Science, Vol. 1 *Language*, p. 317)
但是，像"那个教师"等有定摹状表达跟"约翰"等专有名词不同，其中含有有意义的成分，所以它的解释必须被组合性地推导出来。

(33) Such questions, unlike wh-questions, lack a wh-word, and anticipate an answer of yes or no. (同例(32), p. 291)
这种问句不像特指问句，缺少特指疑问词，并且期待一个是或否的回答。

(34) ... and the subject is not traditionally regarded as being governed by the verb in the way that the object is. (同例(31), p. 191)
主语不像宾语那样在传统上被认为是受动词支配的。

(35) ... that Chomsky was less of a "Bloomfieldian" than he appears to be as he presents himself in Syntactic Structure. (同例(31), p. 402)
乔姆斯基并不像他在《句法结构》中表现的那样，是一个完全的"布卢姆菲尔德派"。

(36) As a result, whereas constituent order is potentially correlated with partitions of information at the referential level, it need not be a completely reliable guide to processing at that level, as functional syntax implies, nor can it be completely specified at a single structural syntactic level, as autonomous syntax implies. (*Psychological Review*, Vol. 89, No. 1, p. 39, 1982)

结果，虽然成分的次序在所指平面上可能跟部分信息相关，但是它不必像功能句法学所设想的那样，是在那个平面上进行（信息）加工的完全可靠的向导；也不必像自主句法学所设想的那样，它在一个单一的结构句法平面上被完全地指定。

（37）... his theory of language and his political philosophy are by no means unconnected, as they might appear to be at first sight.（同例（31），p. 28）

他的语言理论和政治哲学决不像乍看上去那样毫不相干。

（38）Mathematically minded readers will forgive me, I trust, if I have not gone into the formalism, even in this appendix, as fully as they might have liked.（同例（31），p. 6）

在这个附录中，如果我没有像具有数学头脑的读者所期望的那样，对形式体系进行充分的描述的话，我相信，它们是会原谅我的。

从上面英汉对照的例子可以看出：在英语中，否定式类比句是没有歧义的；而在汉语中，相应的否定式类比句大都是有歧义的。上文已经说明，汉语的否定式类比句有歧义的根本原因是后续句的主语是个空范畴，并且这个空位主语可以有两种解释。现在，我们要探讨为什么英语的否定式类比句不会造成歧义。从上面的例子可以发现，英语表示否定式类比有两种主要的方法：(1)用介词 unlike 引导表示类比参照的词语，主句中可以不用否定词，如例(31)—(33)；(2)用连词 as 引导表示类比参照的词语，再在主句中用否定词，如例(34)—(38)。不管哪一种形式，都凭借着形态上的一致关系来指明定式动词所陈述的对象是主句的主语，而不是 unlike 或 as 引导的名词性成分。因此，英语的否定式类比句是不会造成歧义的。

这正好说明，类比表达在英语中是用一个句子来实现的，在汉语中通常是用两个句子来实现的；正因为是两个句子，所以才会有空主语的照应及歧义问题。

四　流水句中否定的辖域歧义

上文说过，在汉语中，一连串小句可以不借助关联词语、全凭意合法

(paratactics)来构成一个复句，通常把这种复句叫做流水句。[①] 在流水句中，前面小句中的否定词的管辖范围可以只局限在该小句之中，也可以延伸到后面的小句中，于是就造成了流水句中否定的辖域歧义(scope ambiguity)。例如：

(39) 下面我们不打算一一介绍各种看法，仅仅列出一些量词歧义问题中值得注意的现象。(徐烈炯《语义学》第 273 页)

(39') 下面我们不打算一一介绍各种看法，而是仅仅列出一些量词歧义问题中值得注意的现象。

(40) 英、汉语都不允许真正地缺去宾语，各自的宾语先主题化移到句首，然后再被删除……(《国外语言学》1994 年第 1 期，第 11 页)

(41) 这“选编”就是一种“宏观”的过程，……是他与几位年轻朋友读作品之后的结果，而不是天马行空、漫天飞舞的“一瞥”或“回顾”，甚至是推断与猜测。(《中华读书报》1998 年 4 月 8 日，三版)

(42) 胡适与韦莲司之交际，并没有瞒着胡母，在暗中进行。(《中华读书报》1998 年 12 月 9 日，十一版)

(43) 近读《文友》总 98 期《余秋雨回答》文，余先生答作者(疑为记者，引案)问中，关于对钱钟书先生不愿抛头露面、吹捧自己的精神，余先生不以为然的态度，颇让我大吃一惊。(《中华读书报》1998 年 3 月 25 日，七版)

在例(39)中，“仅仅列出一些量词歧义问题中值得注意的现象”到底受不受“不打算”的管辖是两可的；如果要无歧义地表示它不受“不打算”的管辖，那么只需在它前面加上连词“而是”(如例 39'所示)。在例(40)中，“各自的宾语先主题化移到句首，然后再被删除……”到底受不受“不允许”的管辖是两可的，并且不容易通过简单的方法来消除歧义。当然，有的读者凭借其语言学知识知道该句“不”的否定辖域只局限在前一小句中。在例(41)中，“甚至是推断与猜测”受不受“不”的管辖是两可的。当然，有的读者凭借上下文及句子语气可以断定“不”的否定辖域一直延伸

① 关于流水句的定义和特点，请看吕叔湘(1979)第 27 页，胡明扬、劲松(1989)，范继淹(1986)第 266 页。

到句尾。在例(42)中,“在暗中进行”既可以受“没有”管辖,也可以不受“没有”的管辖。在例(43)中,“吹捧自己”到底受不受“不愿”的管辖是两可的。

现在,我们来讨论一下这种前一分句中的否定词对后一分句实施管辖的语法性质。拿例(39)—(40)和例(42)—(43)来说,勉强可以认为“不打算/允许/愿”和“没有”后面的诸小句以并列结构的形式做动词的宾语。但例(41)就很难照此分析了,因为在“不是天马行空、漫天飞舞的‘一瞥’或‘回顾’,甚至是推断与猜测”中,我们无法说“不”修饰由“是……,甚至是……”构成的并列结构;因为这一方面跟并列结构不能被否定的语言事实相悖①,另一方面“不甚至是……”这种构造是不合格的,而“甚至不是……”又跟原文的语气不协调。问题在于,我们至今还在用严格的短语结构语法的观念和眼光来审视结构松散的流水句。事实上,在流水句中,前一小句中的实词和虚词可以对后一小句中相关成分有句法和语义上的管辖能力;并且,这种管辖能力通常不能还原为前一小句中的管辖成分在句法上控制一个由几个小句组成的并列结构。例如:

(44) 把好的送给人家,坏的留给自己。(曹禺《北京人》)

(45) 以清洁为光荣,不清洁为耻辱。(商店标语)②

(46) 我相信那位“访问记”的作者并无恶意,存心要作弄臧老。(《中华读书报》1998年5月20日,一版)

显然,我们无法说例(44)、(45)中的介词“把”、“以”分别支配并列词组“好的送给人家,坏的留给自己”和“清洁为光荣,不清洁为耻辱”。不过,例(44)、(45)还可以说是后一小句承前省略了介词;但是,例(41)则很难说是后一小句承前省略了否定词“不”,因为这个被省去的“不”是无法复原的(unrecoverable)。同样,例(46)中的后续小句“存心要作弄臧老”是处于否定的辖域之中的;但是,从严格的短语结构句法的眼光来看,前

---

① “不、没有”等否定词不能修饰谓词性并列结构,例如:(1)分析研究→? 不/没有分析研究→不/没有进行分析研究;(2)吃饭喝水→＊不/没有吃饭喝水→不/没有吃饭也不/没有喝水;(3)征服自然和改造自然→? 没有征服自然和改造自然;→没有征服和改造自然→没有征服自然也没有改造自然;(4)愁吃愁穿→＊不愁吃愁穿→不愁吃(也)不愁穿;(5)又哭又闹→＊又不哭又不闹→(既)不哭(也)不闹;(6)美丽健康→＊不美丽健康→不美丽(也)不健康;(7)机智而勇敢→＊不机智而勇敢→不机智(也)不勇敢;(8)又痛又痒→＊不又痛又痒→又不痛又不痒→既不痛又不痒。详细的讨论,请看袁毓林(1998)《并列结构的否定表达》,待刊。

② 参考范继淹(1985)的有关讨论,见范继淹(1986)第258—259页。

面小句中的否定词“无”是管不住它的，因为“无”是体宾动词，不能带谓词性宾语。这种现象，用一种不太严格的说法就是：在流水句中，前面小句中的否定词即使在句法上不能管辖后续小句，但是凭借着一种否定的语义惯性，在语义上仍有可能管辖后续小句，强行把相关的后续小句纳入否定的辖域之中。我们不知道这是不是汉语语法独有的，其他语言中有没有类似的现象。

有些流水句中的后续小句虽然可以解释为受前面小句中否定词的管辖，但是凭借上下文内容，读者可以意会出它不在否定的辖域之内。例如：

(47) 给“自己”下定义，即认为它不是严格意义中的照应语，而是兼有其他属性，因此不完全受第一约束原则的限制。(同例(40)，第36页)

(47') 给“自己”下定义，即认为它不是严格意义中的照应语，兼有其他属性，因此不完全受第一约束原则的限制。

(48) 他从不拒绝学生社团请他讲座的要求，在风雪漫天的夜晚从城里赶到燕园。(同例(40))

(48') 他从不接受学生社团请他讲座的要求，在风雪漫天的夜晚从城里赶到燕园。

(49) 吕先生和许多严肃的学者一样，不喜欢随便上别人家去串门，把宝贵的时间虚掷在无谓的清谈之中。(《中国语文》1998年第3期，第167页)

(49') 吕先生和许多严肃的学者一样，不喜欢随便上别人家去串门，把宝贵的时间都用在读书和做学问上。

例(47)的“兼有其他属性”前加上“而是”以后，就不会产生歧义。从上下文意思上推断，例(48)中后一小句不受前一小句中的否定词的管辖；如果把前一小句中的主要动词“拒绝”改为“接受”，那么后一小句就处于前一小句中的否定词的辖域之中。相反，例(49)中的后一小句受前一小句中的否定词“不”的管辖；如果把后一小句的主要动词及其后附成分改动一下，那么后一小句就不受前一小句中的否定词的管辖了。

在汉语中，有部分动词含有否定的意思，比如“防止”、“避免”有使不产生、不发生或不继续的意思。当这类动词充当流水句的前一小句的主要动词时，后面的小句到底受不受这种隐性的否定的管辖也是两可的，最终造成了隐性的否定的辖域歧义。例如：

(50) 因此，对于一个维生系统来讲，调节作用就是防止它因为外部的干扰而引起系统的变化，产生能够继续维生以外的状态。谁都知道，出现这种状态就意味着死亡。（乐秀成《文科大学生的自然科学修养》，第 29 页）

(51) 当初写初稿的时候，确实想避免讲书的形式，只是在一篇的起头略为说几句，然后多安排些个有意义的事实，再配合些个有启发性的问题，让读者自己来学习。虽然后来的实践并没有达到这个境地，可是心向往之，还是留下这个书名……（吕叔湘《语法学习·序》第 IV 页，中国青年出版社，1954 年）

在例(50)中，"产生能够继续维生以外的状态"到底受不受"防止"的管辖是两可的；根据下文"出现这种状态就意味着死亡"，可以推知它在"防止"的辖域之中。在例(51)中，"只是在一篇的起头略为说几句，然后多安排些个有意义的事实，再配合些个有启发性的问题，让读者自己来学习"到底受不受"避免"的管辖是两可的；根据下文交代《语法学习》这个书名的由来，可以推知它们不在"避免"的辖域之中。

如果前一小句中有助动词"别"，那么后一小句也有可能处于"别"的否定辖域之中，最终造成歧义。例如：

(52) 我曾劝一位与我很好的导演，别瞎耽误工夫，把精力放在节目上吧！（《中华读书报》1998 年 1 月 14 日，五版）

笔者在读报时猛一看，以为"把精力放在节目上"也是受"别"管辖的，后来回过头看上文的"我希望各位轮流坐庄的导演不要把大量时间与精力放在改变旧模式与所谓出新上……"等语句，才确信不然。

五　流水句中否定辖域的警示标志

虽然流水句中的否定形式经常会引起辖域歧义，但是实际的话语中有一套提醒人们注意否定的辖域的界限的警示标记，从而在形式上明确地排除了这种广泛出现的辖域歧义。其中，最常用的是在不受否定词管辖的后续小句的头上用"而是、只是"等表示转折关系的连词。例如：

(53) 他并不把语言表达式看成是命名了什么东西，而是把它看成既具有外延也具有内涵。（朱水林《形式化：现代逻辑的发展》，第

229 页)

(54) 在蒙太古语法里，句法规则不是从句子层次开始对组成成分不断地分解，而是从词汇层次着手对组成成分逐次进行组合。(方立《美国现代语言学研究》，第 99 页)

(55) 跟许多语言学家相反，蒙太古不是把语言看做一种社会现象，而是把它看做一种数学。(同例(54)，第 97 页)

(56) 乔姆斯基并未说明上述重写规则何以要如此切分，以及切分的标准是什么，只是直接采用了前人的成果。(《国外语言学》1986 年第 3 期，第 130 页)

(57) 在语言学家看来，一个好的语义理论并不只满足于笼统地讨论什么是语义问题，或者只提出某些研究的一般原则，而是要能够实实在在地解决具体的语义问题。(《国外语言学》1993 年第 1 期，第 6 页)

(58) 对分枝式不能先解释命题函项，然后就各个量词的特性由里向外地逐层解释量化结构。分枝量化式要求对各分枝一齐同时做解释。(蒋严、潘海华《形式语义学导论》，第 182 页)

例(53)—(55)通过“不(是)……而是……”的形式来显示否定的辖域，其中例(55)还在流水句的头上用“跟……相反”的形式，来预示下面将出现一对意义上相对立的小句，从而提醒人们注意随后小句中的否定词并不延伸到它后面的小句。例(56)、(57)转折连词前面的两个小句都受否定词管辖，其中后一小句的头上用连词“以及”、“或者”来显示它们并列处于否定的辖域之中。例(58)通过“先……然后……”这种表示顺序的关联词语来显示由它们串联起来的两个小句都处于否定词语“不能”的辖域之中。

如果一个流水句中既有肯定句又有否定句，那么一种比较高明的办法是把否定句放在后面、肯定句放在前面，从而有效地避免可能产生的否定的辖域歧义。例如：

(59) 他们中间有些人只针对语言材料作就事论事的具体分析，并不打算精确地找出规律性，对这些研究比较难以评价。(徐烈炯《语义学》，第 247 页)

(60) 我建立自己最基本的史观，就是为小民写史，而不是为帝王将相写家谱、写嘉言懿行……(《中华读书报》1998 年 3 月 4 日，四

版）

(61) 不过，除了为求体系完美无缺而产生的缺点以外，这个体系倒是仔细观察和分析语言现象的结果，而不是从先验的格式出发的。（《语言学论丛》第七辑，第224页）

如果把这几例中的否定小句放到前面，那么歧义是不可避免的。如果要表示一个流水句中的若干小句都在否定的辖域之中，那么有一种很笨但是很保险的办法，那就是每一个小句都用否定形式。例如：

(62) 有些语言学家不完全从结构方面研究照应关系，也不从逻辑方面去研究，而从功能方面去研究。（徐烈炯《语义学》，第247页）

(63) 总之，成都话的这个"在"不是"到"的变体，不是"著"（倒）的变体，也不是口语里偶尔误用而积非成是的结果。（《中国语文》1997年第6期，第449页）

这两例通过重复使用否定词的办法，来避免可能产生的歧义。另有一种比较简捷但避免歧义的效果同样出色的办法，在流水句开头用否定式作为带有总领下文的起始小句。例如：

(64) 我们不能简单地说：指号就是这样一种替代的刺激，它对自身引起了某个其他的东西（假使它在当前的话）所会引起的那种同样的反应。（莫里斯《指号、语言和行为》中译本，第8页）

(65) 现在我已经论述了在本章开始时提出的七种不同类型的意义，但我不希望给人这样的印象：这些就是全部的意义类型，能说明一段话所传递的一切意义。（利奇《语义学》中译本，第29页）

(66) 罗素和怀特海的著作表明，我们有可能把许多曾经有过独立的起源和发展的形式指句系统，组成一个公理和定理的系统；它并不表明，所有的数学系统都是这样一个单一的系统的部分，而这个单一的系统包括了（例如）欧几里德的几何学和非欧几里德的几何学。（同例(64)，第27页）

(67) 现在，在统一的这个意义下，把数学和自然科学统一（系统化）起来，看来是可能的，而指号学本身就证明了这种可能性。因为指号学提供了一套术语，这些术语可以应用于所有的指号，因而可以应用于数学的和自然科学的指号。这并不表示，这两种科学范围中的指号就是同一类指号；本书所做出的那种关于形式指号与指谓语句之间的区别，使我们不陷于这种错误。这也不表示，数学是一门自然科学；在我们的说法中，数学的论域是不同于科学的论域的，正如同（例如）诗的论域不同于科学的论域一样。（同例(64)，第 270—271 页）

在这里，标点符号冒号帮助说明以下的小句都在否定的辖域之中。同时，正如例(67)所显示的，受否定词管辖的后续小句后面的分号可以标志否定的辖域到此为止。

六 英语复句中否定的辖域歧义

英语的复句中，如果前面的小句中用了否定形式，有时也可能会产生辖域歧义。例如：

(68) I don't steal from John because I like him. ①

a. Because I like John, I don't steal from him.

我不偷约翰的东西，因为我喜欢他。

b. Not because I like John, do I steal from him.

我不是因为喜欢约翰而偷他的东西的。

(69) I didn't write to him on that account. ②

a. On that account I didn't write to him.

因为那个原因，我没有写信给他。

b. Not on that account did I write to him.

我没有因为那个原因而写信给他。

(70) Nor do we mean, when we say that all the grammatically possible utterances of a language are presupposed as data for the IC-analysis, that only a complete characterization of them is presupposed—a characterization which may well be in terms of the constituents of those utterances. (Joos(eds.) (1958) *Readings in Linguistics*, p. 197)

我们也没有这样的意思：当我们说一种语言的全部语法上可能的话语是层次分析的先决条件时，非得有这些话语的全部特征作为必需条件不可，

---

① 参考徐烈炯(1988)《生成语法理论》第 161 页，上海外语教育出版社。

② 参考陈平(1985)，见陈平(1991)第 234 页。

因为只有对这些话语的成分加以说明才能很好地阐明话语的全部特征。

在例(68)、(69)中,后置的表示原因的小句或词组到底受不受前面小句中的否定词的管辖是两可的,所以有歧义。如果把表示原因的小句或词组移动到句首,那么就能避免歧义。在例(70)中,破折号后面的原因小句到底是不是处于否定的辖域之中是不明确的。可见,由于英语的复句是几个小句的复合体,因而就有否定词的辖域到底是局限在主句之中还是延伸到从句之中的问题。这跟汉语流水句中否定的辖域歧义的情况是相似的。

参考文献

陈　平 (1985) 英汉否定结构对比研究,《中国社会科学院研究生院硕士论文选》,中国社会科学出版社。收入陈平(1991)《现代语言学研究》,重庆出版社。

范继淹 (1985) 汉语句段结构,《中国语文》第 1 期。收入范继淹(1986)《范继淹语言学论文集》,语文出版社。

胡明扬 (1984)《老乞大》复句句式,《语文研究》第 3 期。

胡明扬　劲　松 (1989) 流水句初探,《语言教学与研究》第 4 期。

吕叔湘 (1979)《汉语语法分析问题》,商务印书馆。

吕叔湘 (1985) 疑问·否定·肯定,《中国语文》第 4 期。

钱敏汝 (1990) 否定载体“不”的语义—语法考察,《中国语文》第 1 期。

沈家煊 (1993)“语用否定”考察,《中国语文》第 5 期。

沈开木 (1985)“不”字的否定范围和否定中心的探索,《语法研究和探索》第三辑,北京大学出版社。

朱德熙 (1982)《语法讲义》,商务印书馆。

Horn, R. Laurence 1985. Metalinguistic Negation and Pragmatic Ambiguity. *Language*, Vol. 61. No. 1.

Kempson, Ruth 1977. *Semantic Theory*, Chap. 8: Ambiguity and Vagueness. Cambridge University Press. (《“歧义”与“模糊”》,孙秋秋译,《国外语言学》1983 年第 3 期。)

Kempson, Ruth 1979. Presupposition, Opacity, and Ambiguity, in Choon-Kyu Oh & Dinneen, D. A. (eds.) 1979. *Syntax and Semantics*, Vol. II. Presupposition. Academic Press. (《预设,晦涩,歧义》,沈家煊译,《国外语言学》1993 年第 4 期。)

Levinson, Stephen 1983. *Pragmatics*. Cambridge University Press. (《语用学论题之一～四》,沈家煊译,《国外语言学》1986 年第 1、2、4 期和 1987 年第 1 期。)

第十三章　数量词在多层定名结构中的位置*

○　引言

数量词在多层定名结构中的位置相对于其他定语来说是比较灵活的，例如："一个非常健谈的老头/非常健谈的一个老头"。但有时数量词的位置又显得不是那么灵活，例如：

(1) 爸爸的一位同事——＊一位爸爸的同事

(2)《红楼梦》里的一个人物——？一个《红楼梦》里的人物①

数量词这种既灵活又固定的句法位置许多学者都注意到了，如丁声树(1961:47)、朱德熙(1982:151)等。但是为什么数量词在多层定名结构中的位置有时非常灵活，有时又十分受限制呢？当数量词可前可后时两个同义序列有没有什么句法、语义上的差别？本文试图从数量词的个体化功能和定语的性质出发对这种现象做出简明的概括和解释，并从个体化程度、名词性成分的可强调性、句法位置等方面对由数量词形成的同义序列进行比较。

一　数量词的个体化功能和定语的分类

1.1　数量词的个体化功能和定语的特点是影响数量词位置的关键因素。这里我们先讨论数量词的个体化功能。大河内康宪(1985)以"一个"为例讨论了汉语数量词的个体化功能，认为"一个""具有把类名或总称名词聚合成一个特定的个体的功能"。例如：

(a) 买<u>书</u>　　　(b) 买<u>一本书</u>

这两个述宾短语中的名词性成分的语义特点是不一样的，"书"是非个体

---

*　本文以《数量词在多层定名结构中的位置》为题发表在《语言教学与研究》2002年第5期，作者唐翠菊。

①　"＊"表示不合语法，"？"表示这种说法可疑。

化的名词性成分，“一本书”是个体化的名词性成分。个体化名词性成分具有可数性、具体性、离散性等特点，非个体化的名词性成分则不具备这样的特点。

值得注意的是，“个体化”与“非个体化”跟话语层面的“有指”和“无指”具有一定的相关性。[1] 有指成分一般是个体化的，无指成分一般是非个体化的。不过，“有指/无指”与“个体化/非个体化”并不是同一层面的概念。前者主要考察名词性成分的指称对象与语境中的客体所建立的联系，这是从话语和信息传递的角度来观察名词性成分的指称特点；后者主要考察名词性成分所指对象的可数性和离散性，是认知层面的概念。需要说明的是，虽然数量词具有使名词个体化的功能，但名词实现个体化的方式并不仅限于加数量词这一条途径，例如：

(3) a：怎么就你一个人呀？

b：我把孩子给丢了。

例(3)中的“孩子”是一个光杆名词，其前没有数量词，但从指称性质来看是有指的，它对应于语境中的某个实体，因而也具有个体化的语义特征。

1.2 根据定语和中心语的语义关系，我们把除数量词以外的定语分为三类：A. 领属性定语，B. 属性定语，C. 一般性定语。[2] 各类定语的具体特点下文将详细论述。根据定语的不同，我们把单项定名结构也分为三类：“领属性定语＋中心语”是A类定名结构，“属性定语＋中心定语”是B类定名结构，“一般性定语＋中心语”是C类定名结构。下面我们分别考察数量词在A、B、C三类定名结构中的位置并对C类定名结构中的同义序列进行详细的比较。

二 A类定名结构中数量词的位置

2.1 我们所说的领属性定语是从更广泛的意义上来说的，它有典型与非典型之分。典型的领属性定语表示领有或隶属的关系，如“我的书”、“狐狸的尾巴”等；非典型的领属性定语表示时间、处所、范围等关系，它们对中心语是一种时空上的领有，如“架子上的杂志”、“文艺界的争论”、“去年的事情”等。领属性定语一般由名词性成分或名词性成分加“的”构成，

---

① 关于“有指/无指”的含义参看陈平(1987)。

② 本文的“定语”不包括数量词。

数量词一般居于领属性定语之后，例如：

(4) a. 小福子的两个弟弟
　　b. ＊两个小福子的弟弟
(5) a. 公园的一个自动贩卖机
　　b. ＊一个公园的自动贩卖机
(6) a.《北京人》里的一个反面角色
　　b. ＊一个《北京人》里的反面角色

从以上例子不难看出，数量词一般不能居于领属性定语之前。如果从层次的角度来看，也可以说"领属性定语＋中心语"不能受数量词的修饰。之所以如此，我们认为，跟数量词的个体化功能和领属结构的有指性有关。

2.2 领属性定语强烈地倾向于由定指名词充当，[①]因而有这类定语的名词性成分一般作定指理解。请看如下例句：

(7)"打鼓儿的"把东西收拾了走，屋中只剩下他的一份铺盖和那几件挑出来的衣服，在没有席的炕上放着。(老舍《骆驼祥子》)

(8) 这贡献里必也包含着陶陶的一份努力和牺牲。(张洁《祖母绿》)

(9) 祥子在海甸的一家小店里躺了三天，身上忽冷忽热，心中迷迷糊糊，……不想吃什么。(老舍《骆驼祥子》)

(10) 土房里的空气仿佛凝固了。其他几个人虽然表面上在各干各的事，……但注意力无疑都盯在这半块黑面饼子上。(张贤亮《绿化树》)

例(7)中的"他"是人称代词，人称代词的定指性应该是最明显的；例(8)、(9)中的定语都含有专有名词，其定指性也是显而易见的；例(10)的定语"土房里的"受上下文语境的制约也是定指的，"土房"专指小说中"我"居住的那座土房。既然领属性定语倾向于由定指成分充当，那么包含这类定语的领属结构也应作定指理解，也就是说"领属性定语＋中心语"一般是定指成分。领属性定语有时也可以由不定指成分充当，这时整个定名结构也是不定指的，例如：

(11) 一家小吃店的几名年轻厨师站在门口朝他挥手，并用简单的英

① 详见陈平(1987)。

语同他打招呼，布拉特也挥手回应。（《北京日报》2000 年 4 月 7 日）

(12) 那时她还是一个女孩子。……如今她却是一个离过婚的妇人，某出口公司的一名小职员。（张洁《方舟》）

综上所述，“领属性定语＋中心语”一般是定指的，有时也可以是不定指的。根据陈平(1987)，只有有指成分才有定指与不定指的区别，所以我们可以肯定，“领属性定语＋中心语”不论是定指的还是不定指的，首先是一个有指的名词短语。如前所述，有指成分一般是个体化的，因而“领属性定语＋中心语”是一个已经实现了个体化的名词性成分。而数量词的功能在于使一个抽象的类名实现个体化，所以从理论上来说数量词不能再修饰已经实现了个体化的名词性成分，因而数量词不能修饰“领属性定语＋中心语”。由此我们可以得出这样一个基本序列：领属性定语＋数量词＋中心语。

三　B 类定名结构中数量词的位置

3.1　属性定语一般由名词、区别词、性质形容词或这几类词加“的”构成，表示中心语名词的性质、特点、用途、材料等，如“真皮沙发、大理石的柱子、大气球、彩色电视机”等。B 类定名结构的定语有带“的”和不带“的”两种情况。不带“的”的格式定语和中心语联系紧密，在意念上是一个整体。[①] 这种情况下，数量词总是在属性定语之前，如“一本旧书”、“一个玻璃杯子”。本文着重讨论带“的”的情况，这种情况下定语和中心语的联系相对来说比较松散，从结构上来说对数量词的位置限制不大，因而也更能说明问题。我们先观察如下语言现象：

(13) a. 一个新的角度　　　b. ＊新的一个角度
(14) a. 一个牛皮纸的信封　b. ＊牛皮纸的一个信封
(15) a. 十个羊肉馅的包子　b. ＊羊肉馅的十个包子

以上三例，a 式的接受性显然比 b 式高得多，我们认为，这也跟数量词的个体化功能有关。属性定语一般只能修饰类名，如果中心语是一个个体化名词，其前一般不能加属性定语，如：彩色的电视机/＊彩色的一台电视

① 参见朱德熙(1982)。

机、大皮球/＊大一个皮球。[1] 以(15)为例，虽然 a、b 两例的构成成分相同，但两序列的内部结构是不一样的，(15a)中定语“羊肉馅的”修饰的是“包子”，(15b)中定语“羊肉馅的”修饰的是“十个包子”。(15a)中的“包子”是非个体化的名词，代表的是一个抽象的类名，因而其前可以加属性定语“羊肉馅的”；(15b)中的“十个包子”是个体化的名词短语，代表的是个别的、具体的事物，所以其前不能加属性定语“羊肉馅的”。因此，我们可以得出这样一个基本的序列：数量词＋属性定语＋中心语。

3.2 朱德熙(1980)指出，“$名_1$＋的＋$名_2$”是一个歧义结构，例如：

(16) 小熊猫的杯子(a. 有小熊猫图案的杯子/b. 属于小熊猫的杯子)
(17) 稻草人的画儿(a. 画的是稻草人/b. 属于稻草人的画儿)
(18) 鲁迅的书(a. 鲁迅写的书/b. 属于鲁迅的书)
(19) 诗人的风度(a. 诗人那样的风度/b. 诗人所具有的风度)

以上四例，如果作(a)意理解“$名_1$＋的”是属性定语，作(b)意理解“$名_1$＋的”是领属性定语。由于多层定名结构中数量词的位置与属性定语、领属性定语相比是比较固定的，因而我们可以通过加数量词的方法来分化这些歧义结构。如果数量词只能居于“$名_1$＋的”之前，形成“数量词＋$名_1$＋的＋$名_2$”的序列，那么“$名_1$＋的”是属性定语；如果数量词只能居于“$名_1$＋的”之后，形成“$名_1$＋的＋数量词＋$名_2$”的序列，那么“$名_1$＋的”是领属性定语。例如：

(20) a. <u>一个</u>小熊猫的杯子（属性定语）
　　 b. 小熊猫的<u>一个</u>杯子（领属性定语）
(21) a. <u>一幅</u>稻草人的画儿（属性定语）
　　 b. 稻草人的<u>一幅</u>画儿（领属性定语）
(22) a. <u>十五本</u>鲁迅的书（属性定语）
　　 b. 鲁迅的<u>十五本</u>书（领属性定语）
(23) a. <u>一种</u>诗人的风度（属性定语）
　　 b. 诗人的<u>一种</u>风度（领属性定语）

数量词对歧义结构的分化再一次证明了“领属性定语＋数量词＋中心语”和“数量词＋属性定语＋中心语”这两个序列的现实性和合理性。

---

[1] 这一点朱德熙(1956)就已经注意到了，“如果中心语所指的不是类名，而是个别的、特殊的事物，那就不能在它前面加限制性定语”。这里的限制性定语相当于本文的属性定语。

四　C 类定名结构中数量词的位置

既不是属性定语，也不是领属性定语的，我们称之为一般性定语。一般性定语一般由状态形容词、主谓短语、述宾短语、述补短语、谓词性偏正短语加“的”构成。数量词在 C 类定名结构中的位置是比较灵活的，它既可以居于一般性定语之后，也可以居于一般性定语之前，例如：

(24) 为了一个小小的乐句，他会让他重复十几次，几十次。(张洁《从森林里来的孩子》)

(25) 曾令儿站在台上，像一株被暴雨狂风肆意揉搓的小草，却拼出全力用她几片柔嫩的细茎，为左葳遮风挡雨。(张洁《祖母绿》)

(26) 没有人送殡，除了祥子，就是小福子的两个弟弟，一人手中拿着薄薄的一打儿纸钱，沿路撒给那拦路鬼。(老舍《骆驼祥子》)

(27) “吃！那还用说。”正在麦当劳吃开心乐园餐的一位小姐斩钉截铁地说。(《北京青年报》1999 年 9 月 26 日)

例(24)、(25)中数量词居于一般性定语之前，例(26)、(27)中数量词居于一般性定语之后，也就是说，“数量词＋一般性定语＋中心语”和“一般性定语＋数量词＋中心语”是并存的两个序列。如果以数量词为观察的中心，那么能出现在数量词之前的定语是领属性定语和一般性定语，能出现在数量词之后的定语是一般性定语和属性定语。如果把领属性定语和属性定语看做定语的两个典型类别，那么一般性定语就是介于二者之间的一个类型。当一般性定语位于数量词之前时它的性质更接近领属性定语，当位于数量词之后时更接近属性定语。

五　“一支新买的钢笔”和“新买的一支钢笔”

如果从层次的观点来分析，C 类定名结构中并存的两个序列最根本的差别在于数量名结构前有无其他修饰语。我们把数量名结构前无其他修饰语的序列称为序列(甲)，数量名结构前还有其他修饰语的序列称为序列(乙)，即：

(甲)数量词＋一般性定语＋中心语
(乙)一般性定语＋数量词＋中心语

当(甲)、(乙)两序列的构成元素相同时便形成了同义序列，例如：

(28) a. 一支新买的钢笔　　b. 新买的一支钢笔

(29) a. 一打儿薄薄的纸钱　　b. 薄薄的一打儿纸钱

下面我们以"一支新买的钢笔/新买的一支钢笔"为例，比较(甲)、(乙)两个序列在句法语义上的差异。

5.1 可强调性不同

朱德熙(1982)指出，谓词性代词"这么(这样)/那么(那样)"做修饰语时，随着所修饰成分的不同而表示不同的语法意义。"这么(这样)/那么(那样)"修饰动词表示方式，修饰形容词表示程度。值得注意的是，"这么(这样)/那么(那样)"除了修饰动词、形容词以外，还可以修饰名词性成分，[①]例如：

(30) 毕竟有这么一个人，一个绝对不是讨厌不是无聊不是纠缠不是轻浮不是肉欲膨胀的女作家爱上了他。(王蒙《踌躇的季节》)

(31) 唉！为什么给了她这么一个容易碎的东西？(张洁《祖母绿》)

(32) 在他生命的最后时刻，他做了这样一件有意义的事情。(张洁《从森林里来的孩子》)

(33) 我真的很感叹，为什么我没有赶上那样一个大风大浪的年代。(《北京日报》2000 年 4 月 7 日)

(34) 二十三年后，在这所中学主持工作的人根本不知道有这么一个廖琼琼。(王蒙《踌躇的季节》)

"这么(这样)/那么(那样)"修饰动词、形容词时分别表示方式和程度，那么修饰名词时表示什么样的语法意义呢？我们认为"这么(这样)/那么(那样)"修饰名词的作用在于强调该名词性成分指称的事物所具有的属性，以使该名词性成分所指称的事物与其他同类事物区别开来。这些属性或者以后续成分的形式出现，如例(30)，或者以定语的形式出现，如例(31)、(32)、(33)，或者在特定的语境下对话双方已经明了，如例(34)。

根据名词性成分跟"这么(这样)/那么(那样)"的组合能力，我们把名词性成分分成两类：可强调的和不可强调的。可强调的名词性成分可以受"这么(这样)/那么(那样)"等代词的修饰，具有可强调性

① 有时"这么/那么"修饰的不是整个名词短语，而是名词短语中的数量词，例如："他只有这么一个姑娘，眼看是没有出嫁的希望了，他不能再把她这个朋友也赶了走。"(老舍《骆驼祥子》)句中的"这么"修饰的是"一个"而不是"一个姑娘"，这时"一个"一般要重读。

(intensifiable),不可强调的名词性成分不能受“这么(这样)/那么(那样)”等代词的修饰,不具有可强调性(unintensifiable)。[①] 那么(甲)、(乙)两序列在可强调性上有什么差异呢?通过比较可以看出,序列(甲)具有可强调性,序列(乙)不具有可强调性,例如:

这样一支新买的钢笔　　　＊这样新买的一支钢笔
那么一支新买的钢笔　　　＊那么新买的一支钢笔

5.2　个体化程度不同

从句法特征来看,序列(甲)比序列(乙)更接近“数量词＋名词”结构。例如:

A
一支钢笔
这样一支钢笔
铅笔盒里有一支钢笔
小张送给我一支新买的钢笔

B
一支新买的钢笔
这样一支新买的钢笔
铅笔盒里有一支新买的钢笔
小张送给我一支新买的钢笔

C
新买的一支钢笔
＊这样新买的一支钢笔
?铅笔盒里有新买的一支钢笔
?小张送给我新买的一支钢笔

通过对比可以发现,B组非常接近A组,C组则与A组差别较大。也就是说,在句法功能上“一支新买的钢笔”比“新买的一支钢笔”更接近“一支钢笔”。这一点从(甲)、(乙)两序列的扩展过程可以看得更清楚。我们假定“一支钢笔”是a、b两式的扩展模型,并用“新买的”对模型进行扩展,那

① Bolinger (1975)用such把英语的名词性成分分为可强调的(intensifiable)和不可强调的(unintensifiable),如:I wish she weren't such a gossip. /＊ I wish she weren't such a chairman. gossip是可强调的,chairman是不可强调的。

么扩展过程如下：

(a) 一支^钢笔→ 一支新买的钢笔

(b) ^一支钢笔→ 新买的一支钢笔

(a) 用“新买的钢笔”替换中心语“钢笔”，这种扩展是更迭性扩展，更迭性扩展并不改变模型内部成分之间的结构关系，扩展式跟模型的性质相同；(b)在“一支钢笔”前加上“新买的”，这种扩展是组合性扩展，组合性扩展一般要改变模型的内部结构，扩展式跟模型的性质不完全相同。[①] 所以，从扩展的性质来看，也是“一支新买的钢笔”比“新买的一支钢笔”更接近“一支钢笔”。

由于“一支钢笔”是典型的个体化名词短语，因此，我们有理由认为“一支新买的钢笔”比“新买的一支钢笔”个体化程度要高。也就是说，虽然序列(乙)也含有数量词，但由于数量词前还有其他修饰成分，(乙)的个体化程度大大减轻了。这种个体化程度上的差异能很好地说明为什么序列(甲)具有可强调性，序列(乙)不具有可强调性。通过观察我们发现，只有个体化名词才具有可强调性，非个体化名词一般不具有可强调性，比较：

(35) 一个人→这么一个人

人→＊这么人

(36) 一条胡同→那样一条胡同

胡同→＊那样胡同

既然序列(甲)与典型的个体化名词极为接近，序列(乙)与典型的个体化名词相去较远，那么序列(甲)具有可强调性，序列(乙)不具有可强调性也就可以理解了。

5.3 句法位置不同

通过考察我们发现，序列(甲)可以自由地出现在多种句法位置，而序列(乙)则比较受限制，下面举例说明。

序列(甲)可以做“有”字句中“有”的宾语，例如：

(37) 桌上有几个还不甚熟的白梨，皮儿还发青。(老舍《骆驼祥子》)

(38) 白复山看见，梁倩的袜套上有一个不小的破洞。(张洁《方舟》)

---

① 关于更迭性扩展与组合性扩展的区别参看陆俭明(1989)。

(39) 就在顶热的七月天，她们的房间里也有一股阴冷阴冷的气儿，像地下室或太平间。(张洁《方舟》)

(40) 目前只有一片随风摇曳的柳树林，和一条仅容一辆汽车通过的小路。(《北京青年报》1999 年 9 月 12 日)

(41) 魏中林遗书中有一份他经手的借款名单，其中 1998 年 8 月，他向一姓周的借贷 2.1 万元。(《南方周末》2000 年 3 月 31 日)

以上"有"字句的宾语，如果换成序列(乙)不是不可以，但句子的可接受性就会大打折扣。如：

？桌上有还不甚熟的几个白梨，皮儿还发青。

？梁倩的袜套上有不小的一个破洞。

存现句的宾语一般由序列(甲)充当，而序列(乙)一般不能充当。例如：

(42) 顺着小路转几弯，在路的尽头现出一大片露天的空地，右侧支着一面白白的大幕，才有些露天电影的味道。(《北京青年报》1999 年 9 月 12 日)

(43) 在学校念书的时候，鞋底上还掌着一层厚厚的胶皮。(张洁《祖母绿》)

(44) 烟嘴上，还插着一支正在燃着的香烟。(张洁《方舟》)

(45) 左手端着满满一碗热气腾腾的汤面，右手心里握着一双红漆筷子，还用拇指和食指夹着一个盛着凉拌鸡丝的盘子。(张洁《方舟》)

(46) 这时来了一辆像山羊一样地跳跃着驶来的自行车。(王蒙《踌躇的季节》)

以上存现句的宾语，如果换成序列(乙)的格式，句子的可接受性也是值得怀疑的。例如：

？在路的尽头现出露天的一大片空地。

？烟嘴上，还插着正在燃着的一支香烟。

六　结语

综上所述，数量词一般位于领属性定语之后、属性定语之前，这跟数量词的个体化功能和定语的性质有关。"领属性定语＋中心语"受定语的作用已经实现了个体化，所以不能再受数量词修饰，因而数量词一般不能居于领属性定语之前；“属性定语”一般修饰类名，不能修饰个体化了的“数量词＋名词”，因而数量词一般不能居于属性定语之后。一般性定语介于领属性定语和属性定语之间，数量词的位置可前可后，这样就形成(甲)、(乙)两个同义序列。但是(甲)、(乙)两序列并不是完全意义上的同义序列，二者在名词性成分的可强调性、个体化程度、句法位置等方面存在着一系列的差异。

参考文献

陈　平（1987）释汉语中与名词性成分相关的四组概念，《中国语文》第 2 期。

大河内康宪（1985）量词的个体化功能，载《日本近现代汉语研究论文选》，北京语言学院出版社，1993 年。

丁声树等（1961）《现代汉语语法讲话》，商务印书馆。

古川裕（1997）指称性词组和陈述性词组——状态形容词的名词修饰功能，载《第五届国际汉语教学讨论会论文选》，北京大学出版社。

廖秋忠（1991）《语言的范畴化：语言学理论中的典型》评介，《国外语言学》第 4 期。

刘月华（1984）定语的分类和多项定语的顺序，载《语言学和语言教学》，安徽教育出版社。

陆丙甫（1988）定语的外延性、内涵性、称谓性及其顺序，《语法研究和探索》(四)，北京大学出版社。

陆俭明（1989）关于“他所写的文章”的切分，《语言学通讯》第 1—2 期。

吕叔湘（1944）“个”字的应用范围，附论单位词前“一”字的脱落，载《汉语语法论文集》(增订本)，商务印书馆。

沈家煊（1995）“有界”与“无界”，《中国语文》第 5 期。

孙朝奋（1988）汉语数量词在话语中的功能，载戴浩一、薛凤生主编《功能主义与汉语语法》，北京语言学院出版社。

张　敏（1998）《认知语言学与汉语名词短语》，中国社会科学出版社。

赵金铭（1993）同义句式说略，《世界汉语教学》第 1 期。

朱德熙（1956）现代汉语形容词研究，《语言研究》第 1 期。

朱德熙（1980）汉语句法中的歧义现象，《中国语文》第 2 期。

朱德熙（1982）《语法讲义》，商务印书馆。

Bolinger, D.（1975）《语言要略》，方立、李谷城等译，外语教学与研究出版社，1993 年。

Hopper, P. J. & Thompson, S. A. 1980. Transitivity in Grammar and Discourse, *Language*, 2. 251－299.

Mullie, J. 1932. *The Structural Principles of the Chinese Language*, Volume 1, The Bureau of Engraving and Printing, Peiping, China.

第十四章　汉语的完句范畴*

○　引言

汉语没有严格意义的形态标志和形态变化，其时体概念及其表达方式跟印欧语也并不相同，那么，汉语短语在构成句子的过程中，除了必须具备语调、语气之外，还需要些什么样的条件，这就很值得研究。从汉语作为第二语言的教学实践来看，学习者仅仅掌握“主＋谓”“主＋动＋宾”等这样一些基本的句法格式，有时并不能造出形式和意义完整的句子，那么，从句法格式到组合为一个符合汉语母语者语感的句子还需要哪些条件，同样是值得研究的。

以上情况反映出的问题实质是一个，即汉语非自足句转化为自足句所需要的条件。语言研究和教学的实践表明，这些条件是一些具有完句作用的语言成分和语言手段。根据我们的认识和现有研究成果来看，汉语中具有完句作用的语言成分和语言手段应该是一个完句范畴，揭示和建立这样一个范畴，将有助于进一步认识汉语句子自主成句的特点，也有助于对汉语的形式和意义相结合问题的认识，有助于汉语作为第二语言的教学和习得。本文试图在前人研究成果的基础上，结合外国人的汉语偏误，探讨汉语完句成分和完句手段及其所构成的完句范畴。

一　自足句和非自足句

吕叔湘（1979）指出，句子大多具有主语和谓语两部分，可这不是绝对的标准。一个短语或一个词，只要用某种语调说出来就是句子，听的人就知道这句话完了；而虽然具备主语和谓语，只要用另一种语调说出来，就不是句子，听的人就等着你说下去。吕冀平（1979）把有主语和谓语的句子称作自足句，把主语和谓语缺其一而需要借助于言语环境的句子称作

---

* 本文以《试论现代汉语的完句范畴》为题发表在《语言文字应用》2006 年第 1 期，作者李泉。

非自足句。胡裕树、张斌(2002:305)把根据句子本身提供的语言因素(如词义、句法关系、结构层次、语义关系、语气和口气等)就能够理解句意的句子叫做自足句,把需要凭借言语环境才能够理解句意的句子(如:票!)叫做非自足句。主谓句一般是自足的,但是自足句不一定是主谓句,如"出太阳了"。

参考前人的研究,我们把本文所说的自足句界定为:不需要借助说话时的具体场景,不跟现实发生特定联系,而是语言片断本身带上陈述语调就能够独立成立的句子,如:小王个子很高;或是带上陈述语调后还需要有后续句照应才能成立的句子,如:小王个子高[,小柳个子矮]。[①]

非自足句指的是,一个始发性的语言片断带上陈述语调,或因句法结构上还有缺损(包括结构安排不合理)而语义不够确切,如:*我把窗户关[上];或结构完整但语义上还不够明确(包括缺少或错用时体等成分),如:*我比他站得早[我比他来/排得早]、*我三点钟来了[的];或结构和语义上的问题兼而有之,如:*从他[身上]我学到了很多东西、*张教练一连没有来几天[张教练一连几天没有来],因而还不能自主成句的"句子"。

本文所说的非自足句有以下特点:(1)它是一个连贯叙述当中的某一个语言片断,而不是问答句中的答句,也不是疑问、祈使、感叹等非陈述句;(2)它并不是靠说话的场景才能够理解意义(如:票!);(3)基本结构(句干)齐全,但辅助性成分有缺损(如:*他回来[了]);或成分位序安排不当(如:*在东街上住[住在东街上]);或是音节上不够和谐(如:*我在街上转[转],你们先走吧);或表达的意思还不够完整(如:*我教书在四中,[住在三十九中]),等等。

二　完句成分

对汉语完句现象和完句成分的观察,至少在半个多世纪以前就已经开始了。吕叔湘(1942)指出"为之则难者亦易矣"和"仲子所居之室"中,"者""所"有一种"完形作用","晋国,天下莫强焉"中的"焉"字是"完成句意的必要成分"。"完成句意的必要成分"概括地说就是完句成分,这样看来,应该是吕叔湘最早提出完句成分这一概念,并结合实例加以说明。此后的汉语语法研究中,时有学者涉及汉语的完句现象和完句成分,例如,

---

① [ ]内的内容表示非自足句所缺少的语言成分、其自足形式或其自足所需的后续句。

龙果夫(1958:149)指出,在汉语很多方言里,可以作为完整的形式说“他很高兴”,但不能简单地说“*他高兴”,可以作为完整的形式说“那座山很高”,但不能说“*山高”。其中的副词“很”既起着词汇的作用,也起着语法的作用,这种语法作用就是把不完整的词组变成完整的、独立自主的句子。陆俭明(1982)指出:“从一部分副词独用必须带语气词这一点看,语气词的作用不只表语气,似乎还有‘成句’的作用。”

胡明扬、劲松(1989)正式使用了“完句成分”这一概念,指出:非独立句段加陈述语调不能成句,总让人觉得缺了什么,还应该接着说下去,如:*天气热↘*客人走↘*她休息↘*我们吃过晚饭↘。“非独立句段在语义上是完整的,但在结构上是不完整的,所以不能独立成句。对比相应的独立句段和非独立句段可以发现非独立句段缺了一点东西,这就是所谓完句成分。”

在有关完句成分的范围和内容的研究中,胡明扬、劲松(1989)指出:“常见的‘完句成分’是一些助词和副词,但是并不局限于这些虚词,‘我们吃过了晚饭’不能成句,改变语序,‘我们晚饭吃过了’就可以成句;‘屋子里黑乎乎’不能成句,加上‘什么都看不清楚’或‘怪瘆人的’就可以成句。”杨成凯(1992)认为,完句成分是能体现句子语用功能的成分,并列举了其中的三类:表示判断语气的副词(真的、的确);表示必要或可能等情态意义的助词或副词(应该、可以);部分纯粹表示事件已然、未然或将然时体的副词(未曾、正在)。贺阳(1994)指出,汉语中除语调之外,某些助词、副词、时间词语以及否定词、助动词、数量短语和某些状语、补语都可以起完句作用。金廷恩(1999)把完句成分分为必有的和可有的两大类,前者包括语调和指称,后者包括属于客观因素的体成分(了、着、过)和情景说明成分(在L、用N……),以及属于主观因素的情态成分(可能、会)和语气成分(了、的)。此外,孔令达(1994)讨论了“主语+光杆动词”“主语+简单形容词”等六种格式的句子自足与非自足问题,也涉及这里所说的完句成分。

本文的目的之一是考察现代汉语中具有完句作用的语言成分的范围,以期揭示完句成分范畴,因此更加关注完句成分本身。在具体确认完句成分时,除依据本文对自足句和非自足句及其特点的界定外,主要参照外国留学生汉语习得过程中的各类言语偏误，[①]以便使考察及其所确认的完句成分（包括下文的完句手段）建立在实际发生的语言事实的基础上。

1. 助词具有完句作用。包括动态助词、结构助词、语气助词和语法化了的“起来、下去”等，例如：

(1) *昨天我们去颐和园	昨天我们去了颐和园
(2) *这个故事我听说	这个故事我听说过
(3) *她有一双非常漂亮布鞋	她有一双非常漂亮的布鞋

2. 副词具有完句作用。具体而言，表示程度、时间（频率）、范围、语气、关联、方式、情态的副词都有完句的功能，例如：

(4) *我的朋友安娜聪明	我的朋友安娜特别聪明
(5) *我的房间小	我的房间太小
(6) *她打电话	她正在打电话
(7) *我问才清楚	我一问才清楚

其中，例(7)类非自足句是外国留学生普遍性的言语偏误。在有关的动词前加上表示情状的副词“一”，句子就成为自足句，说明这种用法的“一”是典型的完句成分。

3. 量词具有完句作用。外国留学生的言语表达中，有些非自足句是因为没有用量词或量词使用不当造成的，加上量词或换成合适的量词，句子就能够成立，例如：

(8) *从前我每个星期看一册小说	从前我每个星期看一本小说
(9) *我喝了两个啤酒	我喝了两瓶啤酒
(10) *他们要讨说法	他们要讨个说法

例(10)这类例子在口语中是很常见的，这表明“个”在口语中有较强的成句作用，是自足句的标志性成分。[②]

4. 代词具有完句作用。指人称代词、指示代词和疑问代词的成句作用，例如：

---

① 本文的非自足句用例绝大多数都采自北京语言大学中介语语料库，其余的为笔者收集的。

② 这个“个”有人说相当于结构助词“得”，本文主要考察它的完句作用，故暂且仍算作量词。

(11) *我看看两张报纸　　　　我看看那两张报纸
(12) *我从老师学到很多知识　　我从老师那里学到很多知识
(13) *谁听话妈妈就喜欢　　　　谁听话妈妈就喜欢谁

5. 助动词具有完句作用。表达某种主观愿望和客观上的可能,需要使用具有这一功用的助动词,否则句子便不可能成立或语义不自足,因此助动词具有成句作用,例如:

(14) *只要努力就学好汉语　　　　只要努力就能学好汉语
(15) *只有有才能的人,才当大使　只有有才能的人,才能当大使
(16) *你不做那件事　　　　　　　你不要做那件事

6. 关联词语具有完句作用。某些非自足句是遗漏或用错了关联词语造成的,补上或换上相应的关联词语,句子便能够自足自立。例如:

(17) *他俩一边走路,说话
　　他俩一边走路,一边说话
(18) *安娜的汉字写得也漂亮也快
　　安娜的汉字写得又漂亮又快
(19) *她会说德语,而且会说法语
　　她不但会说德语,而且会说法语

7. 数量词具有完句作用。有些句子只有加上数量词语义才能完整,例如:

(20) *给她惊喜　　　　给她一个惊喜
(21) *盛碗里鱼　　　　盛碗里两条鱼
(22) *薄薄肉　　　　　薄薄一片肉

陆俭明(1988)较早注意到数量词对某些句法结构的制约作用,表现为"某些句法组合如果没有数量词就不能成立"。这说明数量词是比较典型的完句成分。

8. 介词具有完句作用。某些句子不自足是遗漏或错用了介词造成的,例如:

(23) *这件事你没关系　　　　这件事与你没关系
(24) *我口语老师请假了　　　我跟口语老师请假了
(25) *我们要着想别人　　　　我们要为别人着想

9. 方位词和方位短语具有完句作用。有些非自足句是遗漏或错用方位词造成的，例如：

(26) *在这个问题我们有矛盾　　在这个问题上我们有矛盾
(27) *在这种情况我同意了　　在这种情况下我同意了
(28) *在图书馆中我找到了他　　在图书馆里我找到了他

10. 补语具有完句作用。某些非自足句是因为遗漏或错用了结果补语、程度补语、趋向补语、时量补语等造成的，补上或换上相应的补语，句子便自足自立，例如：

(29) *把我们冻了　　把我们冻坏了
(30) *我在门口看他了　　我在门口看见他了
(31) *天气预报我能听会了　　天气预报我能听懂了

11. 状语具有完句作用。有些非自足句是遗漏相应的状语或状语的位置没有放对造成的，补上状语或调整状语的位置，句子便顺畅自足可以接受，例如：

(32) *我一定学习　　我一定好好学习
(33) *大家喜欢中国了　　大家越来越喜欢中国了
(34) *我吃饭在食堂　　我在食堂吃饭

不难看出，第1～9类是从词类层面上划分出来的完句成分，其中，第6类是从复句层面上考察的结果。第10～11类是从句子成分层面划分出来的完句成分，主要包括补语和状语。一般来说，名、动、形三大类实词主要用于构成句子的主干成分，其基本句式是“主＋谓”或“主＋谓＋宾”等，它们主要用于“构句”，而不是“完句”；补语和状语可以成为完句成分，则不仅仅因为它们是句子的附加成分，更因为它们在相当程度上体现了汉语的某些特点，如“冻坏、看见”等动补结构，以及汉语把时间和处所词语充当的状语放在谓语动词之前等，外国人学汉语常常在这两种句子成分上普遍地、有规律性地出现偏误就很能说明这一点。

上面考察了不同层面的完句成分，其中有交叉现象，如具有完句作用的副词，实际上就是句子中的状语。无论是完句的词类成分，还是完句的句子成分，它们表达的语法范畴概括起来可以分为以下十个类型：

1. 时体范畴：动态助词，结构助词，时频副词（正在、立刻、常常……）；

2. 语气范畴：语气助词（……了、呢），语气副词（也许、幸亏、好在……）；

3. 程度范畴：程度副词，程度补语（……极了、……透了）；

4. 数量范畴：范围副词，量词，数量词，时量补语；

5. 方所范畴：方位词，方位短语，时地状语（在食堂……、给家里……）；

6. 情态范畴：情态副词（暗暗），方式副词（就手），助动词，方式状语（好好）；

7. 趋向范畴：趋向补语，虚化助词（……起来、……下去）；

8. 结果范畴：结果补语（……见/懂/完/上/光/净/好/会/到/大）；

9. 指代范畴：人称代词，指示代词，疑问代词；

10. 关联范畴：关联副词，关联词语，介词短语。

这十个完句范畴及其成员都能单独起成句作用，即一个非自足句在其他条件都具备的情况下，只要带上其中相应的一个完句成分，就能成为汉语母语者可以接受的自足句。但在有些情况下，一个非自足句要用上其中的两个或三个才能成为自足句，例如，“*阿里拿钱”“*阿里拿十块钱”都不自足，“阿里拿出十块钱”句子才相对自足。

三　完句手段

完句手段是本文考察的一个重点。从现有的研究成果来看，对完句手段的关注还很不够，甚至还没有注意到汉语的某些语法手段可以起到完句的作用。本文所说的完句手段是指使一个非自足句转化为自足句时所采用的语言手段，包括重叠、重动、变序、加词、换词、删词、加后续句等。完句手段包括语调，[①]语调是成句的前提条件，这里讨论的是语调之外的完句手段。

1. 词语重叠是一种完句手段。有些非自足句，只要重叠其中的形容词、动词等即可成为自足句，例如：

(35) *墙上清楚写着四个大字

墙上清清楚楚写着四个大字

① 有人把语调看做完句成分，当然不是绝对不可以，但把它看做成句的手段也许更好，因为它不属于某个具体成分，是成句的必要条件，如同构成一个句子必须具备“主＋谓”等基本的结构形式一样的先决性条件。

(36) * 咱们舒服地玩上一天
咱们舒舒服服地玩上一天

(37) * 我请他们来中国看
我请他们来中国看看

(38) * 我把房间收拾
我把房间收拾收拾

重叠具有增量的作用(张敏,1997),而量的增加有成句的作用。重叠不仅使音节得以和谐自足,而且通过形式的增加使动作、行为和程度的量——语义内容得以增加,从而使语义自足。

2. 重动是一种完句手段。包括重动句中的动词重复和第二个小句重复第一个小句中的动词两种情况,例如:

(39) * 他写汉字得很漂亮	他写汉字写得很漂亮
(40) * 他打球了两个钟头	他打球打了两个钟头
(41) * 他考试不好	他考试考得不好
(42) * 他会说英文,也德文	他会说英文,也会说德文

3. 变序是一种完句手段。有些不可接受的句子,只要调整语序就可以使语义自足,例如:

(43) * 我会说汉语一点儿	我会说一点儿汉语
(44) * 张教练一连没有来几天	张教练一连几天没有来
(45) * 丁力回到宿舍从大使馆	丁力从大使馆回到宿舍
(46) * 我一个小时等他	我等他一个小时

4. 加词是一种完句手段。有些不可接受的句子,只要加上一个相关的词语就可以使语义自足,例如:

(47) * 她孤单	她感到孤单
(48) * 我会了拉二胡	我学会了拉二胡
(49) * 暑假我们西藏旅游了	暑假我们去西藏旅游了

实际上,上文所说的各种完句成分(包括“重动”这样的完句手段)都可以说是“加词”,这里所说的加词一般限于加动词,跟上文加助词、副词、量词等不同。加词成句主要包括三种情况:有些形容词不能单独做谓语,需要加上“感到、变得”等表示感觉、变化一类的动词才能成句,如例(47);而有的非自足句需要加上主要动词并构成一个动补结构才能成句,如例

(48)；另有一些句子需要加上“是、来、去、有”才能成句，如例(49)。

5. 换词是一种完句手段。有些语义不自足或表达不确切的句子，只要改换其中一个相关的词语，句子语义就能自足或表达恰当。换词主要用于同义、近义或相关词语使用不当的非自足句，换词是对外汉语教学中常见的修改留学生语病的手段。例如：

(50) * 我比他站得早
　　我比他来(排)得早
(51) * 他死前的朋友都参加了他的葬礼
　　他生前的朋友都参加了他的葬礼
(52) * 他看着我一下
　　他看了我一下
(53) * 我是 9 月 1 号来了
　　我是 9 月 1 号来的

6. 删词是一种完句手段。有些不可接受的汉语句子，只要删掉其中多余的成分，句子就可以接受，例如：

(54) * 我朋友是德国的人
　　我朋友是德国人
(55) * 以前我常常地看电影
　　以前我常常看电影
(56) * 她决定了参加 12 月的 HSK 考试
　　她决定参加 12 月的 HSK 考试
(57) * 他的汉语比我很好
　　他的汉语比我好

删词主要是删去多余的助词、副词、语气词、介词等。错句的成因是学习者对汉语的虚词、重叠等的过度泛化造成的。

7. 加后续句是一种完句手段。有些句子因信息量不足而不能单独成句，加上一个后续句或后续成分，由于小句或前后成分之间语义上相互补充，句子就能成立。例如：

(58) * 我教书在四中　　我教书在四中，住在三十九中
(59) * 这本词典便宜　　这本词典便宜，那本词典贵
(60) * 她吃了饭　　她吃了饭就走了

以上归纳了重叠、重动、变序、加词、换词、删词、加后续句等七种完句手段，其中每一种完句手段都能单独起完句作用，即一个语义不自足或表达不完整的句子，在其他条件具备的情况下，使用其中的一种完句手段，就能成为汉语母语者可以接受的句子。但在有些情况下，一个非自足句要用上两种或三种完句手段才能成为自足句，例如，“＊昨天我见面我朋友了”“＊请代我问好你的父母亲”分别改为汉语母语者可以接受的句子“昨天我跟我朋友见面了”“请代我向你的父母亲问好”，都同时使用了加词和变序两种手段。

四 完句范畴的作用和机制

以上考察说明，现代汉语中存在一个由若干完句成分和完句手段构成的完句范畴。完句范畴可以看做是汉语的广义形态，它在汉语短语成句过程中有着重要的、甚至是不可替代的作用。

有一种观点认为，完句成分的作用是使“语义上完整而结构上不完整的句段成为独立句子的某种成分”。例如“客人走”语义上完整，但却不能独立成句，如果添加完句成分“就、了”便可以成为独立的句子：“客人就走|客人走了”。[①] 这种看法可能还需要商量。一般来说，形式和意义是不能分割的，说意义上完整而结构上不完整，这是不好理解的，至少是不多见的；相反，形式上相对完整而意义上不完整的情况倒是不少见。“完句”多数情况下是因为意义上还不完整，“还缺点什么”，才有必要去寻找形式上的缺损，并通过弥补这种缺损来实现语义上的完整，即句子的信息量相对自足。所以，完句成分和完句手段的使用首先是为了满足意义上的完整。从例证上看，说“客人走”语义上是完整的，除非是用来回答“客人走不走？（客人走吗？）”，或是使用疑问语调（“客人走？”），但是，用答句和疑问句来说明句子的语义是否完整是不太可靠的，因为其中有上下文和语境的因素在起作用。退一步讲，如果说“客人走”这个结构本身已经语义完整了，那么，还有什么理由去寻找形式上的东西呢？找出来的东西还有什么用呢？如果说找出来的东西还有用，那就说明不是纯形式上的需要，因为一定的形式必然反映一定的意义，“语义是结构得以存在的理由”[②]。实际上，不仅“客人走”语义不完整，就是“客人就走”“客人走了”

---

① 见王维贤主编《语法学词典》第339—340页，浙江教育出版社，1992年。

② 特尼耶尔语，见胡明扬主编《西方语言学名著选读》第216页，中国人民大学出版社，1988年。

两种形式如果不用于回答、不使用疑问语调，也很难说是语义自足的。

概括地说，需要使用完句成分或完句手段的句子都是不自足的句子：或者语义不自足，或者韵律不自足，或者兼而有之。完句成分或完句手段的使用，就是为了使信息足量，使结构和谐，这是完句范畴存在的根本动因。但是，从本文列举的例证来看，绝大多数非自足句是因为语义上不够明确、不够完整，因而不能自主成句，完句成分或完句手段的应用使语义得以自足。当然，除了满足语义完整的需要以外，完句范畴的应用也还有和谐音节、整齐韵律的作用。

完句范畴运作的机制是：可以单独使用一种完句成分或完句手段，也可以同时使用两种、三种完句成分或完句手段，或是完句成分和完句手段一次、多次交叉使用来完句。某一个具体的非自足句是选用完句成分还是选用完句手段、选用哪一种或哪几种完句成分或完句手段，除了一眼就可以看出的外，要根据言语者的主观意图以及非自足句与符合表达意图的自足句之间的“差距”情况来决定。“差距”包括语义差距和语言形式上的差距，“完句”的过程就是通过弥合语言形式上差距来实现意义上无差距的过程，即通过“完形”来“达意”的过程。其中，完句成分或完句手段使用得越少、越简单就越趋向完句，使用得越多、越复杂就越趋向造句，完句和造句是一个连续统。

完句范畴是汉语非自足句转化为自足句过程中不可缺少的广义形态，但是，不同的非自足句对完句范畴的依赖程度并不相同，特别是在具体的语言环境中；[1]不同完句成分或完句手段的适用范围以及在成句过程中所起的作用也很不一样。因此，哪些句式在成句过程中必须或经常需要完句成分或完句手段，需要什么样的完句成分或完句手段，完句范畴中哪些成分或手段是典型的或非典型的，它们对非自足句在成句过程中的制约作用是如何体现的，等等，都是需要进一步研究的。

参考文献

胡明扬　劲　松（1989）流水句初探，《语言教学与研究》第 4 期。

胡裕树　张　斌（2002）《20 世纪现代汉语八大家：胡裕树 张斌选集》，东北师范大学出版社。

贺　阳（1994）汉语完句成分试析，《语言教学与研究》第 4 期。

① 因为语境对完句范畴有融解的作用，尤其是时体之类的完句成分。

金廷恩（1999）汉语完句成分说略,《汉语学习》第 6 期。
孔令达（1994）影响汉语句子自足的语言形式,《中国语文》第 6 期。
吕冀平（1979）两个平面,两种性质:词组和句子的分析,《学习与探索》第 4 期。
吕叔湘（1942）《中国文法要略》,商务印书馆。
吕叔湘（1979）《汉语语法分析问题》,商务印书馆。
陆俭明（1982）现代汉语副词独用刍议,《语言教学与研究》第 2 期。
陆俭明（1988）现代汉语中数量词的作用,《语法研究和探索》(四),北京大学出版社。
龙果夫（1958）《现代汉语语法研究》(中译本),科学出版社。
杨成凯（1992）广义谓词性宾语的类型研究,《中国语文》第 1 期。
张　敏（1997）从类型学和认知语法的角度看汉语重叠现象,《国外语言学》第 2 期。